Ho

Wegweiser zur Geschichte

Herausgegeben vom
Militärgeschichtlichen Forschungsamt

Wegweiser zur Geschichte

Horn von Afrika

Im Auftrag des
Militärgeschichtlichen Forschungsamtes
herausgegeben von
Dieter H. Kollmer
und
Andreas Mückusch

FERDINAND SCHÖNINGH 2007
Paderborn • München • Wien • Zürich

Umschlagabbildung:

Das Zentrum von Mogadischu, Somalia, nach Kämpfen zwischen
äthiopischen Truppen und islamistischen Aufständischen im März 2007
(picture-alliance/dpa)

Trotz sorgfältiger Nachforschungen konnten nicht alle Rechteinhaber
ermittelt werden. Wir bitten gegebenenfalls um Mitteilung.

Bibliographische Information der Deutschen Nationalbibliothek

Die Deutsche Nationalbibliothek verzeichnet diese Publikation in
der Deutschen Nationalbibliographie; detaillierte bibliographische
Daten sind im Internet über http://dnb.d-nb.de abrufbar.

Gedruckt auf umweltfreundlichem, chlorfrei gebleichtem
und alterungsbeständigem Papier ISO ⊗ 9706

© 2007 Ferdinand Schöningh, Paderborn
(Verlag Ferdinand Schöningh GmbH & Co. KG,
Jühenplatz 1, D-33098 Paderborn)

Internet: www.schoeningh.de

Redaktion, Satz, Layout: MGFA, Potsdam
Lektorat: Roland G. Foerster (Kenzingen)

Druck: SKN Druck und Verlag GmbH & Co., Norden

Printed in Germany

ISBN 978-3-506-76397-6

Inhalt

II. Strukturen und Lebenswelten

Vorwort

Das Horn von Afrika ist eine der ärmsten Regionen der Welt und gleichzeitig eines der Gebiete mit der größten ethnischen Vielfalt. Konflikte um Ressourcen, Macht und politischen Einfluss sind vorprogrammiert. Zahlreiche Kriege und Bürgerkriege forderten bis in jüngste Zeit ungezählte Opfer, vor allem auf Seiten der Bevölkerung. Die Internationale Gemeinschaft hat es seit dem Ende des Kalten Krieges nicht vermocht, die Lage zu stabilisieren. Wie schwierig Versuche der Einflussnahme von außen sind, zeigte das Scheitern der UN-Mission UNOSOM Anfang der 1990er Jahre. Damals war die westliche Welt der Überzeugung, allein mit militärischen Mitteln einen demokratischen Staat in Somalia errichten zu können.

Nach den Terroranschlägen vom 11. September 2001 und dem Beginn der »Operation Enduring Freedom« traten Anstrengungen in den Vordergrund, die politisch unbeständigen Länder am Horn von Afrika nicht zum Rückzugsraum für islamistische Terroristen werden zu lassen. Neben der massiven finanziellen Unterstützung für vermeintlich demokratische Regierungen vor Ort soll ein internationaler Flottenverband die Verbreitung von Waffen und Material sowie den Transport von Kämpfern im Seegebiet zwischen Arabien und der ostafrikanischen Küste unterbinden. Die Deutsche Marine übernimmt hier erhebliche Verantwortung.

Der Wegweiser zur Geschichte: Horn von Afrika beschreibt die überaus komplexen staatlichen und gesellschaftlichen Strukturen sowie die Wurzeln gegenwärtiger Konflikte. Mein Dank für das Zustandekommen der Publikation gilt dem verantwortlichen Leiter Modul Einsatzunterstützung (MEU) Dr. Bernhard Chiari, der sich in erheblichem Umfang in die Arbeit am neuen Projekt mit eingebracht hat und das Projekt in der Schlussphase koordinierte. Vor allem aber danke ich den Herausgebern des vorliegenden Bandes, Oberstleutnant Dr. Dieter H. Kollmer und Kapitänleutnant Andreas Mückusch M.A. Während ersterer das Projekt als fester Mitarbeiter des Moduls Einsatzunterstützung bearbeitete, stellte die Marine als wichtigster Adressat des neuen Wegweisers den zweiten Herausgeber für eine befristete Tätigkeit in Potsdam frei. Kapitänleutnant Mückusch konnte so im MGFA fehlende Einsatzerfahrung am Horn von Afrika in das Vorhaben mit einbringen.

Das Lektorat der Texte besorgte Oberst a.D. Dr. Roland G. Foerster (Kenzingen), in der Schriftleitung und Zeichenstelle des MGFA sind Carola Klinke (Satz), Marina Sandig (Bildredaktion), Maurice Woynoski (grafische Gestaltung) und Bernd Nogli (Kartografie) für ihren Einsatz hervorzuheben. Darüber hinaus haben Professor Dr. Volker Matthies vom Kuratorium des Instituts für Afrika-Kunde, Hamburg, sowie Dr. Wolbert Smidt vom Asien- und Afrika-Institut der Universität Hamburg die Entstehung des Buches durch ihre Expertise maßgeblich unterstützt.

Der Verdienst an der Realisierung unseres Vorhabens liegt aber vor allem bei den Autoren. Diese sind Spezialisten der Bundeswehr oder stammen aus Universitäten bzw. Forschungseinrichtungen unterschiedlicher Ressorts. Ihr Fachwissen, ihre Kreativität und ihre Kritik sind in das Projekt mit eingeflossen, das versucht, den komplexen Zusammenhängen am Horn von Afrika Rechnung zu tragen und diese in kritischer Weise darzustellen. Auch für andere Konfliktregionen ist dies das Ziel unserer Wegweiser zur Geschichte, die bis heute für Bosnien-Herzegowina, Afghanistan, die Demokratische Republik Kongo, den Kosovo und den Nahen Osten vorliegen. Die bislang überwiegend sehr positive Resonanz auf die Reihe motiviert das kleine, mit der Bearbeitung beauftragte Team innerhalb des MGFA. Wir sind aber auch weiterhin dankbar für Kritik und Verbesserungsvorschläge, die uns helfen, zukünftige Neuauflagen zu optimieren und zusätzliche Produkte weiter den Bedürfnissen unserer Zielgruppe anzupassen.

Dem Wegweiser zur Geschichte: Horn von Afrika wünsche ich Erfolg als Ausbildungshilfe der Bundeswehr sowie als Lektüre für alle interessierten Leserinnen und Leser.

Dr. Hans Ehlert
Oberst und Amtschef des
Militärgeschichtlichen Forschungsamtes

Einleitung

Unter dem Eindruck der Ereignisse des 11. September 2001 beschloss der Deutsche Bundestag noch am 16. November desselben Jahres die Beteiligung der Deutschen Marine an der Antiterror-Operation »Enduring Freedom«. Seit Januar 2002 überwacht ein deutscher Marineverband gemeinsam mit Einheiten aus Frankreich, Großbritannien, Italien, den USA und anderen Staaten als so genannte Task Force 150 (TF 150) ein Seegebiet zehnmal so groß wie Deutschland. Dieses erstreckt sich von Mombasa aus über die Küsten Somalias, Eritreas und des Sudans bis ins Rote Meer und reicht über den Golf von Aden sowie die Arabische Halbinsel bis in den Persischen Golf. Durch das Operationsgebiet verlaufen einige der wichtigsten Seehandelsrouten der Welt.

Im Vordergrund der Operation stehen die Überwachung des Schiffsverkehrs, die Kontrolle terroristischer Verbindungswege und die Unterbrechung von Versorgungslinien terroristischer Organisationen. Die TF 150 stellt außerdem den Geleitschutz für militärische Transporte sicher. Das deutsche Kontingent operiert von der Hafenstadt Dschibuti aus, insbesondere vor der nordostafrikanischen Küste. Obwohl es wiederholt verringert wurde, liegt seine Einsatzstärke immer noch bei gut 300 Soldaten. Für alle, die dort ihren Dienst leisten, aber auch für alle anderen, die sich mit den Ursachen der derzeitigen Konflikte beschäftigen möchten, ist die Kenntnis der historischen und kulturellen Hintergründe der aktuellen Spannungen unverzichtbar.

Der vorliegende Band zeigt die über Jahrhunderte gewachsenen Gegensätze zwischen den verschiedenen Ethnien, Clans und Glaubensbekenntnissen am Horn von Afrika auf und analysiert sie aus unterschiedlichen Perspektiven. Dabei nach einfachen Erklärungen und Strukturen zu suchen, verspricht wenig Erfolg: Zu wenig vergleichbar und zu abweichend von europäischen Wertmaßstäben und Erfahrungen stellen sich die Verhältnisse in den beschriebenen afrikanischen Gesellschaften dar.

Die Bezeichnung »Horn von Afrika« verwenden die Autoren in einem erweiterten Verständnis. Grundsätzlich wird der Begriff für Regionen unterschiedlichen Umfangs gebraucht: Im engeren Sinne Äthiopien, Somalia, Eritrea und Dschibuti, der erweiterte Begriff schließt Kenia und den Sudan mit ein, und eine noch breiter ausgreifende Sicht (»Greater Horn«) erfasst auch Teile Zentralafrikas.

Im vorliegenden Wegweiser zur Geschichte sollen die Darstellungen zum Horn von Afrika neben den vier Kernländern auch Teile Ostafrikas sowie der arabischen Halbinsel und des Indischen Ozeans mit einbeziehen. Dies wird den historischen Entwicklungen geschuldet. So wäre etwa die Islamisierung der ostafrikanischen Küste ohne das Wissen um den jahrhunderte-alten intensiven kulturellen und ökonomischen Austausch mit der arabischen Gegenküste nicht verständlich. Die strategische Bedeutung der Region wiederum ist nur nachvollziehbar, wenn man den Indischen Ozean als internationales Handelsgebiet und Raum globaler Interessen in die Betrachtungen einschließt.

Im ersten Abschnitt »Historische Entwicklungen« verdeutlicht Markus V. Höhne, wie bis ins 15. Jahrhundert das Mit- und Gegeneinander islamischer und christlicher, afrikanischer und zugewanderter arabischer Völker das Horn von Afrika prägten. Als Mitte des 16. Jahrhunderts die Europäer das Horn entdeckten, kamen weitere Spieler hinzu, die das historisch gewachsene Machtgefüge der Region erschütterten. Der Indische Ozean hat zuerst die Araber und später die Europäer an das Horn von Afrika gebracht. Martin Rink beschreibt dieses riesige Seegebiet zwischen Ostafrika, der Arabischen Halbinsel und dem indischen Subkontinent als historischen Handelsraum und untersucht die zunehmende Einflussnahme der europäischen Kolonialmächte. Zu diesen zählte das Deutsche Reich aufgrund seiner verzögerten Staatwerdung erst ab dem späten 19. Jahrhundert. Am Horn von Afrika selbst waren die Deutschen ohne direkte koloniale Ambitionen. Dennoch haben wir zur allgemeinen Orientierung einen thematischen Beitrag von Wolfgang Petter in den vorliegenden Band aufgenommen: Petter zeigt in einem größeren Kontext die deutschen Anstrengungen, sich auf dem afrikanischen Kontinent den sprichwörtlichen »Platz an der Sonne« zu sichern.

Bereits vor den ersten deutschen Soldaten betraten Kaufleute, Abenteurer und Wissenschaftler afrikanischen Boden, angelockt – wie Volker Matthies darlegt – vom sagenumwobenen Königreich Aksum und der Legende vom legendären Priesterkönig

Johannes. Entlang des kürzesten Seeweges nach Indien galt es, rechtzeitig Stützpunkte aufzubauen und Einflusssphären zu sichern. Die Erkenntnisse der Afrikaforscher nutzten Politiker und Kaufleute zu recht profanen Zwecken: Mit der Eröffnung des Suezkanals 1869 stieg der strategische und wirtschaftliche Wert des Horns. Aram Mattioli zeigt auf, mit welcher Brutalität die Europäer dort ihre Interessen bis in den Zweiten Weltkrieg durchzusetzen versuchten.

Aufgrund seiner strategischen Bedeutung wurde das Horn von Afrika auch zum Schauplatz des Kalten Krieges. Wie die USA und die Sowjetunion in der postkolonialen Ära ihren Einfluss in der Region sicherten, analysiert Volker Ressler. Mit dem Ende der Kolonialherrschaft brachen aufgrund der hinterlassenen »Erbschaften« immer wieder – zumeist militärisch ausgetragene – Konflikte aus, die zum Teil bis zum heutigen Tag anhalten. Andreas Mückusch (ergänzt um eine aktuelle Lagefortschreibung vom März 2007 durch Markus V. Höhne) veranschaulicht, wie Konfliktlinien dabei oftmals quer zu staatlich-administrativen Strukturen verlaufen, weil ihre Ursprünge zumeist ethnisch, religiös oder durch Claninteressen bedingt sind. Anfang der 1990er Jahre griff die Internationale Gemeinschaft erstmalig in die Konflikte am Horn von Afrika ein. Die undurchsichtige politische Situation in Somalia ließ sich aber mit den dort eingesetzten Bodentruppen nicht beherrschen, sodass die zur Stabilisierung vorgesehenen Kräfte der UN-Mission UNOSOM nach nur drei Jahren wieder abgezogen wurden.

Nach dem 11. September 2001 kam die U.S.-Regierung aufgrund der UNOSOM-Erfahrungen und umfangreicher Geheimdienstdossiers über Somalia zu dem Schluss, dass das Horn von Afrika ein idealer Rückzugsraum für islamische Terroristen sei. Thomas Breitwieser erläutert, auf welchen völkerrechtlichen Grundlagen daraufhin Anfang Oktober 2001 die »Operation Enduring Freedom« begann. Die deutsche Beteiligung daran nahmen die betroffenen Staaten zumeist positiv auf, da – wie Joseph Weiß berichtet – die Bundesrepublik in der Region schon vor dem 11. September 2001 unterstützend tätig war und diese Politik mit dem Ziel der Stabilisierung in enger Zusammenarbeit mit internationalen sowie regionalen Organisationen weiter ausbaut. In diesem Zusammenhang ist auch der Auftrag der Bundesmarine vor der Küste Somalias zu sehen. Bernhard Chiari stellt den laufenden Einsatz in seiner Bedeutung für die Region dar, verortet ihn aber auch als Ausdruck einer neuen deutschen Außenpolitik und maritimen Einsatzdoktrin angesichts veränderter globaler Rahmenbedingungen.

Der zweite Hauptabschnitt des Buches trägt die Überschrift »Strukturen und Lebenswelten«. Er vermittelt Einblicke in politische, wirtschaftliche, sicherheitspolitische, religiöse und kulturelle Problemfelder, die für die aktuelle Lage am Horn von Afrika bestimmend sind. Einleitend stellt Volker Matthies grundlegende Überlegungen zu Staatsbildung und Staatszerfall am Horn von Afrika an. Er schlägt dabei den Bogen von der Betrachtung antiker Reiche über die Zerfallsprozesse des 20. Jahrhunderts bis hin zu den aktuellen Versuchen, den »failed state« Somalia wieder zu stabilisieren. Axel Krohn beschäftigt sich mit den Herausforderungen, die das internationale Krisenmanagement in Ostafrika zu meistern hat. Insbesondere betont er die Verantwortung supranationaler Organisationen wie der UN oder der EU, aber auch lokaler und regionaler afrikanischer Einrichtungen bei der Beilegung und Verhinderung von Konflikten. Der Beitrag von Wolbert Smidt verlässt die internationale Politik. Er widmet sich erfolgreichen traditionellen örtlichen Ansätzen zur Konfliktvermeidung, die als Modelle für Problemlösungen auf regionaler oder gar zwischenstaatlicher Ebene dienen könnten.

Um die Zusammenhänge am Horn von Afrika zu begreifen, ist es unvermeidlich, sich mit der vorherrschenden ethnischen Vielfalt zu beschäftigen. Auf die Bedeutung von Clanstrukturen und deren gesellschaftlichen und politischen Einflüssen geht Ulf Terlinden ein. Darauf aufbauend beschreibt Wolbert Smidt die Geschlechterrollen in den verschiedenen Gesellschaften. Stefan Brüne erläutert in seinem Beitrag zur »Kultur des Versteckens« eine Besonderheit der äthiopischen Gesellschaft, in der offener Meinungsaustausch bis heute durch latentes gegenseitiges Misstrauen erschwert wird. Der Etablierung eines demokratischen und transparenten staatlichen Systems westlichen Musters wirkt dies diametral entgegen.

Religiosität spielt in den Ländern am Horn von Afrika eine bedeutende Rolle. Während die meisten Menschen in Nordostafrika dem Islam angehören, herrscht in Äthiopien eine besondere Richtung des Christentums vor, die äthiopisch-orthodoxe Kirche. Dieses Spannungsfeld der Weltreligionen, aber auch die zum Teil parallele Entwicklung von Islam und Christentum beleuchtet Horst Scheffler. Den sozial-gesellschaftlichen Teil des Bandes beschließt Martin Meier, der dem Leser die eigenständige und vielfach schriftlose Tradition von Literatur und Musik sowie deren Bedeutung für die Kulturen und Gesellschaften am Horn von Afrika näherbringt.

Die beiden abschließenden Beiträge beschäftigen sich mit ökonomischen Themen. Dieter H. Kollmer betrachtet den Wirtschaftsraum um das Horn von Afrika und versucht eine Entwicklungsprognose. Während die arabischen Nachbarn aufgrund ihrer Ölvorkommen ein gewisses Maß an Wohlstand erreichen konnten, stellen sich die Aussichten für die Staaten am Horn trotz vereinzelter Hoffnungszeichen insgesamt eher düster dar. Extreme klimatische Bedingungen, geringe Bodenschätze und fehlende Industrie verhindern eine positive Entwicklung der einzelnen Volkswirtschaften. Daniel Hosseus betont die Bedeutung der Region für den internationalen Handel und gibt der Hoffnung der Anrainerstaaten Ausdruck, durch den Ausbau vorhandener Häfen am Boom der internationalen Seeschifffahrt teilzuhaben.

Um den Zugang zu den teilweise äußerst komplexen Sachverhalten zu erleichtern, enthält der Band neben mehreren Karten einen dritten Teil, der mit einer Zeittafel, einer Sammlung von besonderen Erinnerungsorten sowie einem Namens- und Sachregister ausgestattet ist. Zur weiteren Information sind hier außerdem ausgewählte Literatur- und Internettipps zu finden. Schlüsselbegriffe und bedeutsame Ereignisse werden anhand von farbig hinterlegten Informationskästen in den einzelnen Texten erläutert. Die Wiedergabe der Ortsnamen folgt einer vereinfachten Umschrift. Wo immer im Deutschen gebräuchliche Bezeichnungen vorhanden sind, werden diese verwendet (z.B. *Dschibuti* statt *Djibouti*).

Den Soldaten der »Operation Enduring Freedom« am Horn von Afrika wünschen wir Glück und Erfolg für den laufenden Einsatz.

Dieter H. Kollmer, Andreas Mückusch

Das Horn von Afrika ist vermutlich eine der Wiegen der Menschheit. Es hat eine bewegte Geschichte. Schon die alten Ägypter besuchten seine Küste, um wertvolle Güter wie Weihrauch zu erwerben. In antiker und mittelalterlicher Zeit bildeten sich hier Reiche, die wesentlich auf der Kontrolle von Handelswegen basierten, die das Innere Afrikas mit dem Mittelmeer und Asien verbanden. Schon früh fassten Christentum und Islam am Horn Fuß. Friedlicher Koexistenz, aber auch erbitterte Auseinandersetzungen prägten die Beziehung beider Religionsgruppen. Die Europäer entdeckten die Region erst im 16. Jahrhundert, als sie neue Seewege nach Indien und Sumatra suchten. In dieser Zeit entstand die abgebildete Karte von Stefano Buonsigniori (Florenz, 1579), die in ihrer Einfachheit von der Unkenntnis der »Alten Welt« über diesen Teil der Erde zeugt.

Nach langen Kriegen innerhalb und zwischen den alten Reichen zerfielen diese zwischen dem 16. und dem 18. Jahrhundert. Die alten Hafen- und Handelszentren wie Asab, Berbera und Mogadischu blieben jedoch, unter verschiedenen Herrschern, bedeutend. Mit dem Bau des Suezkanals und den verstärkten wirtschaftlichen und wissenschaftlichen Interessen der westlichen Welt am Horn von Afrika entstanden neue Konfliktlinien, die bis in die heutige Zeit hinein wirken.

Die vorkoloniale Geschichte am Horn von Afrika

Der Name »Horn von Afrika« bezeichnet die nordöstlichste Region des afrikanischen Kontinents. Die Somalihalbinsel mit ihrer charakteristischen Form bildet die Spitze des Horns. Auf einer Fläche von ca. 2 Millionen Quadratkilometern finden sich heute die Staaten Äthiopien, Dschibuti, Eritrea und Somalia. Das Rote Meer (im Nordwesten), der Golf von Aden (im Norden) und der Indische Ozean (im Osten und Süden) sowie der Sudan und Kenia (im Westen bzw. Süden) begrenzen die Region. Den Übergang vom Roten Meer zum Golf von Aden bildet das »Tor der

Wehklagen« (arabisch: Bab el-Mandeb). Hier trennen nur 29 km
das Horn von Afrika von der gegenüberliegenden arabischen
Halbinsel.

Das Horn von Afrika von der Vorgeschichte bis ins 1. Jahrtausend n.Chr.

Im Jahr 1974 wurde in Hadar, im Gebiet der Afar im heutigen
Nordäthiopien, das Skelett eines ungefähr 3,2 Millionen Jahre
alten weiblichen Hominiden (Familie der Menschenartigen) gefunden. Man benannte sie »Lucy«, nach einem Beatles-Song. In
Laas Geel bei Hargeysa (Nordwestsomalia) entdeckte man jung-
steinzeitliche Höhlenmalereien. Darüber hinaus hat es immer
wieder archäologische Funde gegeben, welche die These stützen,
dass es in dieser Region schon weit vor unserer Zeitrechnung
hochentwickelte Kulturen gab. Eindeutig zeitlich zuzuordnende
Berichte über menschliche Ansiedlungen am Horn von Afrika
sind indessen erst durch wesentlich später datierte ägyptische
Überlieferungen nachweisbar.

Für die Zeit zwischen ca. 2500 und 1170 v.Chr. erwähnen
ägyptische Quellen Schiffsexpeditionen aus dem Land der Pha-
raonen nach Süden, in das Land Punt. Die bekannteste derartige
Unternehmung rüstete Königin Hatschepsut im 15. Jahrhundert
v.Chr. aus. Aus Punt kamen Luxusgüter und Gegenstände für
den religiösen Gebrauch wie Weihrauch, Myrrhe, Elfenbein,
Ebenholz und Gold. Auch Sklaven und wilde Tiere wurden von
Punt nach Oberägypten gebracht. Wo das Land genau lag, ist bis
heute unklar. Entsprechend den geografischen Hinweisen und
importierten Gütern lässt es sich an der Küste des Horns, zwischen Sudan und Nordsomalia, verorten. Das 1998 in Nordost-
somalia gegründete Puntland hat grundsätzlich nichts mit dem
historischen Punt zu tun.

Ein frühes Reich entwickelte sich im heutigen Nordäthiopi-
en vor ca. 2000 Jahren. Sein Zentrum war die Stadt Aksum. Archäologische Funde machen eine noch frühere Besiedlung des
Gebietes wahrscheinlich (vgl. den Beitrag von Volker Matthies,
Deutsche Forscher). Der im 1. Jahrhundert n.Chr. von einem un-

bekannten Autor auf Griechisch verfasste Bericht der »Umsege-
lung des eritreischen Meeres« erwähnt den aksumitischen König
Zoskales, der als geizig und hochgebildet dargestellt wurde.
Diese Beschreibungen sowie Funde griechischer Münzen deuten darauf hin, dass Aksum mit seinem Hafen Adulis (heute in
Eritrea) eine wichtige Station im »globalen« Handel seiner Zeit
war. Dieser reichte vom Römischen Reich bis nach Ceylon. Die
Könige von Aksum führten den Titel *nagasi*. Nach der Kaiserkrönung wurden sie *negusa nagast* (König der Könige) genannt.
Sie prägten ihre eigenen Münzen. Die Schriftsprache des Reiches war Geez, eine semitische Sprache. Altarabische Inschriften
bezeichnen einen Teil der beherrschten Bevölkerung als Haba-
sha. Von diesem Namen leitet sich »Abessinien« ab, das bis ins
19. Jahrhundert für das nördliche und zentrale Hochland Äthiopiens gebräuchlich war.

Im 2. Jahrhundert breitete sich das Reich Aksum über die
Meerenge von Bab el-Mandeb nach Südarabien (»*Arabia felix*«,
der heutige Jemen) aus. Um die Mitte des 4. Jahrhunderts nahm
König Ezana den christlichen Glauben an. Die neuen Christen
standen unter der Oberhoheit des koptischen Patriarchen von
Alexandria (vgl. den Beitrag von Horst Scheffler). Infolgedessen
war bis 1950 das Oberhaupt der äthiopisch-orthodoxen Kirche
jeweils ein Mönch aus Ägypten. Aksum erreichte den Höhepunkt seiner Macht im 6. Jahrhundert. Durch das wenig später
einsetzende Ausgreifen des Islam verlor es jedoch die Kontrolle
über den Handel zwischen Mittelmeer und Indischem Ozean

picture-alliance/akg-images

Die Kirche zu
Aksum auf einem
deutschen Stich
aus dem Jahre
1810

»Arabia felix«

Die Arabische Halbinsel wurde in der antiken Geografie in das »wüste« Arabien, »*Arabia deserta*«, und das »glückliche« Arabien, »*Arabia felix*« geteilt. »Arab« bezeichnete ursprünglich nur die nordafrikanische Wüste und ihre nomadischen Bewohner (Beduinen). Zuerst findet sich diese Bezeichnung in frühen assyrischen Inschriften des 9. Jahrhunderts v.Chr. Bereits um 500 v.Chr. wurde sie auf die gesamte Halbinsel übertragen: In den Inschriften des Perserkönigs Dareios I. (521-486 v. Chr.) wird das von Persien unterworfene Gebiet zwischen Ägypten und Mesopotamien »Arabaya« genannt. Das südwestarabische Gebiet scheint hauptsächlich aufgrund der Fruchtbarkeit des Landes, vor allem aber wegen seiner wohlriechenden Kräuter und Gewürzhölzer »glücklich«, d.h. »wohlhabend« genannt worden zu sein. Der für den medizinischen und religiösen Gebrauch so wichtige Weihrauch war Hauptexportartikel und die Basis für eine florierende Wirtschaft. Die Handelsverbindungen mit Karawanen und seit dem 2. Jahrhundert v.Chr. auch auf dem Seeweg reichten bis nach Indien. Das »Land des Weihrauchs« soll sich, so der römische Historiker Plinius, der Flotte Alexanders des Großen bereits auf hoher See durch seinen aromatischen Geruch bemerkbar gemacht haben (*naturalis historia* 12, 86). Um Konkurrenz abzuschrecken, erzählten südarabische Kaufleute wilde Geschichten, wie etwa das Märchen von den geflügelten Schlangen, die die Weihrauchbäume bewachten (Herodot 3, 107 ff.). Sprichwörtlich war der Reichtum Arabiens. Die Gold- und Silbervorkommen, die prächtigen Perlen und Edelsteine weckten Begehrlichkeiten bei den umliegenden Nachbarvölkern. Assyrer, Babylonier und Perser suchten sich das Gebiet untertan und tributpflichtig zu machen. Auch Alexander der Große plante kurz vor seinem Tod noch einen Vorstoß nach Arabien. Ein groß angelegter Eroberungszug des römischen Feldherrn Aelius Gallus gegen die Sabäer im Jahre 25/24 v.Chr. endete aufgrund militärischer Unfähigkeit in einem Fiasko. Unter den südarabischen Hochkulturen galten die »unbesiegten« Sabäer schon seit biblischen Zeiten als die berühmtesten und wohlhabendsten Araber. Das Reich von Saba mit seiner befestigten Hauptstadt Mariaba/Marib (im Gebiet des heutigen Jemen) war aber nicht nur wegen seines Welthandels mit Luxuswaren legendär. Vielmehr war es auch wegen seines »grünen« Reichtums, seiner üppigen Vegetation und der Fruchtbarkeit des Bodens bekannt, die durch hochentwickelte Bewässerungssysteme wie etwa den berühmten Staudamm von Marib aus dem 6. Jahrhundert v.Chr. dauerhaft gesichert wurde. Der schleichende Rückgang des Handels, eine unzulängliche Wartung der Bewässerungsanlagen, die eine Reihe von Dammbrüchen zur Folge hatte, innere Machtkämpfe und zahlreiche Kriege führten schließlich in der Spätantike zum Niedergang des Sabäischen bzw. des Sabäo-Himjarischen Reiches. Im 2./3. Jahrhundert n.Chr. suchten die äthiopischen Könige von Aksum ihre Macht auf die südarabische Halbinsel auszudehnen. Zeitweilig herrschten sie über das Gebiet des heutigen Jemen und südlichen Saudi-Arabien und führten den Titel »König von Saba«. Im 6. Jahrhundert n.Chr. wurde das »glückliche Arabien« schließlich eine Provinz des persischen Sassanidenreiches, dessen letzter Statthalter 628 n.Chr. zum Islam konvertierte. *(ldl)*

sowie über Südarabien (vgl. den Beitrag von Martin Rink). Angriffe verschiedener lokaler Gruppen besiegelten das Ende des Reiches an der Wende zum 10. Jahrhundert.

Der Islam kam schon sehr früh in die Region am Horn von Afrika. Bereits im Jahr 615 sollen Anhänger des Propheten Mohammed vor Verfolgung in Mekka nach Aksum geflohen sein. Hier fanden erste friedliche Kontakte statt. Zwischen dem 7. und dem 10. Jahrhundert etablierten arabische und persische Händler Siedlungen entlang der nord- und südsomalischen Küste, wie Zeyla und Mogadischu. Diese entwickelten sich bald zu wichtigen politischen, ökonomischen und religiösen Zentren.

Das »Mittelalter« am Horn

Von der Jahrtausendwende bis zum 13. Jahrhundert ist wenig bekannt über die Verhältnisse im christlichen Nordwesten des Horns. Die Dynastie der Zagwe regierte ein kleines Reich südlich des niedergegangenen Aksum. Der Islam breitete sich in dieser Zeit vom Nordosten und Südosten her aus. Mogadischu, die Hauptstadt Somalias von 1960 bis 1991, wurde vermutlich im frühen 10. Jahrhundert gegründet; es verfügte über einen natürlichen Hafen. Zudem lag die Stadt nur wenige Kilometer von dem Fluss Shabelle entfernt, an dem eine alte Karawanenstrasse zwischen dem Inneren des Horns und der Küste verlief. Die Bevölkerung der Stadt bestand aus Arabern, Persern und Indern. Im 13. Jahrhundert war Mogadischu das Zentrum eines Sultanats, das auch die Küstenstädte Merka und Brawa weiter im Süden sowie das Hinterland kontrollierte. In dieser Zeit entstanden erste Moscheen aus Stein, und lokale Herrscher prägten ihre eigenen Münzen. Ein offensichtlich funktionierendes Gemeinwesen konnte weiter ausgebaut werden.

Um 1330 besuchte der muslimische Reisende und Schriftsteller Abdullah Ibn Battuta die ostafrikanische Küste. Seiner Beschreibung nach war Mogadischu damals eine florierende Handelsstadt und ein islamisches Glaubenszentrum. Die Handelsbeziehungen reichten bis nach Ägypten und Syrien. Auch mit den Somali-Nomaden im Hinterland wurden Waren getauscht. Die Somali-Gruppen waren wohl ab dem 1. Jahrhundert n.Chr. aus dem Gebiet des heutigen Nordkenia westlich des Turkanasees (auch Rudolfsee genannt) in den Osten und Nordosten des Horns eingewandert. Ibn Battutas Bericht deutet darauf hin, dass Somalis auch innerhalb der Mauern der Stadt wohnten.

Im Norden des Plateaus von Harar (nordöstliches Äthiopien) entstand im 13. Jahrhundert das Sultanat von Ifat. Wie Mogadischu lag es an einer Handelsstraße. Güter wurden über den Hafen von Zeyla (nordöstlichste Spitze Somalias) ein- und ausgeführt. Im abessinischen Hochland fiel im Jahr 1270 die Herrschaft an Yekunno Amlak, einen Anführer der Amharen. Dies war der Beginn der so genannten salomonischen Dynastie. Von den Traditionen Aksums übernahmen die neuen Herrscher das Christentum, Geez als Staatssprache und den Titel *negusa negas* (»König der Könige«). Sie beanspruchten für sich, aus der Verbindung des alttestamentarischen Königs Salomo mit der legendären Königin von Saba abzustammen.

Die selbstbewussten christlichen Herrscher sahen sich als Schutzmacht der Christen auch in anderen Teilen der Welt. Besonders das Schicksal der Kopten in Ägypten lag den salomonischen Königen am Herzen. Denn das Oberhaupt der christlich-orthodoxen Kirche am Horn wurde vom Patriarchen von Alexandria bestellt. Mehrmals entsandten Könige des Hochlands Gesandtschaften zu den mamelukkischen Herrschern am Nil mit der Bitte, die Christen in Ägypten zu schonen und einen Mönch als Kirchenoberhaupt in den Süden zu schicken. Im Gegenzug versprach man Toleranz gegenüber den Muslimen am Horn, mit denen man über den Handel intensiv verbunden war. Ägyptische Herrscher hatten dabei auch zu bedenken, dass wichtige Zuflüsse des Nil im abessinischen Hochland lagen.

Die guten Beziehungen zwischen Ägypten und den salomonischen Herrschern wurden jedoch schon bald von der Expansion des christlichen Reiches am Horn überschattet. Dabei kam es im 14. Jahrhundert zu Konflikten mit dem Sultanat von Ifat. Einen ersten Sieg über das islamische Reich errang der Herrscher Amde Tseyon I. im Jahr 1332. Er setzte einen neuen Sultan als Vasall ein. Im Jahr 1415 ging König Yeshaq I. erneut gegen die Muslime vor und eroberte das Gebiet von Ifat bis zum Hafen von Zeyla. Eine zeitgenössische Hymne namens »Kebra Negast« (»Ruhm der Könige«) feiert diesen Sieg. Mit dieser Quelle wird die salomonische Abstammung der christlichen Herrscher festgeschrieben. Hier taucht auch der Name »Somali« zum ersten Mal in schriftlicher Form auf. Die Hymne weist das Herrschaftsgebiet der salomonischen Könige als »Äthiopien« aus. Damit wird diese Bezeichnung, die antike griechische Autoren noch für das gesamte subsaharische Afrika verwendeten, auf das christliche Reich am Horn von Afrika begrenzt. Fortan wurde Äthiopien synonym mit Abessinien benutzt.

Die Zeit der sozialen und politischen Wirren

Der Sieg König Yeshaqs I. über die Muslime von Ifat war nicht endgültig. Bald errichteten diese südöstlich ihres alten Reiches das neue Sultanat von Adal mit der Hauptstadt Harar. Nach internen Machtkämpfen kam hier um 1527 Ahmed Gurey an die Macht. Er rekrutierte Kämpfer unter den Afar und Somali-Nomaden und begann einen »Heiligen Krieg« gegen das christliche Reich, in dessen Verlauf er weite Teile Äthiopiens eroberte und dabei verheerte. Beide Seiten setzten importierte Feuerwaffen ein. Ab 1541 griffen auf äthiopischer Seite portugiesische Musketenschützen und auf der Seite des Sultans osmanische Söldner

Das gegenüberliegende Ufer – Arabien seit dem 16. Jahrhundert
Die Arabische Halbinsel mit einer Fläche von etwa 3 Millionen Quadratkilometern umfasst heute die Staaten Jemen, Katar, Oman, Saudi-Arabien und die Vereinigten Arabischen Emirate. Das Gebiet ist geprägt von seinem Ölreichtum (vgl. Beitrag von Dieter H. Kollmer), dem Islam und einer langen, bewegten Geschichte.

Bis zum 16. Jahrhundert hatte sich die arabischen Halbinsel mit wenigen Ausnahmen entlang der Küstenstreifen ohne Einflüsse von außerhalb entwickelt. Hochkultivierte Reiche und Stadtstaaten waren insbesondere in den Gebieten der heutigen Staaten Jemen, Oman und Saudi-Arabien entstanden. Da sie aber ein wenig abseits der damals wichtigen weltweiten Handelswege lagen, hat die Region über sehr lange Zeit nicht das Interesse expandierender Großmächte erregt.

In der ersten Hälfte des 16. Jahrhunderts mussten sich die verschiedenen Herrscher auf der arabischen Halbinsel dem Eroberungsdrang des Osmanischen Reiches beugen. Mit dem bis dahin sehr widerspenstigen Jemen fiel 1517 die letzte Festung des Widerstandes. Die Osmanen überschätzten jedoch die Möglichkeiten dauerhafter Kontrolle über ihr sich immer weiter ausdehnendes Reich: Im Jahre 1635 erkämpften die jemenitischen Fürsten ihre vollständige Unabhängigkeit, zudem widersetzten sich einzelne Stadtstaaten im heutigen Oman erfolgreich der Fremdbestimmung. Die nördlichen Küstenlandschaften hingegen blieben bis ins 20. Jahrhundert hinein unter der Herrschaft des Osmanischen Reiches.

Auch die europäischen Seemächte entdeckten die Arabische Halbinsel für sich: 1507 errichteten die Portugiesen auf der Insel Sokotra (Südjemen) einen Stützpunkt, von dem aus sie den Golf von Aden kontrollieren konnten. Im südöstlichen Arabien gelang die Gründung einer Kolonie im Umfeld der Küstenstadt Maskat (Oman). Als die Portugiesen 150 Jahre später zurückgedrängt werden konnten, stieg Oman zu einer Regionalmacht auf. Omanische Truppen eroberten sogar ausgedehnte Gebiete entlang der ostafrikanischen Küsten. Von Sansibar aus entstand in der Folgezeit ein florierender Sklavenhandel, der erst in der zweiten Hälfte des 19. Jahrhunderts durch koloniale Interessen Großbritanniens und des Deutschen Reiches sein Ende fand. Mitte des 18. Jahrhunderts forderte der Religionsgelehrte Muhammad Abd al-Wahhab die Rückkehr zu den religiösen Wurzeln des Islam.

Ein französisches Dampfschiff liegt Mitte des 19. Jahrhunderts vor dem Hafen von Aden.

picture-alliance/KPA/HIP/The British Library

Die von ihm begründete Wahhabitenbewegung, deren militärische Führung Muhammad Ibn Saud oblag, brachte durch Aufstände weite Teile Zentralarabiens unter ihre Herrschaft. Ibn Sauds Sohn Abd al-Aziz schuf 1786 den ersten saudischen Staat. Das Osmanische Reich schlug zurück und zerstörte 1818 die Stadt Dariya, das Zentrum der saudischen Dynastie (heute ist Dariya ein Stadtteil von Riad).

Großbritannien gewann ab Mitte des 19. Jahrhunderts an Einfluss in der Region, ohne jedoch Kolonien zu gründen. Die Stämme der arabischen Halbinsel beugten sich britischer Schutzherrschaft und zogen hieraus Gewinn. Das 1839 von den Briten eroberte Aden wurde zum Freihafen erklärt und infolgedessen zum viertgrößten Umschlagplatz der Welt. Protektoratsverträge mit den arabischen Kleinstaaten sicherten den britischen Einfluss und erlaubten den arabischen Herrschern im Jemen und in Oman weitestgehende Unabhängigkeit. Den Osmanen gelang zwar in den 1870er Jahren die Rückeroberung einiger Gebiete in Küstennähe, ohne jedoch eine tatsächliche Herrschaft im Sinne einer funktionierenden Verwaltung etablieren zu können. Im Ersten Weltkrieg lösten die Briten mit dem Versprechen eines unabhängigen arabischen Staates einen erfolgreichen antiosmanischen Aufstand aus (»Araber-Revolte«). Trotz einiger diplomatischer Verwicklungen blieben Arabien, Oman und der Jemen nach dem Zusammenbruch des Osmanischen Reiches 1921 unabhängig.

Die zwischen Oman und dem Jemen gelegene Region mit Zentrum Aden hingegen wurde 1937 zur »Kronkolonie« erklärt und blieb bis 1959 unter britischem Protektorat. Seit jenem Jahr verwaltete sich das Gebiet zunächst autonom und vereinigte sich dann mit anderen Emiraten zur Südarabischen Föderation (1963). Die dort auch weiterhin stationierten britischen Truppen zogen erst 1969 ab. Seitdem sind alle Staaten der arabischen Halbinsel souverän. *(mm)*

ein. Im Februar 1543 wurde Ahmed Gurey während der Schlacht von Wayna Daga getötet. Sein Tod und die Niederlage in der Schlacht führten wenig später zum Zusammenbruch der wenig stabilisierten islamischen Herrschaft.

Hier zeigt sich deutlich, wie schon vor einigen hundert Jahren globale Entwicklungen lokale Ereignisse beeinflussten. Im 15. Jahrhundert hatten sich die Portugiesen als führende Seemacht durchgesetzt, Afrika umsegelt und den Seeweg nach Indien gefunden. Dabei gelangten sie im frühen 16. Jahrhundert nach Ostafrika. Sie glaubten mit dem äthiopischen Herrscher den legendären Priesterkönig Johannes vor sich zu haben. Weil das Ausgreifen der Portugiesen ökonomische Beweggründe hatte, fanden sie sich schon bald in Konkurrenz mit dem Osmanischen Reich.

Vom Reich Adal blieb nur das Sultanat von Harar übrig. Bis zu seiner Eroberung durch den äthiopischen Kaiser Menelik II. im Jahr 1887 bildete es ein wichtiges Zentrum islamischen Lehrens und Lernens am Horn. Ein Ableger des Sultanats von Adal war das Sultanat von Awsa. Es bestand vom späten 16. Jahrhun-

Eine flämische Karte des »*Abbissinorium Sive Pretiosi Ioannis Imperiu[m]*«, des Abessinischen Reiches des Priesterkönigs Johannes, aus dem Jahre 1595

Kongo. Gestalten und Zeiten. Ausstellung im Reiß-Museum Mannheim, 273.3. bis 30.5.1971, Katalog Mannheim 1971 (Karte als faks. Reinabe im Anhang o.S.)

dert bis zum Ende des 19. Jahrhunderts nördlich des Plateaus von Harar im Afar-Gebiet. Als Hafen diente ihm die Stadt Asab.

Das Horn von Afrika erlebte im 16. und 17. Jahrhundert turbulente Zeiten. Ähnlich wie die Somali mehr als 1000 Jahre zuvor drängten nun die Oromo von Nordkenia her in die Region. Dieses Nomadenvolk breitete sich über Südostäthiopien bis nach Harar und hinein in die Somalihalbinsel aus. Ansässige Gruppen wurden verdrängt oder eingegliedert. Die Oromo übernahmen aber auch Traditionen anderer Gruppen am Horn. So traten sie z.B. im südlichen Hochland zum Christentum über, während sie im Osten den Islam annahmen. Militärisch hatten die christlichen und die islamischen Herrschaften des Nordens den Eindringlingen wenig entgegenzusetzen. Sie waren geschwächt aus langjährigen Kriegen untereinander hervorgegangen.

Besonders das christliche Reich litt darunter, dass osmanische Schiffe und Handelsstationen ab Mitte des 16. Jahrhunderts den Handel im Roten Meer weitgehend kontrollierten. Bis ins 18. Jahrhundert erlebte Abessinien zwar eine kulturelle Blüte und verfügte ab 1636 mit der Einrichtung der Hauptstadt Gondar im westlichen Hochland über ein neues permanentes Zentrum. Doch die politische Ordnung zerfiel zusehends. Die Ermordung König Iyoas im Jahr 1769 markiert den Beginn der so genannten »Zeit der Prinzen«. Knapp 100 Jahre stritten verschiedene Regionalherrscher um die Macht im Reich. Erst mit Tewodros II. (1855–1868) fand das christliche Hochland wieder einen starken Regenten, der sich zudem um enge Kontakte mit Europa bemühte und besonders an moderner Waffentechnologie interessiert war.

Über die Entwicklungen vom 16. bis ins 19. Jahrhundert in den anderen Teilen des Horns ist mit Ausnahme der schon erwähnten Sultanate im Norden wenig bekannt. Im Inneren Südsomalias existierte zwischen dem 15. und dem 17. Jahrhundert das Sultanat der Ajuraan. In Nordsomalia scheinen sich in dieser Zeit viele Auseinandersetzungen zwischen Somali- und Oromo-Gruppen zugetragen zu haben. Viele Ortsnamen im heutigen Nord- und Zentralsomalia deuten auf Kämpfe mit den Oromo und schließlich deren Vertreibung hin. Es kam sogar zu einer erneuten Somali-Migration, diesmal nach Süden, bis nach Kismayo und Nordkenia.

Die Schlossanlage von Gondar aus dem 17. Jahrhundert, die seit 1989 zum Weltkulturerbe der UNESCO gehört.

Der Vorabend der kolonialen Expansion

Der Brite William Christopher und der Franzose Charles Guillain besuchten Mogadischu in den 1840er Jahren und beschrieben die Stadt als heruntergekommen. Zu dieser Zeit war der Sultan von Sansibar (vgl. den Beitrag von Wolfgang Petter) der offizielle Herrscher über die Swahiliküste. Im Hinterland von Mogadischu und in enger Verbindung mit der Küstenmetropole hatte sich im 19. Jahrhundert das Geledi-Sultanat mit der Stadt Afgoye als Zentrum etabliert, dessen Herrscher in Mogadischu sehr einflussreich waren. In der zweiten Hälfte des 19. Jahrhunderts erfuhr die Stadt einen unerwarteten Aufschwung, als mit Hilfe massenhaft aus Ostafrika importierter Sklaven Plantagen entlang und zwischen den Flüssen Shabelle und Juba bewirtschaftet wurden. Ihre Besitzer waren Mitglieder der arabischswahilischen Aristokratie Mogadischus sowie die Herrscher von Geledi. Große Mengen Getreide und Sesam für die Speiseölproduktion, aber auch Baumwolle wurde exportiert.

In Südwestäthiopien florierten in relativer Abgeschieden-
heit von den lokalen christlichen und islamischen Zentren des
Horns – aber stets mit ihnen über den Karawanenhandel verbunden – kleinere Königtümer wie Kaffa und Jimma. Das Ausgreifen Ägyptens unter dem Khediven (ägyptischer Vizekönig)
Ismail sowie der europäischen Mächte in der zweiten Hälfte des
19. Jahrhunderts bedeutete jedoch für alle Gruppen am Horn das
Ende der alten »kleinstaatlichen« Ordnung und den Beginn moderner Staatsbildungsprozesse. Der äthiopische Kaiser Johannes
besiegte schließlich die Ägypter und erwehrte sich in den 1880er
Jahren erfolgreich der Anhänger des islamischen Mahdi an der
Grenze zum Sudan. Gleichzeitig drangen europäische Mächte
entschlossener in die Region vor. Der Bau des Suezkanals ab 1839
und seine Eröffnung 1869 erhöhten das strategische Gewicht des
Horns. Britische, französische, deutsche und italienische Forschungsreisende bereisten die Somalihalbinsel und Äthiopien in
dieser Zeit intensiv (vgl. den Beitrag von Volker Matthies, Deutsche Forscher). Ihre Berichte über Geografie, Flora, Fauna sowie
Kultur und Gesellschaft dieser Landstriche besitzen bis heute
hohen wissenschaftlichen Wert. Sie dienten im Kontext ihrer Zeit
jedoch auch der kolonialen Expansion, die in der zweiten Hälfte des 19. Jahrhunderts mit dem Ausgreifen Großbritanniens,
Frankreichs und Italiens auf das Horn von Afrika begann.

Markus V. Höhne

Der auf der Karte aus dem Jahre 1565 dargestellte Indische Ozean (»Magnum Mare Indicum«) wurde von den großen europäischen Seemächten mit Beginn des 16. Jahrhunderts erschlossen. In den ersten rund 100 Jahren waren es die Portugiesen, die ein Netzwerk von Handelsstationen und befestigten Häfen in Ostafrika und Indien aufbauten. Zu Beginn des 17. Jahrhunderts verdrängten niederländische Kauffahrer die Südeuropäer als führende Macht in der äußerst gewinnträchtigen Region. Sehr schnell wurde der »Ostindienhandel« mit Gewürzen, Metallen und Tee zur Grundlage des »Goldenen Zeitalters« in der niederländischen Geschichte. Aber auch die erfolgreichen Kaufleute aus dem Nordwesten des europäischen Festlandes konnten sich nicht sehr lange in dieser Position halten. Muslimische wie europäische und nordamerikansiche Piraten störten ab 1650 immer wieder die wichtigsten Handelsrouten, griffen Stützpunkte der Handelsgesellschaften an und entführten ganze Schiffsbesatzungen. Auf Dauer war keine der europäischen Seemächte in der Lage, diesen riesigen Seeraum mit seinen schier endlosen Küstenlinien in Afrika und Asien allein zu beherrschen. So kam es, dass zu Beginn des 18. Jahrhunderts der Indische Ozean unter den europäischen Seemächten in Interessensphären aufgeteilt wurde und gleichzeitig stärker unter arabisch-muslimischen Einfluss geriet.

▰▰ Die europäische Expansion in den Indischen Ozean bis zum 18. Jahrhundert

Mit der Erschließung des Indischen Ozeans durch europäische Schiffe begann für Europa das Zeitalter der Globalisierung. Vasco da Gama »entdeckte« 1497 ein neues Seegebiet für Portugal, das schon seit zwei Jahrtausenden eine Zone des interkontinentalen Handels war: von China über die indonesische Inselwelt weiter nach Indien bis ins Mittelmeer. Auf dem Seeweg durch den Persischen Golf oder das Rote Meer verlief ein wichtiger Abschnitt dieser Route am Horn von Afrika entlang.

Die Geschichte der europäischen Expansion beginnt mit den Schiffsrouten nach Indien. Mit der Erschließung der Seeverbindungen nach Indien und China befand sich Portugal in einer günstigen Ausgangsposition. Immerhin hatte es bis zum 14. Jahrhundert seine maritime Expansion an die Westküste Afrikas vorangetrieben. Ab den 1450er Jahren beanspruchte die portugiesische Krone das Monopol für die Erschließung Afrikas und die Handelswege nach Indien. Dabei wurde die von den europäischen Seefahrern im Mittelmeer und auf der iberischen Halbinsel etablierte Art und Weise der Konflikteauszutragen in den Indischen Ozean exportiert. Dort bestand seit Langem ein weitgehend friedlicher maritimer Handel, der hauptsächlich von muslimischen Kaufleuten beherrscht wurde: von Arabern auf dem Weg nach Gujarat in Nordwestindien und von Gujaratis, zum Islam konvertiert, auf der Strecke weiter südostwärts nach Bengalen und nach Indonesien, wo sich die Drehscheibe des Chinahandels befand. Hier, in Aceh und weiter ostwärts, in Malakka, betrieben muslimische Kaufleute ein ausgedehntes Handelsnetz, das sich zwischen den großen asiatischen Handelsimperien im Halbrund um den Indischen Ozean etabliert hatte. Dasselbe galt für die Route vom Persischen Golf und dem Ausgang des Roten Meeres entlang der afrikanischen Küste, wo sich mit Ansiedlungen wie Sansibar und Mogadischu die afro-islamische Swahili-Kultur ausgeprägt hatte. Hormus und Aden gegenüber dem Horn von Afrika lagen somit an den Schnittstellen zweier wichtiger maritimer Handelswege.

Auf den Spuren Sindbads des Seefahrers: Die arabische Expansion

Beim Tod Mohammeds im Jahr 632 umfasste der islamische Herr-
schaftsbereich bereits einen Großteil der Arabischen Halbinsel. Binnen eines halben Jahrhunderts erstreckte sich das Kalifat seiner Nachfolger vom Iran bis Ägypten; rund weitere 50 Jahre später reichte es
von Spanien bis Zentralasien. Damit entstand ein mächtiger Verbund
verschiedener Völker auf religiöser, politischer und wirtschaftlicher
Ebene, durch dessen Ausdehnung bis Ende des 13. Jahrhunderts auch
die an den Indischen Ozean grenzenden Länder islamisch durchdrun-
gen wurden. Das Ausgreifen auf diesen Raum erfolgte aber, im Gegensatz zum Nahen Osten und Nordafrika, nicht auf militärischem Wege,
sondern durch die Niederlassung von Kaufleuten an den Stationen
der Handelswege nach Indien und China. Diese Entwicklung wurde
dadurch begünstigt, dass mit der arabischen Sprache eine einheitli-
che Handelssprache und mit dem islamischen Recht eine gemeinsame
Interaktions- und Regulierungsgrundlage bestand. Mit der Blüte des
Kalifenreichs stieg zudem die Nachfrage nach Luxusgütern, was die
Erschließung langer Seewege erst rentabel machte.

Die Handelsverbindungen zwischen dem Mittelmeer und dem Indischen Ozean fanden mit der Gründung von Fustat (Alt-Kairo) im
Jahr 641 einen aufstrebenden Umschlagplatz. Die zweite Handelsrou-
te über den Persischen Golf ist mit der Gründung von Basra (um 638)
und Bagdad (762) verknüpft. Der Kalif Al Mansur (Regierungszeit
754–775) soll hierzu gesagt haben: »Nun liegt kein Hindernis mehr
zwischen uns und China.« Aber damit nicht genug: Im Jahre 712 bekannte sich die vorderindische Stadt Daibul zum Islam, und spätestens ab dem 8. Jahrhundert wurde auch China von islamischen Kaufleuten angefahren. Von dem Ausgreifen auf den Ozean ostwärts von
Arabien erzählt die Sage von Sindbad dem Seefahrer.

Im 9. Jahrhundert verstärkte sich die Migration aus den Kernländern Arabiens, vor allem dem Jemen und Oman, nach Ostafrika. Dies
verband sich ab dem 11. Jahrhundert mit der Ausprägung der Swahili-Kultur. Obwohl das Kalifenreich ab dem Jahr 909 in verschiedene
Kalifate und Herrschaftsbereiche zerfiel, blieb die Einheit des Han-
delsraums auf dem Ozean bestehen. Auch die mongolische Eroberung
und der Untergang Bagdads 1258 zerstörten nicht die Möglichkeiten
von Handel und Islamisierung. Mit der mongolischen Herrschaft über

den Landweg von der islamischen Welt nach China wichen die Araber auf den Seeweg aus. Anfang des 14. Jahrhunderts nahmen dann auch die Bewohner der kleinen Fürstentümer an den indonesischen Küsten zunehmend den islamischen Glauben an, wobei die bisherige hinduistische und buddhistische Kultur zurückgedrängt und überlagert wurde. So blieb der Indische Ozean im 15. Jahrhundert von muslimischen Seefahrern beherrscht, bis 1488 mit Bartolomeo Diaz zum ersten Mal europäische Schiffe über die Kaproute dorthin vordrangen. *(mr)*

Die Ziele und Folgen der portugiesischen Handelsexpansion

Die muslimische Handelsdominanz mag das bemerkenswert aggressive Auftreten der Portugiesen im Indischen Ozean erklären. Deren maritime Expansion wurde von drei Motiven befördert: Die Bekämpfung des Islam und die Bekehrung von Heiden zum Christentum, die Suche nach christlichen Verbündeten, besonders die nach dem legendären Priesterkönig Johannes (siehe Kasten S. 64), sowie der Erwerb von Handelsgütern wie Gold, Sklaven und vor allem der begehrten Gewürze. Mit dem Bau von hochseetüchtigen, kanonenbewehrten Kriegs- und Handelsschiffen von hoher Seeausdauer hatte sich im späten 15. Jahrhundert in den europäischen Ländern am Atlantik ein relativer Vorteil gegenüber den Schiffstypen der islamischen Welt entwickelt. Das verschaffte den Portugiesen die Oberhand bei der Erschließung des Indischen Ozeans in kaum mehr als einem Jahrzehnt. Dies umso mehr, als die Vorstöße mächtiger chinesischer Flotten zwischen 1404 und 1433 bis an die Ostküste Afrikas nicht fortgeführt worden waren. Zudem verstanden sich große Anrainerstaaten des Indischen Ozeans wie das Mogulreich als Landmächte, denen eine Seeherrschaft wenig wichtig erschien.

Nachdem Bartolomeo Diaz 1487/88 das Kap der Guten Hoffnung und die Südspitze Afrikas (das Nadelkap) entdeckt hatte, erreichte zehn Jahre später Vasco da Gama auf seiner Reise von 1497 bis 1502 Indien. Als sich die an der ostafrikanischen Küste gelandeten Portugiesen nicht als Türken islamischen Glaubens, sondern als – zudem gewaltbereite – Nichtmuslime herausstellten, eskalierten rasch Konflikte, vor allem in Mombasa. Erst mit der Entdeckung der 100 Kilometer weiter nördlich gelegenen Stadt Malindi eröffnete sich den Portugiesen ein bleibender Stützpunkt an diesem strategisch wichtigen Küstenabschnitt. Von hier aus erreichte Vasco da Gama Ende Mai 1498 Calicut, den wichtigsten Gewürzmarkt Indiens.

Vasco da Gama in Calicut 1498. Französischer Holzstich, 1733

Aber auch hier kam es bald zu Missverständnissen und Problemen. Diese Konflikte hatten ihre tiefere Ursache nicht nur im überlegenen »Waffensystem« des artilleriebewehrten Hochseeschiffs, sondern im Anspruch der portugiesischen Krone auf das Monopol beim lukrativen Gewürzhandel wie auch auf deren Selbstverständnis, als Beherrscher des Ozeans aufzutreten. Die beiden Jahrzehnte, die auf die erste portugiesische Indienfahrt folgten, waren geprägt von einer Aggressions- und Expansionspolitik zwischen den Küsten von Mosambik und Macao. Die zweite portugiesische Indienexpedition, geleitet von Pedro Àlvarez Cabral, der auf dem Hinweg Brasilien entdeckte, stach 1500 in See. Nachdem mit dem örtlichen Herrscher von Calicut Einvernehmen über den Betrieb einer Handelsstation (Faktorei) hergestellt war, eskalierte der Konflikt mit muslimischen Kaufleuten. Einen Angriff auf ihre Faktorei beantworteten die Portugiesen mit der Beschießung der Stadt und einem gnadenlosen Kaperkrieg gegen muslimische Schiffe. Eine weitere Flotte unter Vasco da Gama lauerte heimkehrenden Mekkapilgern auf und massakrierte mehrere Hundert von ihnen. Zugleich errichteten die Portugiesen ein Netz befestigter Stützpunkte, das bald von Sansibar (1503) über Sokorta (1507) bis nach Malakka (1511) reichte. Um die unliebsame Konkurrenz auszuschalten, stellten sie die einträglichen Handelswege im Arabischen Meer unter Kontrolle und blockierten diese wo immer möglich für muslimische Händler. Man zwang arabische und indische Kaufleute, portugiesische Pässe zu kaufen, die somit ein als Zwangssteuer ausgewiesenes Schutzgeld zu zahlen hatten. Nur ein Teil der Profite des portugiesischen Handelsimperiums wurde auf dem Seeweg nach Europa, der »Carreira das Indias«, erwirtschaftet. Zu einer noch bedeutenderen Einnahmequelle entwickelte sich die Übernahme des Zwischenhandels zwischen den einzelnen Stützpunkten im Indischen Ozean. Die Ausschaltung der etablierten Konkurrenz betraf nicht nur den Handel mit Gewürzen, sondern auch die Ausfuhr von arabischen Pferden nach Indien oder das Geschäft mit afrikanischem Elfenbein. Der Güteraustausch in dieser Region wurde nicht nur strukturell verändert, sondern in weiten Teilen von den Neuankömmlingen übernommen.

Die Sicherung der portugiesischen Dominanz zu Beginn des 16. Jahrhunderts

Wichtig für die Durchsetzung des portugiesischen Monopols war die Blockade des Persischen Golfs und des Roten Meeres, denn auf diese Weise wurden die Verbindungsrouten ins Mittelmeer gesperrt. Dies wiederum beeinträchtigte die Wirtschaft des ägyptischen Mamelukkenreichs und sogar jene Venedigs. Dennoch festigte sich das portugiesische Seereich rasch: Im Jahr 1505 wurde Francisco de Almeida zum Vizekönig in Indien ausgerufen. 1510 eroberte er Goa und etablierte es als seine befestigte Residenz. Die Herrschaft über dieses Gebiet beruhte primär auf der Kontrolle der Seeverbindungen. Zu Lande war das »Reich« beschränkt auf die wenigen Festungen nach europäischem Vorbild im Küstengebiet, die mit überlegener Artillerie ausgestattet waren. Zur See dominierten die schwer bewaffneten europäischen Schiffe.

Freilich konnte sich diese Vorherrschaft nur in relativer, nicht in absoluter Hinsicht durchsetzen, denn in der Frühen Neuzeit musste die praktische Erzwingung von Monopolen und Blockaden mehr als lückenhaft bleiben. Die Möglichkeiten der angestammten Händler, ihre Geschäfte fortzuführen, waren vielfältig: Sie reichten von der direkten Konfrontation bis hin zum weiträumigen Umgehen der gesperrten Routen. War die erste Alternative zunächst wenig aussichtsreich, so erwies sich die zweite oft als umso zweckmäßiger. Trotz des portugiesischen Monopolanspruchs nutzten weiterhin Händler – oder je nach Perspektive »Schmuggler« – aus Arabien, Gujarat und Aceh auch ohne portugiesischen Passierschein die Seewege des Indischen Ozeans. De facto dominierten die Portugiesen aber den westlichen Teil des Ozeans. Ihren Versuchen, auch die Ausgänge der westlichen Randmeere zu kontrollieren, blieben dagegen nur Teilerfolge beschieden.

Ab 1506 wurden die Stützpunkte Sofala und Kilwa an der ostafrikanischen Küste ausgebaut, im Jahr 1507 erfolgte die Eroberung der Insel Sokotra am Horn von Afrika; die Niederlassungen wurden jedoch bald wieder aufgegeben. Noch im selben Jahr lief eine Flotte der ägyptischen Mamelukken vom Roten Meer ins

Arabische Meer aus, um den europäischen Eindringlingen Einhalt zu gebieten. Abgesehen davon, dass sich der Flottenbau im Roten Meer als schwierig darstellte, scheiterte dieses Unternehmen vollkommen: Die Ägypter wurden im Hafen der Insel Diu (in Nordwestindien) vernichtend geschlagen. Auch für andere örtliche Herrscher erwies es sich als unmöglich, der portugiesischen maritimen Überlegenheit wirkungsvoll zu begegnen.

Portugiesische Versuche, sich dauerhaft im Roten Meer zu etablieren, scheiterten dagegen. Die Belagerung von Aden 1513 verlief ergebnislos, sodass mehr als eine Blockade des Bab el-Mandeb nicht zu erreichen war. Im Persischen Golf wiederum fiel 1515 Hormus in portugiesische Hand. Auch Zeila (an der heutigen Grenze Somalias zu Dschibuti) wurde 1517 von ihnen geplündert und danach in einen langwierigen Krieg mit dem christlich-othodoxen Äthopien verwickelt. 1520 drang eine portugiesische Expedition in dieses Reich des vermeintlichen Priesterkönigs Johannes vor. Bald zeigte sich jedoch, dass die großen Mächte wie die Osmanen, die persischen Safawiden oder die nordindischen Moguln zu Land unbesiegt blieben. Mit der Ero-

picture-alliance/KPA/HIP/Ann Ronan Picture Library

Indische Darstellung (16. Jahrhundert) einer Seeschlacht zwischen Portugiesen und Muslimen vor Gujarat

berung Ägyptens durch das Osmanische Reich im Jahr 1517 geriet das Rote Meer unter dessen Herrschaft. Eine 1538 ins Arabische Meer entsandte Flotte brachte auch Aden unter osmanische Kontrolle. Die Belagerung des portugiesischen Stützpunktes Diu scheiterte dagegen ebenso wie umgekehrt eine portugiesische Expedition ins Rote Meer 1541.

Der Niedergang der portugiesischen Herrschaft im Laufe des 17. Jahrhunderts

Die portugiesische Herrschaft über den Indischen Ozean wies zwei Schwachstellen auf, denn das Rote Meer wie auch die Sundastraße entzogen sich ihrer Kontrolle. Im späten 16. Jahrhundert wurden Goa, Malakka und weitere Festungen durch Streitkräfte aus Indien, Malaya, Aceh und Java belagert, die Stützpunkte konnten oftmals nur mit letzter Mühe für Portugal gerettet werden. In den 1580er Jahren gelang dem osmanischen Kapitän Ali Bey eine Kaperfahrt entlang der ostafrikanischen Küste bis hin zum Kap Delgado (der nördlichste Zipfel des heutigen Staates Mosambik). Mombasa wurde daraufhin massiv befestigt. Überhaupt stiegen von nun an die Kosten der portugiesischen Kolonialherrschaft enorm, was dazu führte, dass die Krone zunehmend ihre Rechte gegen Geldzahlungen an Privatpersonen abtrat.

Ab dem 17. Jahrhundert stießen schließlich weitere europäische Mächte in den Indischen Ozean vor: Zunächst waren es niederländische und englische, später auch französische und dänische Schiffe, die sich zunehmend als Monopolbrecher betätigten. Die Holländer standen hier an vorderster Stelle. Durch die Handelsmonopole der (1580–1640 in Personalunion verbundenen) spanischen und portugiesischen Kronen waren sie zunächst vom lukrativen Überseehandel ausgeschlossen und befanden sich zudem in einem konfessionell bedingten Konflikt mit den beiden katholischen Königreichen. Dennoch unternahmen niederländische Risikokapitalgeber, Kauf- und Seeleute zunehmend erfolgreiche Expeditionen in den Indischen Ozean. Mit der Gründung der »Vereinigten Ostindischen Kompanie« (Vereenigde Oostindische Compagnie) 1602 wurde die Möglichkeit geschaffen, den Monopolanspruch der Portugiesen mindestens im östlichen Indischen Ozean und in der indonesischen Inselwelt der »Gewürzinseln« aufzuweichen. Mit moderneren Schiffen, stärkeren Besatzungen (darunter auch Deutsche) und einer effizienten Finanz- und Verwaltungsorganisation gelang es schließlich den Niederländern, ein Abnahmemonopol auf Gewürze gegenüber den materiell und personell geschwächten Portugiesen durchzusetzen. Dieses beinhaltete konsequenterweise auch die Ausstellung von Schutzbriefen sowie die rücksichtslose Gewaltanwendung gegen »Piraten«, »Schmuggler« oder schlicht Monopolbrecher – einerlei ob muslimische Seefahrer, andere Nordeuropäer oder Portugiesen. Niederländische Angriffe erfolgten 1607/08 insbesondere auf Stützpunkte in Mosambik.

Bald darauf, in den Jahren 1611/12, gewannen englische Schiffe in mehreren Seegefechten vor Surat in Gujarat die Oberhand über die Portugiesen. Dabei handelte es sich nicht nur um Konflikte allein unter europäischen Kräften; ein symptomatisches Beispiel hierfür war die Einnahme von Hormus im Jahr 1622: Mit Hilfe britischer Schiffe und Kanonen entriss der safawidi-

picture-alliance/KPA/HIP/The British Library

Teile der Handelsflotte der »Vereinigten Ostindischen Kompanie« im Hafen von Batavia (heute Jakarta). Niederländische Darstellung aus dem 19. Jahrhundert

Schmuggler und Piraten im Indischen Ozean der Frühen Neuzeit
Mit der europäischen Expansion in die Neue Welt und in den Indischen Ozean wurden auch Methoden der Konfliktaustragung exportiert, wie sie bis dahin im Mittelmeerraum üblich waren. Dort existierten seit Jahrhunderten gleitende Übergänge zwischen Raub, Piraterie und Kriegführung. Von allen Küsten aus und von den beteiligten Mächten gefördert, operierten neben den großen Flotten auch Korsaren, also Schiffe, denen ein Kaperbrief ihres jeweiligen Herrschers das Recht zubilligte, feindliche Schiffe, deren Waren und Besatzungen zu erbeuten. Oft liefen auch Schiffe ohne Brief, allerdings durchaus mit Duldung ihres jeweiligen Souveräns, als Freibeuter aus. Angesichts der überwältigenden Aussicht auf Gewinn war die Freibeuterei ein lohnendes Geschäft im Dreieck zwischen Handel, Krieg und Seeraub. Nicht zuletzt deshalb, weil zur strikten Durchsetzung der Politik des frühmodernen Staates die organisatorischen, finanziellen und militärischen Mittel noch fehlten, bestand zwischen dem 16. und 18. Jahrhundert eine breite rechtliche Grauzone zwischen Handels- und Kriegsschiffen, Kaperschiffen im Dienste ihrer jeweiligen Majestät und Piraten auf der stetigen Suche nach fetter Beute.

So übertrug etwa das portugiesische Königreich die Kosten für Herrschaft und Verwaltung an private Bieter, die im Auftrag der Krone die Gewinne einstrichen, aber auch dafür sorgten, dass Dritte Schutzpässe gegen gutes Geld zum Erreichen des Handelsziels erwarben. Die Grenze zur willkürlichen Ausübung dieser Befugnisse war fließend; Kampfhandlungen mit Konkurrenten, Schmugglern und Piraten (je nach Sichtweise oft ein und dasselbe) waren damit vorprogrammiert. Vermehrt galt dies, wenn die europäischen Gegner und Konkurrenten betroffen waren: Um das Monopol der iberischen Kronen zu brechen, wurden englische, holländische und französische Freibeuter mit Kaperbriefen ausgestattet; oder man ließ diejenigen, die sich im anrüchigen Gewerbe erfolgreich betätigten, einfach wohlwollend gewähren.

Im späten 17. Jahrhundert erlebte die Piraterie im Indischen Ozean einen Aufschwung, vor allem im Bereich der Madagaskarstraße. Ein Beispiel für die Verflechtung von Piraterie und Handelswirtschaft ist der Schiffskapitän Thomas Tew aus Rhode Island in der britischen Kolonie Nordamerika. Ausgestattet mit dem Privatkapital neuenglischer Geldgeber, begab er sich bis 1694 auf eine Kaperfahrt, die ihm vor dem

Bab el-Mandeb am Übergang zwischen Rotem Meer und Golf von Aden spektakuläre Beute einbrachte und prompt Nachahmer auf den Plan rief. Im Jahr 1695 überfiel der Pirat Henry Every im Arabischen Meer zwei indische Schiffe des Moguls, die sich auf der Rückreise von einer Pilgerfahrt nach Mekka befanden. Dieser Überfall erregte wegen der erbeuteten Edelmetalle, Gewürze und Tuche ebenso Aufsehen wie wegen der brutalen Ausschreitungen gegenüber den Passagieren und deren Verschleppung in die Sklaverei. Ein solcher Akt der Piraterie offenbarte allerdings ebenso den wachsenden Interessengegensatz zwischen den Freibeutern und der Krone oder deren Handelsgesellschaften. Umgehend leitete das Mogulreich Vergeltungsmaßnahmen gegen die Handelsverbindungen der britischen Ostindischen Kompanie ein.

Mit der Wende zum 18. Jahrhundert richteten sich dann folgerichtig die Maßnahmen der britischen Flotte nicht mehr allein gegen fremde »Piraten«, »Schmuggler« oder »Händler ohne Passierschein«, sondern auch gegen eigene Landsleute und Schiffe, die diesem Gewerbe nachgingen. Die Unberechenbarkeit der bisherigen Form privater Gewaltausübung im Dienste des Souveräns zeigte sich an der Fahrt des New Yorker Kapitäns William Kidd in den Jahren 1696–1699. Dieser wurde, finanziert mit Privatkapital, ausgesandt, um Seeräuber zu jagen; ein Unternehmen, das sich durch die den Piraten abgenommenen Schätze amortisieren sollte. Die zunächst erfolglosen Kreuzfahrten im Indischen Ozean und Arabischen Meer gipfelten schließlich – zur Besänftigung der enttäuschten Besatzung – im Aufbringen französischer Handelsschiffe, was die Verhaftung, den Prozess und 1701 die Hinrichtung des Kapitäns zur Folge hatte. Von nun an wurde zunehmend die Herrschaft zur See von den königlichen Flotten ausgeübt. Dies führte dazu, dass von 1717 an bis in die 1730er Jahre die Seeräuber von der Royal Navy gnadenlos bis in ihre Stützpunkte auf den Antillen und Bahamas verfolgt wurden. Die hohe Zeit der Piraterie war damit beendet. Im romantisierten Bild der Literatur des 18. und 19. Jahrhunderts lebte sie – und lebt im Kinofilm bis heute – fort: allen voran in Robert L. Stevensons unsterblichem Roman »Die Schatzinsel« (1883). *(mr)*

sche Schah von Persien die Stadt den Portugiesen und gründete auf dem gegenüberliegenden Festland den bald darauf prosperierenden Hafen Bandar Abbas.

Der Indische Ozean als christlich-gesamteuropäischer Handelsraum

Die Konkurrenz unter den Europäern führte zu neuen Unruhen. Bis in die 1630er Jahre waren die einheimischen Kaufleute zu Balanceakten im Umgang mit Portugal einerseits und den neuen Seemächten andererseits gezwungen. Die Kämpfe der europäischen Handelsmächte untereinander boten zudem beste Gelegenheit für die zunehmende Piraterie im Indischen Ozean, die vor allem von Stützpunkten in der nördlichen Madagaskarstraße ausging. So konnten die Piraten teilweise den Handel zwischen Gujarat und dem Roten Meer kontrollieren und brutal »abschöpfen«. Zudem kam es zu einem Wandel in der Zusammensetzung der Handelsgüter: Gegenüber Textilien aus Indien, Porzellan und Tee aus China sowie Kaffee aus Mokka verlor der Gewürzhandel an relativer Bedeutung. Damit verebbte gegen Ende des 17. Jahrhunderts auch die niederländische Dominanz im Indischen Ozean. Um die gleiche Zeit ging die große Zeit der Portugiesen ebenfalls endgültig zu Ende. Im Ostafrikahandel dominierten sie bis 1698, als Mombasa an das Sultanat Oman fiel. Omanische Schiffe unternahmen um 1700 auch Überfälle ins Rote Meer und in den Persischen Golf.

Die europäischen Mächte hatten sich im Indischen Ozean aggressiv in ein bestehendes Handelssystem eingeschaltet; im Verlauf des 18. Jahrhundert veränderten sich die Strukturen dieser Ordnung: Die intensive koloniale Plantagenwirtschaft auf den französischen Inseln Mauritius und Ile de France (Réunion) ersetzte teilweise den Kauf von Kaffee im arabischen Mokka. Auch verschoben sich die bisherigen Schwerpunkte in der Textilbranche. In den Handel mit hochwertigen indischen Textilien traten zunehmend britische Kaufleute ein. Durch kooperativeres Verhalten gegenüber örtlichen Produzenten, Zulieferern und Investoren realisierten die Engländer bessere Gewinn- und langfristig auch Expansionschancen.

Zu jener Zeit beherrschten die Europäer keineswegs mehr den Indischen Ozean alleine. Während Kontinentaleuropa für ein Vierteljahrhundert in den Kriegen der Französischen Revolution und Napoleons versank, gewann der arabische Einfluss am Horn von Afrika an Gewicht. Schiffe aus Oman strichen auf den Handelsrouten zwischen Arabien und Sansibar nunmehr Zölle ein, die bisher den europäischen Mächten zugeflossen waren. Der britische Erfolg gegen den französischen Gegner im Siebenjährigen Krieg 1756–1763 bildete die Grundlage für eine stetig zunehmende britische Dominanz auf dem indischen Festland. Dagegen dauerte es bis ins 19. Jahrhundert, bis die Länder um das Horn von Afrika als Kolonialbesitz an europäische Mächte fielen – angefangen mit der Stadt Aden im Jahr 1839.

Martin Rink

Jung-Deutschland.

Nach der Reichsgründung 1871 und dem rasanten wirtschaftlichen Aufschwung der nachfolgenden Jahre wollten die politischen Verantwortlichen im Deutschen Reich auch kolonialpolitisch mit den europäischen Großmächten gleichziehen. Innerhalb weniger Jahre wurden die letzten noch nicht okkupierten Gebiete in Afrika und der Südsee zunächst hauptsächlich durch Kaufleute für »Jung-Deutschland« und Kaiser in Besitz genommen. Industrie und Handel erhofften sich neue Absatzmärkte und billige Rohstoffe zur Stärkung der heimischen Wirtschaft. Aber auch Abenteurer, Forschungsreisende und Auswanderer sahen in den »Deutschen Schutzgebieten« neue Möglichkeiten der Selbstverwirklichung. Bis zu Beginn des Ersten Weltkrieges entstanden deutsche Verwaltungsstrukturen in Gebieten der heutigen Staaten Togo, Kamerun, Tansania, Namibia, Ruanda, Burundi, Papua-Neuguinea und auf einigen Südseeinseln. Auf dem Höhepunkt umfassten die deutschen Kolonien rund 3 Millionen Quadratkilometer mit 14 Millionen Einwohnern, darunter etwa 24 000 Deutsche. Trotzdem blieb der erwartete wirtschaftliche Erfolg aus. Politisch endete das Abenteuer schon in der Anfangsphase des Ersten Weltkriegs, als die Kolonien verloren gingen.

Die Kolonialpolitik des Deutschen Kaiserreichs in Afrika

Am 6. Dezember 1897 überraschte der Außenminister des Deutschen Reiches, Bernhard von Bülow, den Reichstag in seiner ersten parlamentarischen Rede mit der forschen Devise: »Die Zeiten, wo der Deutsche dem einen seiner Nachbarn die Erde überließ und dem andern das Meer und sich selbst den Himmel reservierte, [...] diese Zeiten sind vorüber. Wir wollen niemand in den Schatten stellen, aber wir verlangen auch unseren Platz an der Sonne!« Zu diesem Zweck hatte Deutschland um die Wende zum 20. Jahrhundert eine Flotte mit der eigentlich unbezahlbaren Planstärke von 62 Großkampfschiffen und unzähligen kleineren Einheiten vorgesehen, die sie aber nie erreichte. Wenig später schickte die Reichsregierung rund 22 000 Mann nach Ostasien, um bei der – dann doch nicht erfolgten – Aufteilung Chinas nicht zu kurz zu kommen. Gewonnen hat das Deutsche Reich dabei 1899 Samoa (2572 Quadratkilometer) und 1911 Neukamerun (»Schlafkongo«, 282 000 Quadratkilometer). Verloren haben die Deutschen hingegen 1918 den Ersten Weltkrieg gegen die Staaten, welche die Erde bereits vor dem Krieg unter sich aufgeteilt hatten.

Diese Entwicklung hat eine lange Vorgeschichte: Im Jahre 1657, nach den Demütigungen des Dreißigjährigen Krieges, forderten national Gesinnte: »Wohlan denn, dapffere Teutsche, machet, dass man auf der map neben neu-Spanien, neu-Franckreich und neu-Engelland auch künftig ein neu-Teutschland finde!« Zwischen 1683 und 1717 erfreute sich der preußisch-brandenburgische Staat an afrikanischen Stützpunkten zum Zwecke des Sklavenhandels und an »treuen preußischen Negern«, die das Fort Großfriedrichsburg (Ghana) gegen die koloniale Konkurrenz verteidigten. Im Triumphgefühl der Reichsgründung von 1871 eignete sich das Deutsche Reich 1884/85 dann ein respektables Kolonialreich an. Aber schon 1895 forderten Befürworter der Kolonialidee im Reich weitere Gebietszuwächse, und so empfanden viele Untertanen des deutschen Kaisers, dass die nationale Einigung besser unterblieben wäre, »wenn sie nur ein Abschluss, und nicht der Ausgangspunkt einer deutschen Weltmachtpolitik sein sollte«. Der politisch sehr geschickte Außenminister von Bülow schwamm also ganz auf der kolonialen Welle mit.

Otto von Bismarck sah sich von Beginn seiner politischen Karriere an mit Forderungen konfrontiert, die heute als »imperialistisch« bezeichnet würden. Viele Bürger im Land und insbesondere große Handelsfirmen verlangten immer wieder von ihren Regierungen, Kolonien nach britischem oder französischem Vorbild zu schaffen. So beschloss die Deutsche Nationalversammlung schon 1848 den Aufbau einer Marine, die in afrikanischen Staaten deutsche Stützpunkte errichten sollte. Wegen des Krieges mit Dänemark 1848–1850 wurde das Vorhaben jedoch nicht in vorgesehenem Umfang durchgeführt. Es gab zu dieser Zeit aber bereits auch privatwirtschaftliche Initiativen mit dem gleichen Ziel. So wurde beispielsweise 1849–1852 dem Hamburger Reiseschriftsteller Friedrich Gerstäcker die Erkundung überseeischer Auswanderungs- und Kolonialgebiete von verschiedenen Finanziers bezahlt.

Jede Übersee-Expedition preußisch-deutscher Schiffe war von massiven öffentlichen Forderungen begleitet: 1859 sollte die Marine das menschenleere Patagonien, die Südspitze Südamerikas, besetzen, 1860 sich am zweiten Opiumkrieg beteiligen und Taiwan annektieren. Bismarck hielt aus strategischen Gründen nichts davon: »Ihre Karte von Afrika ist ja sehr schön«, sagte er einem Verfechter deutscher Kolonien, »aber hier liegt Russland und hier liegt Frankreich, und wir sind in der Mitte – das ist meine Karte von Afrika!«

Der Aufbau des Kolonialreiches

Dennoch hat sich der erste Reichskanzler im Laufe der 1880er Jahre den Forderungen nicht mehr verschließen können. Noch während seiner Amtszeit wurde ein Kolonialreich geschaffen, dessen Bodenfläche die des Deutschen Reiches fünfmal überstieg. Unter der Regentschaft Kaiser Wilhelms II. hingegen, der im Übrigen ein sehr großer Befürworter des Kolonialismus war, fielen die Gebietseroberungen nur noch vergleichsweise gering aus.

Die »deutsche« Sansibar-Prinzessin Emily Ruete

Die Lebensgeschichte der deutschen Sansibar-Prinzessin Emily Ruete gehört zu den Dauerbrennern der europäischen Trivialliteratur. Ihr persönlicher Erfahrungs- und Lebensbericht erlebte von 1886 bis heute zahlreiche deutsch-, englisch- und französischsprachige Auflagen. Als Tochter des bedeutenden Herrschers Said bin Sultan wurde sie unter dem Namen Salima bin Said 1844 geboren und genoss auf Sansibar für Frauen ungewöhnliche Freiheiten. Ihre Liebe zu dem Hamburger Kaufmann Heinrich Ruete führte 1866 zu Schwangerschaft, Flucht, Taufe und Heirat. Da sie recht großen politischen Einfluss besaß, ließ ihr inzwischen regierender Bruder Madjid bin Said – bei gebotener äußerer Missbilligung – sie gerne nach Hamburg ziehen. Sie lebte mit ihrem Ehemann seitdem in Norddeutschland, ohne jedoch in der hanseatischen Gesellschaft Anerkennung zu finden. Nach dem plötzlichen Tod ihres Mannes 1870 verließ sie Hamburg und arbeitete als Lehrerin. Durch die Veröffentlichung ihrer tragisch-romantischen Memoiren 1886 wurde Emily Ruete, alias Prinzessin Salima, deutschlandweit bekannt. Die exotische Prinzessin, die als hoffähig galt, fand viel Anteilnahme, namentlich bei der deutschen Kronprinzessin Victoria. Trotz der Sehnsucht nach ihrer alten Heimat konnte Emily bis zu ihrem Tod 1924 nur noch zwei Mal, 1885 und 1888, für kurze Zeit nach Sansibar zurückkehren. Dabei wurde sie zum Instrument der deutschen Kolonialpolitik: Bismarck wollte einen ihrer Söhne als Sultan von Sansibar einsetzen lassen, um den Einfluss des Deutschen Reiches in dieser Region abzusichern. Das Vorhaben scheiterte. Ihre letzten Lebensjahre verbrachte die streitbare Prinzessin aus Afrika in Palästina. Beerdigt wurde sie auf dem Hamburger Zentralfriedhof an der Seite ihres Mannes.

(wp)

Bei seiner Überseepolitik folgte Bismarck dem Prinzip: »Die Flagge folgt dem Handel«. Zur konkreten Umsetzung der Kolonialpolitik schickte Bismarck aber dann doch die Flagge einem potenziellen Handel voraus. Am 24. April 1884 sprach er den Reichsschutz für die riesigen Besitzungen der Firma Lüderitz in Südwestafrika aus. Im Juli/August desselben Jahres ließ er in Kamerun und Togo die Reichsflagge zugunsten der Firmen hissen, die hier expandieren wollten. Mit einem so genannten Schutzbrief unterstützte die Reichsregierung Handel treibende Firmen in Übersee. Das Reich garantierte damit den Schutz der Firmen durch die Flotte. Auf diese Weise wurde in den Gebieten keine staatliche Kolonialverwaltung eingesetzt, sondern den Firmen militärische Hilfe für den Fall zugesagt, dass Einheimische oder andere Mächte ihre Interessen kreuzten. Durch Verträge mit Eingeborenenstämmen, die Hilfe bei ihren eigenen Konflikten suchten, wuchsen die Schutzgebiete rasant ins Binnenland hinein. An die Einrichtung einer Kolonialverwaltung

bpk

Europäische und arabische Sklavenhändler im späten 19. Jahrhundert in Ostafrika
(nach einer Zeichnung von E. Weedon, Holzstich von Alexander Cooper, 1883)

war in keinem Fall gedacht worden, sie sollte von Konsortien der interessierten Firmen organisiert werden. Bereits im Dezember 1884 hatte in diesem Sinn ein Landungskorps der Marine den Kameruner Duala-Stamm zum Verzicht auf sein altes Handelsmonopol gezwungen. Das gedachte System funktionierte jedoch nur in dem winzigen Schutzgebiet der pazifischen Marshallinseln (181 Quadratkilometer), wo 1888–1906 die Jaluit-Gesellschaft herrschte. Überall sonst wurde die Schutzbriefherrschaft gar nicht erst eingesetzt (Kamerun, Togo) oder nur teilweise praktiziert (Deutsch-Südwestafrika) bzw. frühzeitig beendet. Sie entpuppte sich, wie sich später zeigte, als reines Handelsunternehmen mit rücksichtsloser Ausbeutung ohne Investitionen ins Land, verbunden mit überzogenen Forderungen nach Militäreinsatz und Geldzuschüssen.

Deutsch-Ostafrika

Der ausgeprägteste Fall einer – erfreulich kurzen – Schutzbriefherrschaft betraf die größte und produktivste Kolonie, Deutsch-Ostafrika. Hier besetzte 1884/85 eine von Dr. Carl Peters (1856–1918) geführte Expedition die dem Sultanat Sansibar zugehörige Küste. Ohne Kenntnis und Unterstützung Bismarcks gewann Peters, der im Namen eines privaten Annexionskomitees 1884 Ostafrika bereiste, die Zustimmung zahlreicher Stammeshäuptlinge zu einem Schutzvertrag mit dem Deutschen Reich. Nach massiver Einflussnahme durch nationalkonservative Politiker ratifizierte Kaiser Wilhelm I. am 27. Februar 1885 schließlich die Verträge. Dagegen protestierte Sultan Said Bargash von Sansibar in der zutreffenden Erwartung, das binnenländische Schutzgebiet Deutschlands werde sich demnächst quer durch sein Küstenterritorium »Fenster und Türen zum Meer brechen«. Er setzte Truppen gegen Peters' eingeborene Verbündete ein. Damit war der Fall zu einer »nationalen Prestigeangelegenheit« geworden, wie die Kolonialagitatoren schrien, und Bismarck sah sich gezwungen, den Sultan mit Waffengewalt zum Nachgeben zu zwingen. Das »Ostafrikanische Kreuzergeschwader« mit fünf Kriegs- und zwei Versorgungsschiffen erreichte im August 1885 die Reede von Sansibar. Said Bargash erkannte umgehend die

Widerstand gegen die Kolonialherrschaft in Deutsch-Ostafrika
Deutsch-Ostafrika entstand im November/Dezember 1884. Von Anfang an kam es zu massiven militärischen Auseinandersetzungen
zwischen den verschiedenen Gruppen, die um die Macht in dieser
Region rangen: der deutschen Kolonialmacht, der arabischen Zwischenschicht (zumeist Sklavenhändler-Clans und Plantagenbesitzer)
und der einheimischen Urbevölkerung. Zuerst wehrten sich die Araber gegen die deutsche Fremdherrschaft. Als der Sultan von Sansibar
1888 auch die von ihnen beherrschten Küstengebiete an die »Deutsch-
Ostafrikanische Gesellschaft« abtrat, die das innere Schutzgebiet quasi-
staatlich verwaltete, fegten sie unter Führung von Bushiri bin Salim
und seines Clans al-Harthi die deutsche Kolonialpräsenz fast vollständig hinweg.

Der große Umfang des »Bushiri-Aufstandes« zwang das Reich zu
Bildung und Einsatz eines Kolonialkorps, welches es aufgrund des tro-
pischen Klimas hauptsächlich aus afrikanischen Söldnern (»Askaris«)
rekrutierte. Mit der Einnahme der Küstenstädte und der Vernichtung
von Bushiris Feldarmee in der Kingani-Ebene setzten Schutztruppe
und Marine 1889/90, unterstützt von einer internationalen Küstenblo-
ckade, die deutsche Herrschaft, die bis dahin eher nur als Anspruch
bestanden hatte, durch.

Freilich war der Landfrieden damit keineswegs umfassend wieder-
hergestellt: 1891–1905 fanden 76 Gefechte zwischen den verschiedenen einheimischen Stämmen und der Schutztruppe statt. Die härteste
Auseinandersetzung dieser Jahre ergab sich aus dem Zusammenstoß
mit dem Stamm der Wahehe, der seit 1860 das südliche Binnenland
des heutigen Tansania unterworfen hatte. Am 17. August 1891 ver-
nichteten die Wahehe unter Führung ihres Sultans Mkwawa bei Lula-
Rugaro ein deutsches Expeditionskorps fast vollständig. Erst 1894 gelang den Deutschen und ihren Askaris mit der Einnahme der Festung
Kuirenga der entscheidende Sieg.

Im küstennäheren Süden Deutsch-Ostafrikas war die deutsche Macht
relativ präsent, wenn auch mehr in der abgeleiteten Form afroarabi-
scher Mittelsmänner. Mit ihrer Hilfe ließen sich zwei die Ausbeutung
der Kolonie unterstützende Maßnahmen durchsetzen: die Hüttensteu-
er und der Zwangsanbau von Baumwolle. Im August 1905 erhoben
sich die Schwarzafrikaner dieser Zone aufgrund immer repressiveren

Maßnahmen unter dem Schlachtruf »Maji-Maji!«, einem Wasserzauber, gegen die islamische Zwischenschicht und die Deutschen. Diese konnten ihre Positionen weitgehend halten, mit Verstärkungen zum Gegenangriff übergehen und den Aufstand niederschlagen. Die Einheimischen waren dem Irrglauben erlegen, dass sie der Maji-Zauber schützen würde, indem er die deutschen Gewehrkugeln in Wasser verwandelte. Allerdings starb die Mehrheit der Opfer des Aufstandes nicht durch Gewehrkugeln, sondern durch Hunger, weil die deutsche Schutztruppe und ihre Verbündeten 1907 deren Dörfer und Felder in Form der »Verbrannten Erde«-Taktik zerstörten. Der mit aller Grausamkeit geführte Krieg, der nach neuesten Schätzungen über 100 000 Menschen das Leben gekostet hat, machte jeden Widerstand gegen die Deutschen aussichtslos. Zusammen mit der Niederschlagung des Herero-Aufstandes (1904–1905) in Deutsch-Südwestafrika, bei der wahrscheinlich 60 Prozent des Hererovolkes umkamen, ist der Maji-Maji-Aufstand eines der dunkelsten Kapitel der deutschen Kolonialgeschichte. *(wp)*

Existenz von Deutsch-Ostafrika an, wofür Geschwaderchef Konteradmiral Eduard von Knorr auftragsgemäß darauf verzichtete, das Feuer auf den Sultanspalast zu eröffnen. Im darauf folgenden Jahr wurde erneut ein Ostafrikanisches Kreuzergeschwader gebildet. Es sollte den Übergang einzelner sansibarischer »Küstenfenster« in deutsche Verwaltung und das Inkrafttreten eines im Vorjahr paraphierten Handelsvertrags sichern. Als Sultan Said Bargash 1888 starb, verpachtete sein Nachfolger Khalifa bin Said die gesamte Festlandküste an die Peterssche Kolonialgesellschaft, so dass diese faktisch das ganze Land besaß und dessen Steuern und Zölle abschöpfte.

Sklavenhandel und Aufstände

Zweifellos bestand ein Unterschied zwischen der europäisch-amerikanischen und der islamischen »Negersklaverei«, aber Schrecken und Elend der Sklavenjagden und -züge im Binnenland waren dieselben. Für Bismarck war ein Militäreinsatz gegen die organisierten Sklavenhändler, den die katholischen Missionen unter Wortführung von Kardinal Charles Lavigerie forderten, ein deutliches Zeichen zur Beilegung des »Kulturkampfes« gegen die Katholiken in Deutschland. Der preußische Offizier Hermann von Wissmann (1853–1905) hatte in einer gemeinsamen deutsch-belgischen Expedition quer durch Zentralafrika bereits 1886/87 gegen die Sklavenjäger aufgeklärt. Ende 1888 beauftragten Bismarck und der Reichstag Wissmann, aus deutschen Offizieren und afrikanischen Söldnern (Askaris) eine Schutztruppe aufzubauen, um einen von Bushiri bin Salim, dem Haupt der Sklavenhändlerdynastie al-Harthi, betriebenen Aufstand niederzuwerfen, den Landfrieden herzustellen und die Sklaverei zu beseitigen. Gleichzeitig führten ein drittes Ostafrikanisches Kreuzergeschwader unter Konteradmiral Karl Deinhard und ein britisches Geschwader unter Admiral Fremantle gemeinsam eine international sanktionierte Blockade am Horn von Afrika gegen den Sklavenhandel durch. Wissmanns Schutztruppe und die Marine schlugen den Aufstand 1889 an der Küste vollständig nieder. Gegen den Binnenstamm der Wahehe hatten sie indes schwerste Kämpfe zu bestehen. Der Stamm rieb 1891 bei Lula-Rugaro ein Viertel der deutschen Kräfte auf und konnte erst 1894 befriedet werden. Der Kampf gegen den afroarabischen Sklavenhandel stellte dann aber auch entschei-

Bibliothek für Zeitgeschichte

Teile des »Ostafrikageschwaders«

dende Weichen in der deutschen Ostafrikapolitik: Die Peterssche Kolonialgesellschaft, für die das Deutsche Reich einen kostspieligen Kolonialkrieg geführt hatte, betrieb in den folgenden Jahren eine unmenschliche und defizitäre Misswirtschaft, die dazu führte, dass die eroberten Gebiete durch kaiserliche Ordre vom 20. November 1890 zur deutschen Kronkolonie Deutsch-Ostafrika umgewandelt und die Gesellschaft von Carl Peters 1890 ihrer Funktionen enthoben wurde. Die Kontrolle über Sansibar und Kenia fiel mit dem Helgoland-Sansibar-Vertrag vom 1. Juli 1890 an Großbritannien, die über das ostafrikanische Festland an Deutschland. Das bisherige Schutzgebiet wurde in eine Kronkolonie umgewandelt. In der Folgezeit errichtete die deutsche Kolonialverwaltung ein weißes Plantagensystem mit freien eingeborenen Arbeitskräften. Die afroarabischen Zwischenschicht wollte sich jedoch mit dieser Lösung nicht zufrieden geben und die Sklaverei auf Umwegen wieder einführen. So wurden noch bis 1905 gemeinsame deutsch-britische Militäraktionen zu Land und See durchgeführt, um vergeblich die europäischen Landfriedens- und Menschenrechtsgebote im islamischen Einzugsgebiet entlang der Küste zwischen dem Horn von Afrika und Sansibar durchzusetzen.

picture-alliance/akg-images

Askarikompanie unter der Führung von kaiserlichen Offizieren in Deutsch-Ostafrika

Zwei Faktoren, Deutschlands Kapitalmangel und die eher geringe wirtschaftliche Attraktivität der Kolonien, ließen die Erschließung der Schutzgebiete unter fortwährenden Scharmützeln nur langsam voranschreiten. Erst 1904/05 erreichte sie einen Grad, den die Ureinwohner als Bedrohung empfanden. Gleichzeitig erschütterten der südwestafrikanische Herero- und Nama-Aufstand, der ostafrikanische Maji-Maji-Aufstand, der Anyang- und Dja-Nyong-Aufstand in Kamerun und weitere Unruhen das deutsche Kolonialreich. Über 20 000 kaiserliche Soldaten wurden zur Verteidigung der Kolonien gegen die einheimische Bevölkerung eingesetzt, dazu Tausende Krieger von verbündeten Stämmen, welche die Deutschen nach dem Motto »divide et impera« (teile und herrsche) auskömmlich von ihrer Herrschaft profitieren ließen. Einige Stämme wurden gezielt zur Unterherrschaft herangezogen: in Kamerun die Beti und in Ostafrika die Nyamwesi, aus deren Reihen die Kolonialverwaltung vorzugsweise Askaris, Polizisten und Kleinbeamte rekrutierte.

Der Erste Weltkrieg

Wie sollte nach solchen Erfahrungen der »Platz an der Sonne« warm gehalten werden? Es war ein Unterschied, ob man für den Imperialismus oder für eine einzelne, vom Imperialismus profitierende Firma kämpfte. Das Militär differenzierte hier sehr deutlich: In Marokko, China und der Türkei hatte man durch den Abschluss »ungleicher Verträge« nach dem Vorbild anderer Kolonialmächte Verhältnisse geschaffen, die notfalls mit militärischer Hilfe verteidigt werden konnten. In China half man 1900/01 mittels des dem »General-Weltmarschall« Alfred Graf von Waldersee unterstellten »Ostasiatischen Expeditionskorps« nach, in der Türkei ab 1913 mit der Militärmission Otto Liman von Sanders, deren Entsendung eine schwere internationale Krise auslöste und als Vorspiel zum Ersten Weltkriegs gelten kann. Marokko verlor das Deutsche Reich 1911, als man während der »II. Marokko-Krise« – der scheinbaren Verteidigung der Sultans-Herrschaft gegen das konkurrierende Frankreich – politisch überreizte und daraufhin von den anderen Kolonialmächten gezwungen wurde, Bergbau- und sonstige Ansprüche in Marokko

picture-alliance/dpa

Paul von Lettow-Vorbeck

Geboren wurde Lettow-Vorbeck 1870 in Saarlouis als Spross einer alten preußischen Adelsfamilie, der zahlreiche Generäle entstammten. Sein Weg führte über das Kadettencorps und die Kriegsakademie geradenwegs in den Großen Generalstab. Er nahm an der Niederschlagung des Boxeraufstands in China (1900/01) und des Herero-Aufstands in Deutsch-Südwestafrika (1904–1907) teil. Als Oberstleutnant diente er in der Schutztruppe in Kamerun, bevor er ab 1914 das entsprechende Kontingent in Deutsch-Ostafrika befehligte. Mit nicht einmal 15 000 Soldaten fügte er mit Guerillataktiken dem Gegner empfindliche Niederlagen zu. Zeitweilig waren über 100 000 britische, belgische und portugiesische Soldaten im Einsatz, um Lettow-Vorbeck und seine Askaris auszuschalten, was ihnen aber bis Kriegsende nicht gelang. Erst am 25. November 1918 ergab sich der mittlerweile mit dem Pour le Mérite ausgezeichnete und zum Generalmajor beförderte Lettow-Vorbeck mit dem Rest seiner Truppen den Engländern. Viele Deutsche erinnern sich noch heute an das Lied seiner ostafrikanischen Schutztruppe »Heia, heia, Safari!«

Aufgrund seiner Teilnahme am Kapp-Putsch musste der Kriegsheld 1920 die Reichswehr verlassen. Während der Weimarer Republik engagierte er sich vehement für eine Rückgewinnung der deutschen Kolonien. Für seine Askaris setzte Lettow-Vorbeck ausstehende Sold- und Rentenzahlungen durch. Während des Dritten Reiches nahm er sich weiterhin Kolonialfragen an und geriet wiederholt in Konflikt mit der NSDAP. Vollkommen verarmt musste er sich nach dem Zweiten

Weltkrieg in Hamburg als Gärtner verdingen. Dort starb er am 9. März 1964. Der Respekt seiner ehemaligen Gegner war so groß, dass sie ihn in seinen letzten Lebensjahren mit Spenden unterstützten. Einige seiner früheren Askaris kamen eigens zur Beisetzung nach Pronstorf bei Bad Segeberg. Die Trauerrede hielt im Übrigen der damals amtierende Verteidigungsminister Kai-Uwe von Hassel.

Die Nachwelt urteilt sehr gegensätzlich über Paul von Lettow-Vorbeck. Seine Gegner sehen in ihm einen »Kolonialschlächter«, der den Tod unzähliger Afrikaner mit zu verwantworten habe, seine Anhänger konstruieren aus der Wertschätzung seiner Soldaten und Gegner das Bild des guten deutschen Kolonialherren. *(ft)*

gegen den bereits ausgeplünderten, kranken »Schlafkongo« (Teil der französischen Kolonie Kongo) zu tauschen.

Infolgedessen suchte das Kaiserreich ab 1907 diejenigen Kolonien, die es wirklich besaß, durch Überzeugungsarbeit für sich zu gewinnen. Mit erheblichen Kosten, die keineswegs mit entsprechenden wirtschaftlichen Gewinnen bilanzierten, schufen die Kolonialverwaltungen zivilisatorische, medizinische und wirtschaftliche Infrastrukturen. Nach Kriegsausbruch 1914 kämpften die zahlenmäßig kleinen Schutztruppen der isolierten Kolonien nur hinhaltend, um diese Gebiete möglichst über den Krieg hinwegzuretten. Eine Ausnahme stellte der Kampf der deutschen Schutztruppe unter dem Kommando von Paul von Lettow-Vorbeck in Ostafrika dar, der bis Kriegsende andauerte.

Der Friede von Versailles legte die vollständige Dekolonisation Deutschlands fest. Die Siegermächte teilten die ehemals deutschen Kolonien unter sich auf. Vom »Platz an der Sonne« kehrte Deutschland wieder zurück in Bülows »Himmel, wo die reine Doktrin thront«. Lettow-Vorbeck und seine Askaris in Deutsch-Ostafrika entwickelten sich dagegen zum populären Heldenepos, das unter Hitler in großen Spielfilmen gefeiert wurde. Selbst nach 1945 zog der Westzonendirektor Hans Schlange-Schöningen nach der NS-Katastrophe Ermutigung für die Zukunft aus der Vorstellung, dass »unsere Kolonialverwaltung ganz erstklassig gewesen ist – sonst würden nicht bis zuletzt viele Tausend Askaris mit von Lettow-Vorbeck ausgeharrt haben«.

Der Erwerb von Kolonien verschaffte dem Deutschen Reich weder politisch noch wirtschaftlich den erhofften Platz unter den großen Kolonialmächten. Im Gegenteil, ein übersteigertes Bedürfnis nach Weltgeltung, maßgeblich von Kaiser Wilhelm II. gefordert, führte zur internationalen Isolation des Deutschen Reiches am Vorabend des Ersten Weltkriegs.

Wolfgang Petter

Im 19. Jahrhundert wurde die Erforschung des afrikanischen Kontinents im Rahmen des europäischen Kolonialismus und Imperialismus erheblich intensiviert. Die Expeditionen verfolgten neben wissenschaftlichen Absichten vor allem auch politische und ökonomische Ziele. Kaufleute, Diplomaten, Missionare, Soldaten und Wissenschaftler strömten auf den »schwarzen Kontinent«, der neue Erkenntnisse, neue Handelsgebiete, wertvolle Rohstoffe, Abenteuer und Reichtum versprach. Dabei spielten Deutsche eine bedeutende Rolle. Das Horn von Afrika mit seinen jahrtausendealten, von Ägypten, Arabien und der äthiopischen Hochkultur geprägten Zivilisationen stellte dabei einen besonderen Anziehungspunkt dar. Nicht jede Expedition war erfolgreich. Trotzdem schärften die Unternehmungen in Europa das Bild von Afrika, seiner Flora und Fauna und den dort lebenden Menschen. Die Berichte bildeten die Grundlage für die moderne Afrikaforschung, ebneten aber auch der weiteren Landnahme durch die europäischen Kolonialmächte den Weg. Das Bild zeigt die Begegnung zweier weltbekannter Afrikaforscher: Der Deutsche Hermann von Wissmann trifft 1889 den Waliser Henry Morton Stanley.

◼ Deutsche Forscher am Horn von Afrika

Im Unterschied zu anderen Teilen des afrikanischen Kontinents war das Horn von Afrika der Außenwelt seit mindestens 2000 Jahren bekannt. Vor allem die nördlichen Küstenregionen des Horns waren wohl Teil des Weihrauchlandes »Punt«, aus dem die Ägypter, namentlich unter der Pharaonin Hatschepsut, begehrte Aromata, Harze und Pflanzen holten. Die genaue geografische Lage des Landes Punt ist allerdings bis heute unklar. Aller Wahrscheinlichkeit nach war Punt eine zusammenfassende Bezeichnung der Küstengebiete der Somalihalbinsel und der südarabischen Küstenzone auf der gegenüberliegenden Seite des Roten Meeres und der Straße von Bab el-Mandeb (arab. »Tor der Wehklagen«).

Zur Zeit der Ptolemäer wurde der Küstenraum des heutigen Eritrea durch Handelskontakte und kulturelle Austauschbeziehungen im ägyptisch-hellenistischen Sinne beeinflusst. Um etwa 330 n.Chr. nahm der antike Stadtstaat Aksum, der Vorläufer des mittelalterlichen äthiopischen Reichs, das Christentum als Staatsreligion an. Aksum mit seinem Rotmeerhafen Adulis war Exporteur für Elefanten und Elfenbein, für Rhinozeroshorn, Schildpatt, Gold und Weihrauch. Genauere Kenntnis von den Handelsbeziehungen Nordostafrikas vermittelt der von einem namentlich unbekannten griechischen Seemann in der zweiten Hälfte des 1. Jahrhunderts n.Chr. verfasste berühmte »Periplus des erythräischen Meeres« (»*Periplus*« = Segelhandbuch).

Die ersten Europäer am Horn von Afrika

Im ausgehenden Mittelalter machten sich die Europäer, namentlich die Portugiesen, auf die Suche nach dem Priesterkönig Johannes, dessen legendäres Reich man auch in Äthiopien vermutete. Mit diesem christlichen Herrscher wollte man ein Bündnis gegen die Mächte des Islam schließen. Als Äthiopien von dem muslimischen Nachbarreich Adal mit Krieg überzogen wurde, trugen portugiesische Soldaten unter dem Kommando von Christopher da Gama, dem Sohn des berühmten Seefahrers Vasco da Gama,

Das »Gottesland« Punt: Luxusmarkt der ägyptischen Oberschicht

Im Jahre 1998 formierte sich im Nordosten des ehemaligen Staates Somalia die autonome Region »Puntland«. Deren Namensgebung verweist auf eine Jahrtausende alte Tradition von Handelsverbindungen zwischen Ägypten und einem mythischen »Gottesland« Punt, das heutige Forscher in den nördlichen Küstenzonen des Horns von Afrika lokalisieren. Aus Punt bezogen die alten Ägypter Waren wie Weihrauch, Myrrhe und Gold, Ebenholz und exotische Tiere, offenbar für kultische Zwecke und den Luxusbedarf der Oberschicht. Wahrscheinlich konnte Punt sowohl auf dem Landweg als auch über den Seeweg durch das Rote Meer mit Schiffsexpeditionen erreicht werden. Eine solche maritime Unternehmung wird im Detail auf den Reliefs in der Punt-Halle des Tempels der Pharaonin Hatschepsut in Deir el-Bahari dargestellt. Vor einigen Jahren haben archäologische Grabungen zur Entdeckung einer antiken Marinebasis der Ägypter am Roten Meer (am Wadi Gawasis südlich von Safaga an der ägyptischen Rotmeerküste) geführt, die offensichtlich als Zwischenstation für Expeditionen und Handelsfahrten nach Punt diente, das etwa 1500 km südwärts irgendwo am Horn von Afrika lag. In unterirdischen Depots fanden die Archäologen Planken, Steuerruder, Ankersteine, Takelwerk und Schiffsteile, die von großen Karawanen von Coptos am Nil durch die Wüste an die Küste des Roten Meeres transportiert worden waren, um dort die Schiffe für die Fahrten nach Punt zusammenzubauen.   *(vm)*

Die Königin und der König von Punt, dem rohstoffreichen »Weihrauchland«, auf einem ägyptischen Relief aus dem 15. Jahrhundert v.Chr.

im Jahre 1541 mit zum Sieg der Äthiopier und damit zum Überleben des äthiopischen Staates und seiner christlichen Kultur bei. Im späten 16. und frühen 17. Jahrhundert gelangten immer mehr portugiesische Reisende und (Jesuiten-)Missionare nach Äthiopien, die wertvolle Entdecker- und Forscherarbeit leisteten, wichtige Berichte über Land und Leute schrieben und damit zur Erweiterung des europäischen Wissens über die Geografie und Kultur Nordostafrikas beitrugen.

Jedoch war es ein deutscher Gelehrter namens Job Ludolf, der sich, ohne jemals am Horn von Afrika gewesen zu sein, im 17. Jahrhundert als der Begründer äthiopischer Studien in Europa erwies. In Rom lernte Ludolf den äthiopischen Mönch Gregorius kennen, der zum wichtigsten Lehrmeister und Informanten des Deutschen wurde. Aus dieser Zusammenarbeit erwuchs die berühmte »Historia Aethiopica«, die 1681 in Frankfurt am Main erschien.

Im 18. Jahrhundert bereiste auch der schottische Abenteurer James Bruce Äthiopien. Er suchte nach den Quellen des Nils und wollte damit eines der großen geografischen Rätsel seiner Zeit lösen. Die Reiseberichte von Bruce enthielten vielfältige Informationen über die Geografie, Ethnografie und Geschichte Äthiopiens.

Abenteuer im 19. Jahrhundert: Abessinien

Im 19. Jahrhundert gab es einen neuen Schub von Entdeckungsreisen, nunmehr im Zusammenhang mit dem europäischen Kolonialismus und Imperialismus. Die Expeditionen verfolgten neben akademisch-wissenschaftlichen Zielen vor allem auch politische und wirtschaftliche Zwecke. Reisende und Abenteurer aus aller Herren Länder drangen in die Landschaften und Kulturen des Horns von Afrika vor und brachten neuerlich schriftliche Kunde von Land und Leuten, Pflanzen- und Tierwelt. Daran hatten auch Deutsche einen maßgeblichen Anteil.

Von besonderer wissenschaftlicher Bedeutung war die Reise des aus Frankfurt am Main stammenden Naturforschers Eduard Rüppell (1794–1884) in das Hochland Äthiopiens, damals in Deutschland »Abessinien« genannt. Rüppell sammelte eine Fülle von Informationen über historische und ethnografische Gegebenheiten wie auch über die Tierwelt des Landes. Als einer der ersten Europäer nach Bruce stieß er von der Hafenstadt Massawa am Roten Meer in das Innere Äthiopiens vor, erforschte von Gondar aus den Tanasee und den oberen Blauen Nil. Die Reisen Rüppells fielen in eine Zeit der Bürgerkriege und weitflächiger Verheerungen im nördlichen Hochland. Dabei gelangte er auch zu den Ruinen der antiken Stadt Aksum: »Nach Überwindung von mancherlei Schwierigkeiten infolge der politischen Unruhen – der Weg führt an brennenden Dörfern vorbei – trifft die Karawane am 2. Juni in Axum ein, den Trümmern der Hauptstadt des im klassischen Altertum so mächtigen Axumitischen Reiches. […] Rüppell bleibt […] mehrere Tage hier, um die Ruinen zu studieren und deren Lage astronomisch zu bestimmen. Auf archäologischem Gebiete hat er hier entschieden Erfolg: denn neben den der Wissenschaft bereits bekannten Monumenten findet er völlig neue Altertümer, wie eine Opferschale und drei Kalkstein-Platten mit altäthiopischen Inschriften.« Seine umfangreichen (vor allem zoologischen) Sammlungen sowie wertvolle äthiopische Handschriften übergab Rüppell dem Senckenbergischen Museum und der Stadtbibliothek zu Frankfurt am Main.

Der bei Tübingen geborene protestantische Missionar Johann Ludwig Krapf (1810–1881) bereiste von 1837 bis 1855 weite Gebiete Nordostafrikas. Dabei nahm er auch an einem Feldzug des äthiopischen Königs Sahle Selassie vom Reich Shoa gegen das Volk der Galla (heute Oromo genannt) teil, den er folgendermaßen beschrieb: »Die Weise des Königs auf seinen Expeditionen ist, den Galla, die den Tribut verweigern, die Dörfer, Wiesen, Getreidefelder anzuzünden und zu verwüsten, die männliche Bevölkerung, die nicht entflohen ist, zu töten, die Weiber und Kinder aber gefangen zu nehmen und sie hernach gegen ein Lösegeld zurückzugeben, wenn der abtrünnige Stamm sich ergeben hat. Hauptsächlich aber sucht er die Viehherden wegzunehmen.« Den Galla und vor allem deren Sprache galt das besondere Interesse Krapfs. In den Jahren 1867 und 1868 begleitete er als Dolmetscher die britische Strafexpedition unter dem späteren Lord Robert C. Napier gegen den äthiopischen Kaiser Theodor II. in Megdela.

Große Bedeutung für die Erkundung Nordostafrikas kam auch den Reisen und Sammlungen des aus Württemberg stammenden Naturforschers Theodor von Heuglin (1824–1876) zu. Heuglin bereitete sich systematisch auf seine Forschungsunternehmen vor: Er »machte […] sich mit den verbreitetsten neuern Sprachen bekannt, wurde ein gewandter Zeichner, ein sicherer Schütze und härtete seinen Körper durch gymnastische Übungen ab«. Nach Reisen im Ostsudan und an die Somaliküste, wo er überfallen und verletzt wurde, landete er im Jahre 1861 in Massawa am Roten Meer, erforschte das heutige Eritrea, zog dann in südlicher Richtung durch Äthiopien und längs des Blauen Nils nach Khartum im Sudan. Dabei führte seine Expedition geografische, zoologische und ethnografische Forschungen durch. Im Jahre 1861 gelangte er zu der alten Stadt Aksum: »Über den geräumigen Marktplatz […] erreicht man nach wenigen 100 Schritt ein niedriges Plateau mit einem riesigen Feigenbaum, dessen Stamm an 50 Fuß Umfang hat, das eigentliche Obeliskenfeld. Einen besonderen Kontrast bilden diese schlanken, oft mit einfachen und zierlichen Ornamenten fast überladenen Monolithe und Stelen zur bescheidenen Bauart der meist runden, mit Stroh gedeckten Steinhütten der heutigen Axumiten, die oft dicht gedrängt in einzelnen ummauerten Gehöften zusammenstehen, beschattet von immergrünen Wanza-Bäumen, deren dichtes Laubwerk Schneeflocken gleich mit Blüthen übersäet ist.«

»Tiervater« Alfred Brehm
während der großen
Afrikaexpedition 1862

Das Reich von Aksum

Im Zeitraum von ca. 150 v.Chr. bis 700 n.Chr. bildete sich am Horn von Afrika eine städtische Hochkultur mit Schriftsprache, Pflugbau, Münzwesen und einer hochentwickelten Architektur, Kunst und Religion heraus, das Reich von Aksum. Grundlage der aksumitischen Kultur war die Verbindung der Einflüsse von aus Südarabien eingewanderten Bevölkerungsgruppen des sabäischen Kulturraumes mit den kulturellen Errungenschaften der in der Region ansässigen afrikanischen Bevölkerung. Dieser antike Stadtstaat – im heutigen Nordäthiopien und Eritrea gelegen – wurde zur Keimzelle der späteren äthiopisch-christlichen Kultur. In seiner Blütezeit trieb Aksum Handel mit Rom, Byzanz, Arabien, Indien und Persien. Auch nach dem Niedergang des aksumitischen Reichs seit dem 8. Jahrhundert blieb dieses weiterhin ein wichtiger Bezugspunkt äthiopisch-christlicher Identität und Herrschaftstradition. Aksum galt und gilt als »Heilige Stadt«, als »Mutter der Städte Äthiopiens« bzw. als das »Rom Äthiopiens«. Mit seinen weltberühmten Stelen war Aksum bereits seit Jahrhunderten auch ein wichtiger Zielort für europäische Entdecker, Forscher und Reisende. Das Verdienst einer ersten modernen Erforschung Aksums gebührt der von dem Orientalisten Enno Littmann geleiteten »deutschen Aksum-Expedition« von 1905/06. Auf Bitten des äthiopischen Kaisers Menelik II. hatte der deutsche Kaiser Wilhelm II. diese Expedition angeordnet. Deren Ergebnisse rückten erstmals die große antike Vergangenheit Äthiopiens in das europäische

picture-alliance/akg-images

Der »Obelisk von Aksum«, eine rund 24 Meter hohe äthiopische Grabstele aus dem 1. Jahrhundert n.Chr.

Bewusstsein. Heutzutage zählen die Stelen von Aksum zu den kulturhistorisch wichtigsten Baudenkmälern der Erde. Eine dieser Stelen wurde 1937 nach dem Abessinienkrieg von den siegreichen Italienern als Kriegsbeute geraubt und nach Rom verbracht. Erst im Jahre 2005 kehrte diese Stele unter großer Anteilnahme der äthiopischen Bevölkerung wieder nach Aksum zurück. *(vm)*

Im Jahre 1862 weilte der später als »Tiervater« mit seinem Buch »Brehms Tierleben« berühmt gewordene Zoologe Alfred Brehm (1829–1884) als Leiter einer Jagdexpedition des Fürsten Ernst II. von Sachsen-Coburg und Gotha im Hinterland von Massawa im heutigen Eritrea, den damaligen »Bogosländern«. Der Reisebericht vermeldet: »Brehm hatte auf dieser abessinischen Reise kaum eine ruhige Minute. […] Er war Reisemarschall, Expeditionsführer und Jagdleiter in einer Person, es lastete also allzu viel auf ihm. Es war nicht leicht, die verwöhnte und vielköpfige Jagdgesellschaft unter einen Hut zu bringen und zufrieden zu stellen, zu der auch die jagdkundige Herzogin und der begabte Tiermaler Robert Kretschmer gehörten, der später das ›Tierleben‹ so ausgezeichnet illustriert hat. Überdies dauerte der Aufenthalt in Afrika nur wenige Wochen, und so verbot schon die Kürze der Zeit eine eingehende wissenschaftliche Tätigkeit. […] Brehm war der großen Reisegesellschaft im März 1862 über Kairo, Aden und Massawa nach Habesch vorausgeeilt, um geeignete Lagerplätze auszusuchen und wildreiche Jagdgründe festzustellen. Diese 14 Tage, die er für sich allein in freier, tierreicher Wildnis weilte, ließen eigentlich die einzige Muße für seine wissenschaftlichen Beobachtungen.«

Der hannoversche Baron Karl Claus von der Decken (1833–1865) widmete sich intensiv der Erforschung Ostafrikas, unter anderem der Besteigung des Kilimandscharo. Seit 1863 rüstete er eine Dampferexpedition zur Erforschung des Juba-Flusses an der südlichen Somaliküste aus. Die Flussdampfer für diese Entdeckungsfahrt ließ er auf der Hamburger Reiherstieg-Werft konstruieren, in Teile zerlegt nach Sansibar verschiffen und dort zusammenbauen. Der große Flussdampfer der Expedition trug den Namen »Welf«, die kleinere Dampfschaluppe

Priesterkönig Johannes
Die Legende vom Priesterkönig (lat. *rex et sacerdos, indorum rex*) Johannes tauchte erstmals im deutschen Mittelalter auf. Im 12. Jahrhundert beschrieb Otto von Freising in seiner Weltchronik einen mythischen Regenten, der angeblich ein mächtiges christliches Reich in Asien beherrschte. Bis ins Spätmittelalter war dieses in zahlreichen Weltkarten vermerkt. Den Mythos griffen im 15. Jahrhundert erneut die Portugiesen auf, die das sagenumwobene Reich in Afrika suchten und mehrere Expeditionen nach Ostafrika (heute Äthiopien) entsandten, das sich seit dem 4. Jahrhundert dem Christentum geöffnet hatte. *(bc)*

den Namen »Passepartout«. Doch nahm das im Frühjahr 1865 begonnene Unternehmen einen unglücklichen Verlauf. Der kleinere Dampfer ging bereits in der Juba-Mündung verloren. Der größere Dampfer erreichte den Fluss aufwärts fahrend am 15. September die Stadt Bardera. Dann verhinderte ein großes Leck die Weiterfahrt. Nach der Errichtung eines Lagers an Land wurden von der Decken und andere Teilnehmer der Expedition von Somalis überfallen und getötet.

Der seinerzeit in Deutschland populäre, bei Bremen geborene Abenteurer und Afrikareisende Gerhard Rohlfs (1831–1896) besuchte in den Jahren 1868 und 1880/81 Äthiopien. 1867/68 begleitete er – wie der bereits erwähnte Krapf – die britische Armee auf ihrem Feldzug gegen den äthiopischen Kaiser Theodor II. in Megdela, wobei er Gelegenheit fand, auf der Rückreise eine Exkursion durch ein noch unbekanntes Gebiet zu unternehmen. Im Winter 1880/81 begab er sich dann im Auftrag des deutschen Kaisers nach Äthiopien, um eine diplomatische Botschaft an den äthiopischen Kaiser Johannes zu überbringen.

Im 20. Jahrhundert folgten vor allem von staatlichen Instanzen finanzierte und organisierte wissenschaftliche Expeditionen großen Stils. Dazu gehörte auch die deutsche Aksum-Expedition unter Enno Littmann (1875–1958), deren Ergebnisse die großartige antike Vergangenheit Äthiopiens ins europäische Bewusstsein rückten. Der in Oldenburg (Oldb.) geborene Littmann wurde zu einem der bedeutendsten europäischen Orientalisten und war Leiter der von Kaiser Wilhelm II. ausgesandten Expedition zur

Untersuchung der Ruinen des antiken Aksum in Nordäthiopien. Ende Dezember 1905 ging das Expeditionsteam in Massawa am Roten Meer an Land und brach von dort nach Aksum auf, das am 12. Januar 1906 erreicht wurde. Tief beeindruckt erlebten die Teilnehmer der Expedition eine prachtvolle Feier zu Ehren ihres Eintreffens in der altehrwürdigen Stadt, dem »Rom Äthiopiens«: »Der Hof war mit Priestern in Festgewändern, Soldaten und Posaunenbläsern angefüllt, und alles war auf unseren Empfang vorbereitet. […] Wie wir so dasaßen, konnten wir uns nicht des Gedankens erwehren, als ob wir mit König Salomo vor seinem Tempel säßen, dem Tanz der israelitischen Priester zuschauten und den Schall der alttestamentlichen Hörner und Posaunen hörten: es schien, als ob wir fast um dreitausend Jahre in der Geschichte zurückversetzt wären.« Insgesamt blieb die Expedition 84 Tage vor Ort, um ihre Forschungsarbeiten durchzuführen. Von besonderem wissenschaftlichen Interesse waren dabei die Gruftanlagen, die Paläste und andere Gebäude, die Throne und Inschriften, die Fundstätten und Monumente, die Kathedrale sowie vor allem auch die berühmten Stelen. Das Ergebnis der deutschen Aksum-Expedition war eine monumentale, mehrbändige Dokumentation, die 1913 im Verlag G. Reimer in Berlin erschien, herausgegeben von der Generalverwaltung der Königlichen Museen zu Berlin.

Volker Matthies

Neben Großbritannien und Frankreich gelang es Ende des 19. Jahrhunderts auch Italien, sich Kolonialgebiete am Horn von Afrika zu sichern. Nachdem dort, in Somalia und Eritrea, der Aufbau kolonialer Strukturen abgeschlossen war, strebte Italien nach Ausdehnung seiner Herrschaft auf das äthiopische Hochland. Der daraus resultierende Konflikt mit dem Kaiserreich Äthiopien prägte die Entwicklung am Horn von Afrika über mehrere Jahrzehnte unmittelbar und beeinflusst noch heute indirekt die zwischenstaatlichen Beziehungen, insbesondere zwischen Eritrea und Äthiopien.

Weil im Jahre 1896 der Versuch der Eroberung Äthiopiens von Eritrea aus gescheitert war, erfolgte auf Befehl des auf dem Bild abgebildeten italienischen »Duce« (Führer) Benito Mussolini 1935 der zweite Überfall. Mehr als 300 000 italienische Soldaten wurden per Schiff aus Europa ans Horn von Afrika verschifft. Sowohl im Verlauf des sechsmonatigen Krieges wie während der anschließenden, bis 1941 dauernden Besatzung traten die italienischen Truppen mit brutaler Gewalt auf, auch und vor allem gegenüber der Zivilbevölkerung.

Das Horn von Afrika als Spielball der europäischen Mächte 1869 bis 1941

Bis in die Mitte des 19. Jahrhunderts führte das Horn von Afrika ein Schattendasein fernab der europäisch dominierten Weltpolitik. Erst als 1869 der Suezkanal eröffnet wurde, der den Seeweg nach Indien um Wochen verkürzte, begann eine neue Ära. Mit einem Mal entwickelte sich die keilförmige Halbinsel zwischen dem Roten Meer und dem Indischen Ozean zu einem Brennpunkt europäischer Mächterivalität. Insbesondere die Gebiete rund um das »Tor der Wehklagen« (Bab el-Mandeb), die Einfahrt ins Rote Meer, erhielten eine strategische Bedeutung, wie sie sie zuvor nie besessen hatten. Tatsächlich setzte sich das British Empire in den 1880er Jahren entlang der gesamten Seeroute nach Indien fest: nicht nur in Ägypten und im Sudan, sondern auch an der Südspitze der arabischen Halbinsel und an der gegenüberliegenden somalischen Küste um die Hafenstadt Berbera. Fast gleichzeitig nahm Frankreich Dschibuti und sein Umland in Besitz, während Italien Eritrea und ausgedehnte Landstriche an der langen Somaliküste am Indischen Ozean zu seinen Kolonien erklärte.

Innerhalb weniger Jahre teilten die Kolonialmächte das Horn von Afrika wie einen Kuchen unter sich auf. Besonders schlimm traf es die islamische Somali-Bevölkerung, die ungefragt unter die Herrschaft der vier christlichen Nationen Großbritannien, Frankreich, Italien und Abessinien geriet. Gegen die koloniale Fremdbestimmung rief Mohammed Abdullah Hassan, den die Briten den »verrückten Mullah« (»Mad Mullah«) schimpften, 1899 seine Landsleute zum »Heiligen Krieg« gegen die Ungläubigen auf. In einem erbitterten Kleinkrieg bekämpften seine »Gotteskrieger« Briten und Italiener 20 Jahre lang. Erst 1920 konnte der antikoloniale Widerstand an der Somaliküste durch den Einsatz von britischen Bombenflugzeugen erstickt und die Region durch die überlegene Feuerkraft moderner Kriegstechnologie »befriedet« werden.

Der »Mad Mullah« und das »Somali Camel Corps«

Zwischen 1899 und 1920 sorgte eine antikoloniale Aufstandsbewegung für anhaltende Unruhe in den italienischen und britischen Kolonialgebieten am Horn von Afrika. Die islamistische und nationalistische Gemeinschaft der Derwische führte einen »Heiligen Krieg« gegen die christlichen Kolonialherren mit dem Ziel, einen somalischen Gesamtstaat nach den Regeln des Koran zu etablieren. Ihr Führer, Mohammed Abdullah Hassan (»Mad Mullah«), vereinigte mehrere Tausend Kämpfer aller Clans und deren Familien unter seinem Kommando. Der Islam und die antikoloniale Einstellung waren die entscheidenden Integrationsfaktoren. In der ersten Phase führten die Derwische einen zum Teil sehr erfolgreichen Guerillakampf gegen koloniale Einrichtungen in Italienisch- und Britisch-Somaliland. Ihre Attacken richteten sich aber auch gegen Somalis, die sich ihnen nicht anschließen wollten. In mehreren militärischen Kampagnen gelang es Italien und Großbritannien nicht, die Truppen der Derwische zu zerschlagen. Schließlich wurde Hassan ein quasi autonomes Derwisch-Gebiet im Landesinneren zugesichert. Dort entstand ab 1905 ein straff organisierter und durch die Kolonialmächte faktisch anerkannter Staat mit eigenen Siedlungen, eigenem Militär und eigener Verwaltung.

Nachdem es bis 1914 nur kleinere Grenzgefechte zwischen Kolonialtruppen und den Anhängern Hassans gegeben hatte, beschloss Großbritannien wieder eine härtere Linie gegen die Derwisch-Bewegung. Gründe hierfür waren vor allem die stetige Ausweitung des autonomen Gebietes und die zunehmende Gewalt der Derwische gegen die restliche somalische Bevölkerung. Die Aufstellung des »Somali Camel Corps« leitete schließlich den Niedergang des Derwisch-Staates ein. Das »Camel Corps« bestand aus ortskundigen somalischen Soldaten, die durch erfahrene Kolonialoffiziere geführt wurden. Bereits in den ersten Jahren ging diese Spezialeinheit erfolgreich gegen die Außenposten der Derwische vor. Nach Ende des Ersten Weltkriegs konzentrierten sich die Briten dann endgültig auf die Niederschlagung des Widerstandes. In einer großen Kampagne, bei der auch Luftwaffe und Marine das »Camel Corps« unterstützten, gelang es bis Ende 1920 den Derwisch-Staat komplett zu zerschlagen und die restlichen Anhänger des »Mad Mullah« nach Äthiopien zu vertreiben.

Obwohl es Mohammed Hassan und seinen Derwischen nicht gelang, die Briten und Italiener zu besiegen, werden sie in Somalia bis heute als Patrioten verehrt. Der »Derwisch-Aufstand« gilt als Vorbild für die pansomalische Bewegung der 1960er Jahre, die die Vereinigung aller Somalis in einem Staat forderte. *(am)*

Staatsstrukturen als koloniales Erbe

Genauso wie Britisch- und Italienisch-Somaliland verdankten auch Eritrea und Dschibuti ihre Existenz einzig und allein den Vorstellungen kolonialer Strategen. Mit Dschibuti wollte sich das imperiale Frankreich seinen Anteil an der Kontrolle des Seewegs zwischen Mittelmeer und Indischem Ozean sichern. Zudem sollte mit der günstig am Golf von Aden gelegenen Hafenstadt der Handel zum abessinischen Hochland kontrolliert werden. Um dieses Ziel zu erreichen, bauten die Franzosen zwischen 1897 und 1915 eine Eisenbahnlinie, die Dschibuti und das erst 1886 erbaute Addis Abeba miteinander verband.

Das einzige ostafrikanische Land, das seine Unabhängigkeit während der Aufteilung Afrikas durch die europäischen Mächte erfolgreich bewahren konnte, war das Kaiserreich Abessinien, das heutige Äthiopien. Das riesige Reich von Kaiser Menelik II. (1889-1913) galt nicht nur als der älteste Staat Afrikas, sondern auch als eine mehrheitlich von Christen bewohnte Bergfestung. Tatsächlich hatte sich Abessinien jahrhundertelang auch deshalb erfolgreich gegen seine mehrheitlich islamischen Nachbarn behauptet, weil es sich um ein unwegsames Hochland handelt, das gegen das Rote Meer steil abfällt. Unter Menelik II. wurden zahlreiche Reformen eingeleitet, um die feudale Gesellschaft behutsam zu modernisieren. Parallel dazu konnte Äthiopien sein Staatsgebiet durch blutige Eroberungszüge in westlicher, östlicher und südlicher Richtung bedeutend ausdehnen. Durch die Expansion fielen größere Territorien im Inneren des Horns von Afrika mit ihren nichtchristlichen Völkern unter äthiopische Herrschaft. Gleichzeitig schloss sich der Ring europäischer Kolonien immer enger um das ostafrikanische Kaiserreich. Besonders

die Führungseliten des 1861 gegründeten Königreichs Italien träumten davon, das äthiopische Hochland seines angenehmen Höhenklimas wegen zu einer Siedlungskolonie für ihre armen Landsleute zu machen. Es sollte nicht bei Träumen bleiben.

Innerhalb von 40 Jahren unternahm Italien zwei Versuche, die traditionelle Vormacht der Region in die Knie zu zwingen. Von ihrer Kolonie Eritrea aus drangen italienische Truppen ab 1893 immer tiefer in die äthiopische Nordprovinz Tigre ein. Im September 1895 mobilisierte Kaiser Menelik seine leidlich mit Artillerie und modernen Gewehren ausgerüstete Armee. Unzureichend vorbereitet und dilettantisch geführt, wurden die Italiener am 1. März 1896 in der Schlacht von Adwa vernichtend geschlagen. Von den 20 000 Mann des italienischen Expeditionskorps fielen 6000, darunter 1000 eritreische Söldner. Es handelte sich um den ersten Sieg einer Armee des schwarzen Erdteils über ein europäisches Heer. Das schwer gedemütigte Italien musste 1896 die Souveränität und territoriale Integrität des Kaiserreichs Äthiopien anerkennen. Seit Adwa entwickelte sich Äthiopien zum wichtigsten Symbolland der antikolonialen Befreiungsbewegungen in der Welt. Es war der lebende Beweis dafür, dass eine afrikanische Nation eine europäische Invasion zurückschlagen konnte und die Europäer nicht von Natur aus zivilisatorisch überlegen waren, wie die Imperialisten behaupteten.

Anders als in den deutschen Schutzgebieten in Afrika brachen während des Ersten Weltkrieges am Horn von Afrika keine Feindseligkeiten zwischen den Alliierten und den Mittelmächten aus. Briten, Franzosen und Italiener, die hier das Sagen hatten, gehörten ab Frühjahr 1915 alle dem selben Bündnissystem an. Deshalb überdauerten in diesem Teil der Welt die im imperialen Zeitalter geschaffenen kolonialen Gegebenheiten das Ende des ersten globalen Konfliktes der Menschheitsgeschichte.

Die italienische »Revanche« für Adwa: Das Kolonialreich 1935–1941

Grundlegend in Frage gestellt wurden die bestehenden Machtverhältnisse am Horn von Afrika erst durch das faschistische Italien, eine 1922 errichtete Diktatur unter Führung Mussolinis, das in manchem bereits, so auch in seinem Expansionsdrang, die verbrecherische Eroberungspolitik des nationalsozialistischen Deutschland vorwegnahm.

Getragen von einem breiten Strom der Zustimmung, begnügte sich Mussolini seit dem 10. Jahrestag der faschistischen Machtergreifung 1932 nicht mehr damit, Italien im Inneren nach seinen totalitären Vorstellungen umzugestalten. Der »Duce« wollte als Reichsgründer und zweiter Julius Cäsar in die Geschichte eingehen. Immer wieder kündigte er an, das Imperium Romanum, das in der Antike weite Teile Europas und des Mittelmeerbeckens beherrscht hatte, in moderner Gestalt wiederzubeleben. Am leichtesten in die Tat umzusetzen waren seine imperialen Träume am Horn von Afrika. Seit mehr als vier Jahrzehnten

Europa gegen Afrika: Die Schlacht bei Adwa

Nachdem italienische Truppen den Grenzfluss Mareb überquert hatten, zog der äthiopische Kaiser Menelik II. mit etwa 100 000 Mann den Eindringlingen entgegen. Bis Ende Januar 1896 gelang es den Äthiopiern, große Gebiete im Norden des Landes zurückzuerobern. Nach beiderseitigem Zögern trafen schließlich am 1. März beide Hauptarmeen aufeinander.

Etwa 20 000 unerfahrene und unzureichend versorgte Italiener sahen sich mehr als 80 000 ausgebildeten und ortskundigen Äthiopiern gegenüber. Aufgrund mangelhafter Kommunikation splitterte sich der italienische Verband auf. So entstanden drei weitgehend unabhängige Gefechte, in deren Verlauf die massive Überlegenheit der äthiopischen Kämpfer erst richtig zur Geltung kam. Am Ende waren mehr als 6000 italienische Soldaten gefallen; etwa 3000 gerieten in Gefangenschaft. Fehlende Ortskenntnis, miserable Kommunikation und daraus resultierend der Verlust einer einheitlichen Führung sowie die Unterschätzung eines gleichwertigen und motivierteren Gegners waren die Gründe für die vollständige Niederlage der Italiener.

Mit der Schlacht bei Adwa waren die italienischen Träume von einem Kolonialreich am Horn von Afrika zunächst ausgeträumt. Äthiopien blieb ein unabhängiger Staat und hatte sich durch den Erfolg internationale Anerkennung erkämpft. Noch heute hat der 1. März 1896 einen besonderen Stellenwert in der äthiopischen Geschichte. *(am)*

picture-alliance/akg-images

Zeitgenössicher Holzstich der Schlacht von Adwa

befanden sich Eritrea und Somaliland in italienischer Hand. Mit der Eroberung Äthiopiens wollte Mussolini in Ostafrika ein zusammenhängendes Kolonialreich schaffen und das faschistische Italien zur Weltmacht aufsteigen lassen. Millionen landhungriger Kolonisten aus dem nur schwach industrialisierten Mutterland sollten auf dem Dach von Afrika Zeugnis von der »Größe und Überlegenheit der römischen Zivilisation« ablegen.

Die Angriffsentscheidung fällte der Diktator im Dezember 1934. Als Vorwand diente ihm das zum »Grenzzwischenfall« hochstilisierte Gefecht von Walwal im Ogaden. Tief in äthiopischem Territorium verloren während eines stundenlangen Schusswechsels zwischen äthiopischen Einheiten und italienischen Kolonialtruppen Dutzende von Soldaten auf beiden Seiten ihr Leben. Bald danach setzten in Eritrea und Italienisch-Somaliland die konkreten Vorbereitungen für den als »Blitzkrieg« geplanten Feldzug ein. Zehntausende von italienischen Arbeitern bauten die Häfen von Massawa und Mogadischu aus, richteten die Straßen in Richtung äthiopischer Grenze her und legten neue Flugplätze für die Luftwaffe an. Unter den Augen der Welt wurden die in Eritrea und Somaliland stationierten Truppenkontingente massiv aufgestockt und auf dem Seeweg schweres Kriegsgerät in die Region verschifft, darunter Hunderte von Flugzeugen und Panzern.

Schließlich drangen am 3. Oktober 1935 starke motorisierte Verbände von Eritrea im Norden und Somaliland im Süden ohne Kriegserklärung in Äthiopien ein. Die als Zangenangriff konzipierte Militäroperation war gewaltig. Auf dem Höhepunkt der Kampfhandlungen setzte Italien nicht weniger als 330 000 Soldaten aus dem Mutterland und 87 000 afrikanische Söldner gegen die nicht nur waffentechnisch, sondern auch numerisch unterlegene Gegenseite ein. 100 000 Militärarbeiter unterstützten die Invasion, indem sie Pisten und Brücken für den Nachschub bauten. Eine solche Streitmacht hatte Afrika noch nicht gesehen. Dennoch kamen die italienischen Verbände im unwegsamen Hochland nicht nach Wunsch voran. Die äthiopischen Soldaten setzten der Invasionsarmee im zerklüfteten Terrain hartnäckig zu. Mit dem Mut der Verzweiflung gingen sie nach ein paar Wochen sogar zu Gegenangriffen über. In dieser Situation erhielten Oberbefehlshaber Marschall Pietro Badoglio und General Rodol-

picture-alliance/akg-images

Vorrückende italienische Infanterie im Abessinienkrieg 1935

fo Graziani, der Kommandeur der italienischen Südarmee, von höchster Stelle in Rom freie Hand zum systematischen Einsatz von Giftgas. Allein an der Nordfront warf die italienische Luftwaffe bis zum 29. März 1936 mindestens 972 schwere Senfgas-Bomben ab, die Tausenden von Äthiopiern den Tod brachten. Nach der Entscheidungsschlacht von Mai Ceu ließen Mussolinis Bomberpiloten am Ashangi-See bedeutende Mengen dieses auch als »Yperit« (erstmals verwendet 1917 in der Schlacht bei Ypern) bezeichneten Hautkampfstoffes auf die geschlagenen Reste der kaiserlichen Armee herabregnen und machten die Flüchtenden mit Maschinengewehrfeuer nieder.

Doch den Bombardements mit dem tödlich wirkenden Senfgas waren nicht bloß äthiopische Militäreinheiten ausgesetzt. Das italienische Oberkommando ließ auch Flüsse und Wasserstellen, Pässe und Triften, Äcker und Felder und selbst Viehherden besprühen. Hunderte Wanderhirten und Bauern starben qualvoll, als sie mit wenigen Tropfen Yperit in Berührung kamen oder vergiftetes Wasser tranken. In einem Bericht an die Genfer Zentrale beschrieb der Rotkreuz-Delegierte Marcel Junod, der

Augenzeuge eines Giftgasangriffs geworden war, dessen Auswirkungen als »veritable Hölle«.

Schwer litten die Äthiopier auch unter Repressalien, Hinrichtungen und Blutbädern. Zudem steckten die Italiener an der Südfront landwirtschaftliche Nutzflächen in Brand und schlachteten ganze Viehherden ab. Diese entfesselte Form der Kriegführung zielte auf die Lebensgrundlagen der Bevölkerung ab. Als italienische Verbände am 5. Mai 1936 die Hauptstadt Addis Abeba einnahmen, ging damit lediglich der offizielle Krieg zu Ende.

Während der fünf Jahre italienischer Herrschaft in Ostafrika, in denen erstmals fast das ganze Horn von einer einzigen Macht beherrscht wurde, brach der afrikanische Widerstand nie vollständig zusammen. Mit ihren Aktionen versetzten die Guerillakämpfer das riesige Territorium ununterbrochen in einen Zustand des Aufruhrs. Auf diesen anhaltenden Widerstand reagierten die Italiener mit exzessiver Gewalt. Schon am 8. Juli 1936 wies der »Duce« Marschall Rodolfo Graziani, seinen Statthalter in Addis Abeba, an: »Ich autorisiere Ihre Exzellenz noch einmal, systematisch mit einer Politik des Terrors und der Ausrottung gegen die Rebellen und die mitschuldige Bevölkerung zu beginnen und eine solche zu führen. Ohne das Gesetz der zehnfachen Wiedervergeltung kann man die Plage nicht in nützlicher Frist heilen.«

Bis ins Frühjahr 1941, als Äthiopien von britischen Truppen befreit wurde und seine staatliche Souveränität zurückerhielt, zogen die Besatzer eine Spur der Verwüstung und des Todes durch das Horn von Afrika. Italiens Aggression gegen Äthiopien in den Jahren von 1935 bis 1941 kostete – konservativ geschätzt – rund 400 000 Menschen das Leben. Einige Historiker sehen in diesen Ereignissen nicht nur den eigentlichen Beginn des Zweiten Weltkriegs, sondern deuten sie neuerdings auch als ersten faschistischen Vernichtungskrieg der Geschichte. Die damals geschlagenen Wunden sind in der älteren Generation Äthiopiens bis heute nicht verheilt.

Aram Mattioli

Nachdem das Horn von Afrika bis zum Ende des Zweiten Weltkriegs nur eine untergeordnete Rolle in den strategischen Planungen der Weltmächte gespielt hatte, änderte sich dies in der Anfangszeit des Kalten Krieges. Ab Anfang der 1950er Jahre rückte die Region aufgrund ihrer geostrategischen Lage zunehmend in den Blickpunkt der beiden Supermächte USA und UdSSR. Während die USA zunächst das kaiserliche Äthiopien massiv unterstützten, bemühte sich die Sowjetunion um die Gunst des äthiopischen Erzfeindes Somalia. Die beiden größten und einflussreichsten Staaten am Horn von Afrika bauten so durch die Finanz- und Militärhilfen der jeweiligen Schutzmacht enormes militärisches Potenzial auf, was zunehmend zur Destabilisierung der Region führte.

Nach dem Sturz des äthiopischen Kaisers durch einen sozialistischen Militärrat brach Äthiopien seine Beziehungen zu den USA ab und schloss sich dem sozialistischen Lager der Sowjetunion an. Da eine gleichzeitige Unterstützung beider verfeindeter Staaten nicht möglich war, kündigte die UdSSR schließlich ihre Hilfe für Somalia auf und konzentrierte sich auf das strategisch wichtigere Äthiopien. Das Bild zeigt den äthiopischen Machthaber Mengistu Haile Mariam bei einem seiner zahlreichen Staatsbesuche in Moskau zusammen mit dem sowjetischen Staats- und Parteichef Leonid Breschnjew im Oktober 1982.

Einflussnahme der Supermächte USA und Sowjetunion während des Kalten Krieges

Die Staaten und Gesellschaften am Horn von Afrika befinden sich sowohl politisch wie auch ökonomisch seit Jahrzehnten in einer Dauerkrise. Als Beispiele können hier die katastrophale Wirtschaftslage (vgl. den Beitrag von Dieter H. Kollmer), der Zerfall der staatlichen Ordnung Somalias (vgl. den Beitrag von Volker Matthies: Staatszerfall) sowie der Dauerkonflikt um die Zugehörigkeit der somalisch-äthiopischen Grenzregion Ogaden genannt werden. Oft werden in diesem Zusammenhang die ungünstigen klimatischen Bedingungen, die daraus resultierenden häufigen Dürreperioden sowie die ethnisch-religiösen Konflikte (vgl. den Beitrag von Ulf Terlinden) als Ursachen für die aktuellen Probleme genannt. Die Hintergründe der instabilen Lage erschließen sich allerdings dem Beobachter erst vollends bei einer detaillierten Betrachtung der komplexen historischen Triebkräfte. Häufig sind die aktuellen Konflikte nur eine Fortsetzung von bereits länger bestehenden und zum Teil gewalttätig ausgetragenen Interessengegensätzen. Dies gilt insbesondere für das anhaltend tiefe Misstrauen zwischen äthiopischen Eliten und der somalischen Führungsschicht (vgl. den Beitrag von Stafan Brüne).

Großen Einfluss auf die heutige Situation am Horn von Afrika hat die Weltpolitik in der zweiten Hälfte des 20. Jahrhunderts genommen, als die Region aufgrund ihrer geostrategischen Lage vor dem Hintergrund des Kalten Krieges in das Blickfeld der konkurrierenden Supermächte USA und Sowjetunion rückte. In dieser Phase, die in den 1950er Jahren begann und erst mit dem Zusammenbruch der Sowjetunion zu Beginn der 1990er Jahre endete, wurden insbesondere in Afrika die regionale Entwicklungen in erheblichem Umfang durch das Verhalten der beiden Hauptakteure des Ost-West-Konflikts mitbestimmt.

Die Bedeutung des Horns von Afrika in der Nachkriegszeit

Aufgrund des Rückzuges der Kolonialmächte Frankreich, Italien und Großbritannien befand sich das Horn von Afrika nach dem Zweiten Weltkrieg in einer Phase der Dekolonisation. Ungeachtet dessen interessierten sich die USA und die Sowjetunion für das geostrategisch wichtige Gebiet. Washington zielte darauf ab, das Erbe der alten Kolonialmächte anzutreten und die Region in ihren Einflussbereich einzubeziehen. Insbesondere die Kontrolle über den wichtigen Seeweg durch das Rote Meer bzw. den Suezkanal sowie die Präsenz am Rande des erdölreichen Nahen und Mittleren Ostens waren ausschlaggebend für das Engagement. Aus Sicht der Sowjetunion bestand demgegenüber die Möglichkeit, die sich im Umbruch befindlichen nachkolonialen Gesellschaften militärisch und politisch dauerhaft in das eigene sozialistische Lager mit einzubeziehen. Zudem besaß das Horn von Afrika als Anrainer des Indischen Ozeans auch für die maritimen Zielsetzungen der UdSSR strategische Bedeutung.

Ungeachtet dessen blieb der unmittelbare Einfluss sowohl der USA als auch der Sowjetunion bis zum Ende der 1950er Jahre zunächst eher begrenzt. Insbesondere die USA waren kurz nach dem Zweiten Weltkrieg weniger an einer Steuerung der innenpolitischen Prozesse in den betreffenden Staaten als vielmehr an einer weitgehend ungestörten Militärpräsenz interessiert.

Spätestens Mitte der 1950er Jahre zeichnete sich jedoch vor dem Hintergrund eines sich verschärfenden Ost-West-Konflikts eine Kursänderung ab. Angesichts des zunehmenden Interesses der amerikanischen Außenpolitik, die Staaten am Horn von Afrika – vor allem die Regionalmacht Äthiopien – sozialistischen Einflüssen gegenüber abzuschirmen, wurden die Unterstützungsleistungen der USA für Äthiopien von 1953 bis zum zwischenzeitlichen Abbruch der Beziehungen 1977 deutlich gesteigert. Das Land erhielt in den 1960er und 1970er Jahren nahezu die Hälfte der gesamten U.S.-Militärausgaben in Subsahara-Afrika. Die Transferleistungen der USA entwickelten sich zu einer wichtigen Stütze der damaligen Regierung unter Kaiser Haile Selassie.

Als Reaktion hierauf begann die Sowjetunion 1963 mit vermehrten Waffenlieferungen an das benachbarte und mit Äthiopien verfeindete Somalia, zumal die östliche Führungsmacht zu dieser Zeit den Aufbau eines maritimen Stützpunktsystems am Indischen Ozean energisch vorantrieb. Gleichzeitig bemühten sich die USA darum, zur Schutzmacht Somalias aufzusteigen und den drohenden Einfluss der UdSSR zu verhindern. Damit gefährdeten sie jedoch ihre guten Beziehungen zu dem für sie wichtigeren Partner Äthiopien. Infolgedessen konnte Washington den umfangreichen Versprechungen Moskaus im Hinblick auf Militärhilfe nichts Gleichwertiges entgegensetzen. Dabei ist zu betonen, dass sowohl Äthiopien als auch Somalia zu jener Zeit stets darum bemüht waren, die weltpolitische Konstellation zu ihrem Vorteil zu nutzen. Wiederholt drohten beide Staaten gegenüber ihren Partnern damit, im Falle unzureichender Unterstützungsleistungen zur jeweils anderen Seite überzuwechseln.

Die Hinwendung Äthiopiens zum westlichen und Somalias zum sozialistischen Lager verfestigte sich mit dem Staatsstreich Siad Barres in Somalia 1969. Die Sowjetunion verstärkte ihre Unterstützungsleistungen für das Land in erheblichem Umfang und erhielt als Gegenleistung für den Ausbau somalischer Häfen (insbesondere Mogadischu, Bossasso und Berbera) entsprechende maritime Nutzungsrechte. Die Militärhilfe wurde in so hohem Maße aufgestockt, dass sich die Personalstärke der somalischen Streitkräfte zwischen 1970 und 1975 nahezu verdoppelte und ihre Bewaffnung erheblich modernisiert werden konnte. Auf der politischen Ebene wurde die privilegierte Stellung Somalias im sozialistischen Lager dadurch verstärkt, dass es 1974 als erstes afrikanisches Land ein Freundschafts- und Kooperationsabkommen mit der Sowjetunion abschloss.

Mit dem Sturz des äthiopischen Kaisers Haile Selassie und der Machtübernahme durch einen Militärrat (»Derg«) 1974, der anschließenden Machtergreifung durch Oberst Mengistu Haile Mariam 1977 sowie der Ausrufung des Sozialismus als äthiopische Staatsideologie veränderte sich das regionale Gefüge im Hinblick auf den Ost-West-Konflikt grundlegend. Zwar setzten die USA – ungeachtet der nun bestehenden ideologischen Differenzen – ihre Militärhilfe bis 1977 zunächst noch fort, jedoch orientierte sich Mengistu zunehmend zum sozialistischen Lager

Der »Löwe von Juda« – Kaiser Haile Selassie von Äthiopien

Haile Selassie herrschte als »Negusa Nagast« (König der Könige) von 1930 bis 1974 über das Kaiserreich Äthiopien. Geboren wurde er 1892 unter dem Namen Ras Tafari Mekonnen (vgl. Kasten Rastafari-Kult) als Sohn des Gouverneurs der Provinz Harar. Nach Ausschaltung verschiedener Rivalen gelangte Haile Selassie schließlich 1930 auf den Thron. Die Kaiser des christlichen Äthiopien sahen sich in direkter Nachfolge des biblischen Herrschers Salomo und damit als »Auserkorene Gottes«. Haile Selassie nannte sich selbst »Löwe von Juda« und unterstrich so diesen biblischen Bezug.

Nach nur sechs Herrschaftsjahren musste der Kaiser 1936 vor der italienischen Invasion aus Äthiopien fliehen. Fünf Jahre später kehrte er 1941 aus dem britischen Exil zurück, nachdem die italienischen Truppen durch äthiopische Widerstandskämpfer und vor allem die britische Armee aus dem Land vertrieben worden waren. Nach Ende des Zweiten Weltkriegs bemühte sich Haile Selassie um eine ökonomische und gesellschaftliche Modernisierung seines rückständigen Landes. Politisch blieb dieses jedoch eine absolute Monarchie ohne politische Beteiligungsrechte für das Volk.

picture-alliance/dpa/Ursin

Kaiser Haile Selassie im Fond seines offenen Horch 851 Pullman Gläser Phaeton

Hinzu kam, dass der Kaiser sämtliche staatstragenden Positionen mit Vertrauten seines Stammes, den Amharen, besetzte. Diese Amharisierung führte bei den anderen Gruppen des Vielvölkerstaates zu wachsender Opposition gegen das Kaisertum.

Während sich im Inneren die Konflikte in den sechziger und siebziger Jahren des 20. Jahrhunderts immer weiter zuspitzten, genoss Haile Selassie im Ausland stets hohes Ansehen. Durch aufsehenerregende Staatsbesuche rückte der Kaiser sein Land immer wieder in den Blickpunkt der Weltöffentlichkeit. Im Zuge der Entkolonialisierung ab 1960 war Äthiopien ein Vorbild für die neuen Staaten Afrikas und das einzige afrikanische Land, das, abgesehen von der italienischen Besetzung, nicht Teil eines Kolonialreiches gewesen war.

Die Stimmung innerhalb Äthiopiens hatte sich jedoch zunehmend gegen Haile Selassie und das gottgegebene Kaisertum entwickelt. Der Wunsch nach politischer Mitbestimmung und dem Ende der ampharischen Vorherrschaft führte 1974 zunächst zu Massenunruhen und schließlich zu einem Putsch marxistisch-leninistisch geprägter Offiziere. Am 12. September 1974 musste Haile Selassie abdanken und revolutionären Militärs die Führung des Staates überlassen, an dessen Spitze seit 1977 Oberst Mengistu stand. Seitdem in Hausarrest, starb der »Löwe von Juda« am 27. August 1975. *(am)*

hin. Bereits Ende 1976 wurde mit der Sowjetunion ein erstes Militärabkommen abgeschlossen. Wenig später verkündete U.S.-Präsident Jimmy Carter daraufhin das Ende der amerikanischen Militärhilfe für Äthiopien sowie die Schließung der amerikanischen Militärbasis in Asmara (damals die äthiopische Provinzhauptstadt von Eritrea), woraufhin das äthiopische Regime am 22. April 1977 den Abbruch aller Beziehungen zu den USA erklärte. Bemerkenswert ist in diesem Zusammenhang, dass die Moskauer Führung bei der Machtergreifung Mengistus nur geringen Einfluss ausgeübt hatte.

Hinsichtlich der geopolitischen Auseinandersetzung mit den Vereinigten Staaten hatte das sozialistische Lager mit dem Seitenwechsel Äthiopiens einen bedeutenden Erfolg erringen können. Gleichzeitig sah es sich jetzt allerdings vor der Schwierigkeit, das erhebliche äthiopisch-somalische Konfliktpotenzial

Von 1969 bis 1991 lenkte Siad Barre die Geschicke Somalias.

nun in den eigenen Einflussbereich geholt zu haben. Die sowjetische Außenpolitik bemühte sich daher darum, im Rahmen einer Allianz zwischen den sozialistischen Staaten Äthiopien, Somalia und (Süd-)Jemen einen Interessenausgleich herbeizuführen und den anhaltenden Grenzkonflikt einzudämmen. Die bilateralen Spannungen um den Ogaden nahmen jedoch weiter zu. Bereits zu Beginn des Jahres 1977 begannen somalische Regierungsstreitkräfte angesichts der internen Wirren in Äthiopien damit, die ohnehin im (äthiopisch kontrollierten) Ogaden aktiven Rebellengruppierungen unverhohlen zu unterstützen. Im Juli 1977 schließlich griff Somalia offen in den Konflikt ein.

Der Ogadenkrieg 1977/78 und seine Konsequenzen

Für Somalias Präsident Siad Barre schien die Gelegenheit für ein militärisches Vorgehen gegen Äthiopien günstig. In seinem Kalkül konnte er mit der Neutralität der beiden Seiten verpflichteten Sowjetunion rechnen, während die USA hingegen vermeintlich an einer Niederlage des nun sozialistischen Äthiopiens interessiert sein mussten. Gleichzeitig waren seine Streitkräfte denen Äthiopiens zu diesem Zeitpunkt deutlich überlegen, zumal Äthiopiens Militär ohnehin durch zahlreiche Aufstände in verschiedenen Landesteilen gebunden war.

Diese Einschätzung Siad Barres erwies sich allerdings sowohl im Hinblick auf Washington wie auch auf Moskau als ein Fehlurteil. Die USA waren zwar an einer Schwächung des sozialistischen Lagers am Horn von Afrika interessiert, jedoch wollte es sich der damalige Präsident Carter vor der Weltöffentlichkeit nicht leisten, die eindeutige Aggression Somalias augenfällig zu unterstützen. Ohnehin herrschte zu dieser Zeit in der amerikanischen Regierung die Sichtweise vor, sich nicht allzu sehr in regionale Konflikte weltweit hineinziehen zu lassen. Die Sowjetunion stand dagegen vor dem Dilemma, dass sowohl Äthiopien als auch Somalia auf Unterstützung hofften. Angesichts der letztlich höheren geopolitischen Bedeutung Äthiopiens, die unter anderem mit der höheren Einwohnerzahl, einer fortschrittlicheren Wirtschaftsstruktur sowie der günstigeren Anrainerlage am Roten Meer zu erklären war, entschied sich der Kreml für eine Unterstützung dieses Landes. Auch der zu erwartende Verlust der somalischen Häfen blieb dabei für die UdSSR kalkulierbar, da der Zugriff auf die äthiopischen Seehäfen Massawa und Asab (heute eritreisch) einen solchen durchaus ausgleichen konnte.

Der somalische Griff nach dem Ogaden war somit zum Scheitern verurteilt. Während die USA jegliche Unterstützung Somalias von dessen Rückzug aus äthiopischem Territorium abhängig machten, rüstete die Sowjetunion Äthiopien massiv auf und stellte allein 1977 etwa 440 Millionen US-Dollar für entsprechende Militärhilfe zur Verfügung. Zugleich waren zwischenzeitlich über 10 000 kubanische Soldaten sowie südjemenitische Einheiten auf Seiten Äthiopiens im Einsatz. Spätestens nach der Niederlage bei der Stadt Harar zum Jahresende 1977 waren die somalischen Streitkräfte de facto besiegt, wenngleich sich Somalia erst im März 1978 – nach einer Garantie seiner territorialen Unversehrtheit durch die Sowjetunion – gänzlich aus dem Ogaden zurückzog. Die Derg-Regierung Äthiopiens erklärte sich daraufhin zum Sieger und unterzeichnete noch 1978 einen Freundschafts- und Kooperationsvertrag mit der Sowjetunion.

picture-alliance/dpa/AFP

Somalische Soldaten bei der Waffenausbildung während des Ogadenkrieges mit Äthiopien 1977/1978

Der entsprechende Vertrag zwischen Somalia und der UdSSR von 1974 war bereits im Oktober 1977 durch Somalia angesichts ausbleibender Hilfslieferungen aufgelöst worden.

Während Äthiopien in den folgenden Jahren bis zum Zusammenbruch der Sowjetunion immer stärker in das sozialistische Lager integriert wurde, bedeutete die Niederlage im Ogadenkrieg für Somalia den Anfang vom Ende der Regierung Siad Barres. Sie konnte sich zwar noch bis 1991 halten, jedoch entglitt ihr zunehmend die Kontrolle über die Sicherheitslage. Bereits damals kündigte sich das Scheitern des ohnehin nur an der Oberfläche existenten somalischen Nationalstaats an. Bemerkenswert ist dabei allerdings, dass sich die Beziehungen zwischen den USA und Somalia im Verlauf der 1980er Jahre zunehmend verbesserten. Bereits 1980 war ein auf Defensivwaffen beschränktes Militärhilfeabkommen unterzeichnet worden, das unter Präsident Ronald Reagan 1982 nochmals deutlich ausgebaut wurde. Grundlage war die Anwendung der so genannten Reagan-Doktrin, die bis zum Ende der 1980er Jahre aktive Militärhilfe für prowestliche Staatssysteme weltweit befürwortete, um dem Einfluss der Sowjetunion entgegenzutreten.

Das Horn von Afrika nach dem Zusammenbruch des Sozialismus

Mit dem Ende des Ost-West-Konflikts gingen politische Umwälzungen am Horn von Afrika einher. Während Somalia mit dem Sturz Siad Barres als Staatswesen aufhörte zu existieren, wandte sich Äthiopien nach dem Fall des Mengistu-Regimes wieder den USA zu. Gleichzeitig betrat das unabhängig gewordene Eritrea als neuer Akteur die regionalpolitische Bühne. Weltpolitisch orientierte sich die amerikanische Außenpolitik zunehmend an anderen Zielsetzungen: Am Horn von Afrika richtete sich ihre Aufmerksamkeit spätestens seit den Anschlägen vom 11. September 2001 auf die Bekämpfung des internationalen Terrorismus.

Ungeachtet dessen wirken sich die Auseinandersetzungen der Vergangenheit bis heute auf die Entwicklungen der Region aus. Zentrales Konfliktpotenzial bleibt das Streben somalischer Akteure nach einem wiedervereinigten Großsomalia, während der eritreisch-äthiopische Streit um die endgültige Grenzziehung anhaltend destabilisierend wirkt. Der Ost-West-Gegensatz ist zwar inzwischen als Einflussfaktor nicht mehr maßgeblich, allerdings bleibt das geopolitische Gewicht globaler Akteure erhalten. Insbesondere die USA werden im Rahmen ihres »war on terrorism« auch weiterhin Einfluss auf die Region nehmen wollen. Zunehmend werden aber auch arabische Interessen deutlich. Die VR China hat am Horn bislang nur verdeckt Einfluss genommen, allerdings könnte sich China mittelfristig durchaus als neuer regionalpolitischer Spieler etablieren.

Politische Entwicklungen am Horn von Afrika werden daher auch in Zukunft häufig einen Doppelcharakter mit einer regionalen und einer weltpolitischen Komponente aufweisen. Betrachtet man die Entwicklungen während des Ost-West-Konflikts, lässt sich allerdings festhalten, dass zumindest in der Vergangenheit die regionalen Verhältnisse bzw. die Interessen der ansässigen Akteure selbst waren. Die Einflussnahme globaler Mächte erwies sich zwar in einzelnen Fällen als durchaus erheblich, jedoch stets nur vorübergehend und von kurzfristigen außen- und sicherheitspolitischen Zielsetzungen geprägt.

Volker Ressler

Kämpfer der »Ethiopian People's Revolutionary Democratic Front« (EPRDF) ziehen nach ihrem militärischen Sieg über die Regierungstruppen des Diktators Mengistu im Mai 1991 in Addis Abeba ein.

Kriege und Bürgerkriege prägten die zweite Hälfte des 20. Jahrhunderts am Horn von Afrika. Neben zwischenstaatlichen Konflikten wie dem Ogadenkrieg zwischen den rivalisierenden Regionalmächten Somalia und Äthiopien erschütterten – teilweise gleichzeitig – mehrere Bürgerkriege die Region. Nach dem Zusammenbruch der Sowjetunion und dem daraus resultierenden Stopp der umfangreichen Militärhilfe brach die diktatorische Zentralregierung Äthiopiens zusammen. Parallel zum Bürgerkrieg in Äthiopien hatte sich auch im benachbarten Somalia eine kriegerische Auseinandersetzung zwischen verschiedenen Oppositionsgruppen und der Zentralregierung entwickelt. Im Gegensatz zu Äthiopien kam es in Somalia allerdings nicht zu einer Konsolidierung der Verhältnisse. Vielmehr entwickelte sich das Land bis heute zu einem Paradebeispiel für einen »failed state«, in dem sich Clanchefs und Warlords auf Kosten der Zivilbevölkerung bereichern und selbst rudimentäre Formen von Staatlichkeit immer noch fehlen.

Eine Sonderrolle bei der Betrachtung der Kriege und Bürgerkriege am Horn von Afrika spielt der Konflikt zwischen Äthiopien und Eritrea. Der »dreißigjährige Krieg«, der Kampf um die Unabhängigkeit Eritreas zwischen 1961 und 1991, war sowohl Staatszerfallskrieg als auch Staatsbildungskrieg.

■■■■ Kriegerische Konflikte im 20. Jahrhundert

Das Horn von Afrika zählt zu den ärmsten und rückständigsten Regionen der Welt. Hauptgrund hierfür sind jedoch nicht nur die schwierigen klimatischen Bedingungen sondern vor allem eine weltweit einmalige Häufung von kriegerischen Auseinandersetzungen. Nicht weniger als fünf große Kriege und Bürgerkriege sowie eine Vielzahl kleinerer Grenzkämpfe erschütterten die Region seit den sechziger Jahren des 20. Jahrhunderts. Die genauen Opferzahlen sind unbekannt. Es darf aber als sicher gelten, dass sie insgesamt bei weit über einer Million Toten und Versehrten liegen. Neben den eigentlichen Kampfhandlungen waren vor allem der Zusammenbruch der medizinischen Versorgung sowie furchtbare Hungersnöte für den Tod Hunderttausender verantwortlich. Als Begleiterscheinung »produzierten« diese Kriege riesige Flüchtlingsströme, wobei die Betroffenen als Binnenflüchtlinge die umkämpften Gebiete verließen oder gleich der gesamten Region den Rücken kehrten und in Nachbarländer oder nach Europa flohen.

Besonders verheerende und destabilisierende Auswirkungen hatten die Bürgerkriege in den beiden größten Ländern der Region. Sowohl in Äthiopien wie auch in Somalia tobten ab 1975 bzw. 1988 brutale Kämpfe zwischen mehreren Aufstandsbewegungen und den zentralistischen Diktaturen, deren Folgen bis

Kriege und bewaffnete Konflikte am Horn von Afrika

1961–1991	Äthiopien (Eritrea-Konflikt)
1963–1964	Äthiopien (Ogaden-Aufstand)
1974–1991	Äthiopien (Tigray-Konflikt)
1975–1984	Äthiopien (Ogadenkrieg)
1976–1993	Äthiopien (Oromo-Konflikte)
1988 bis heute	Somalia
1991–1994	Dschibuti
1998–2000	Eritrea-Äthiopien
2003	Äthiopien (Gambela-Konflikt)
2006/2007	Äthiopien-Somalia

heute nachwirken. In beiden Ländern führte der Bürgerkrieg zum Sturz der alten Regierungen. Die weitere Entwicklung verlief dann jedoch weitgehend unterschiedlich.

Aufstand der Benachteiligten: Bürgerkrieg in Äthiopien (1975–1991)

Äthiopien nimmt aufgrund seiner langen Geschichte eine Sonderrolle in Afrika ein. Seit dem Mittelalter entwickelte sich die zentralistisch geführte Monarchie zu einem Vielvölkerstaat, der seine Unabhängigkeit auch im Zeitalter des Kolonialismus weitgehend bewahrte und sogar weite Gebiete am Horn von Afrika in den Reichsverbund integrieren konnte. Ende des 19. Jahrhunderts traten die Amharen als staatstragende Ethnie innerhalb des Vielvölkerstaates hervor, der sich andere Volksgruppen unterordnen mussten. Die von Kaiser Haile Selassie nach dem Zweiten Weltkrieg eingeleitete Modernisierung von Gesellschaft und Wirtschaft beschränkte sich deshalb ausschließlich auf die

picture-alliance/dpa/Lehtikuva

In den 1980er Jahren litt Äthiopien unter verheerenden Hungersnöten. Hauptursache hierfür waren die langen und harten Kämpfe des Bürgerkriegs.

Amharen-Provinz Shoa um die Hauptstadt Addis Abeba. Andere Regionen und Bevölkerungsgruppen sowie das einfache Volk blieben von dieser Entwicklung ausgeschlossen und verharrten in einem feudalistischen, vorindustriellen Gesellschaftssystem. Auch der Sturz der Monarchie durch die Armeeführung 1974 und damit das Aufbrechen der aristokratischen Ordnung änderten nichts an der Vorherrschaft der Amharen.

Diese ging besonders zu Lasten der Volksgruppen der Tigray und der Oromo. Während die Tigray ihrerseits einen geschichtlich bedingten Herrschaftsanspruch innerhalb Äthiopiens für sich geltend machen (zuletzt saß mit Johannes IV. bis 1889 ein Tigray auf dem Kaiserthron), bilden die im 17. Jahundert aus Kenia zugewanderten Oromo mit knapp 40 Prozent die größte Volksgruppe Äthiopiens (vgl. Beitrag von Markus V. Höhne). 1975 entstanden unabhängig voneinander in beiden Provinzen Aufstandsbewegungen gegen die Zentralregierung in Addis Abeba.

In Tigray bildete sich mit der »Tigray People's Liberation Front« (TPLF) eine straff gegliederte Organisation. Ähnlich der Situation im Unabhängigkeitskrieg Eritreas, wo seit 1961 die »Eritrean People's Liberation Front« (EPLF) gegen die äthiopische Armee kämpfte, konnte auch die TPLF auf die breite Unterstützung der Bevölkerung bauen. Das langfristige Ziel war jedoch nicht wie in Eritrea die Unabhängigkeit der Provinz von Äthiopien, sondern vielmehr der Sturz des zentralistischen Mengistu-Regimes und der Aufbau eines föderativen und demokratischen Systems. Bis

picture-alliance/dpa/AFP

Meles Zenawi führte die Oppositionstruppen bis zum Sieg über das Mengistu-Regime und ist heute Premierminister Äthiopiens.

Mitte der 1980er Jahre konnte die äthiopische Armee, durch massive sowjetische Militärhilfe ständig modernisiert, den Einfluss der TPLF auf die Provinz Tigray beschränken. Vergleichbar der TPLF im Norden kämpfte die »Oromo Liberation Front« (OLF) im Süden und Westen gegen die Regierung. Allerdings zerfielen die Oromo in verschiedene Interessengruppen, was die Effektivität ihres Kampfes negativ beeinflusste.

Mit dem Ende des Kalten Krieges gab die Sowjetunion ihre Unterstützung für das Mengistu-Regime schließlich auf. Ohne die sowjetische Militärhilfe konnte die äthiopische Armee ihre Stellung gegenüber den Aufständischen in Eritrea und Tigray nicht länger behaupten. Es gelang der TPLF und verbündeten Oppositionsgruppen, zusammengefasst in der »Ethiopian People's Revolutionary Democratic Front« (EPRDF), bis Mai 1991 große Teile Äthiopiens unter ihre Gewalt zu bringen und nach der Flucht Mengistus die Regierung zu übernehmen.

Nach einer Übergangszeit wurde 1994 eine neue, demokratische Verfassung verabschiedet, die Äthiopien als föderale Republik in neun, strikt nach Ethnien getrennte Bundesstaaten und zwei autonome Städte gliedert. Seit den ersten freien Wahlen 1995 regiert die EPRDF als multiethnische Partei, an deren Spitze Meles Zenawi als Premierminister steht.

Der Bürgerkrieg führte in Äthiopien zu einem Wechsel von einem diktatorischen, zentralistischen Regime zu einem föderalistischen System mit einer Option auf Demokratie. Es gilt nun, diese demokratische Entwicklung weiter voranzutreiben und auch auf wirtschaftlichem und gesellschaftlichem Gebiet die negativen Folgen der jahrelangen Kämpfe aufzuarbeiten.

Eritreischer Unabhängigkeitskrieg 1961–1991

Die Ursachen für den Konflikt zwischen Eritrea und Äthiopien liegen in der Kolonialzeit. Während Äthiopien als ältester Staat Afrikas selbst als Kolonialmacht am Horn von Afrika auftrat, war Eritrea von 1890 bis 1941 italienische Kolonie und anschließend britisches Mandatsgebiet (vgl. den Beitrag von Aram Mattioli). Aus einer anti-kolonialen Bewegung heraus entstand bereits früh ein eritreisches Nationalbewusstsein, das vorhandene

ethnische und religiöse Grenzen überwand und eine weitgehend
homogene Volksgemeinschaft in Eritrea zur Folge hatte – trotz
der grenzüberschreitenden ethnischen Gruppen (vgl. Ethnien-
karte, S. 174).

Auf Beschluss der UN-Vollversammlung sollten Eritrea und
Äthiopien ab 1952 eine gleichberechtigte Föderation am Horn
von Afrika bilden. Von Beginn an verfolgte das zentralistische
Äthiopien allerdings eine repressive Politik gegenüber dem kleineren Föderationspartner. Politische Parteien wurden verboten,
Politiker verhaftet und vorhandene Wirtschaftgüter nach Äthiopien verbracht. Schließlich kam es 1962 offiziell zur Annektion
Eritreas. Internationale Reaktionen auf dieses völkerrechtswidri-
ge Verhalten blieben aus.

Ab 1961 entstanden als Reaktion auf die äthiopischen Repres-
sionen mehrere, zunächst zerstrittene Untergrundorganisationen,
die den bewaffneten Kampf gegen die äthiopischen „Besatzer"
aufnahmen. Nach mehreren bürgerkriegsähnlichen Auseinandersetzungen untereinander konnte sich die EPLF durchsetzen
und führte ab 1981 den Kampf gegen Äthiopien als »Volkskrieg«

Nach über 30 Jahren Krieg sind weite Teile des Grenzgebietes zwischen Äthiopien
und Eritrea durch Landminen gefährdet. Hinweisschilder sollen die Bevölkerung
warnen.

unter Einbeziehung der gesamten eritreischen Bevölkerung. Der insgesamt dreißigjährige Befreiungskampf durchlief verschiedenste Formen: Von asymmetrischer Guerillataktik gegen die reguläre äthiopische Armee bis hin zum Stellungskrieg und dem Einsatz modernster Waffen. Die technologische Unterlegenheit konnte die EPLF durch motivierte Kämpfer und den Rückhalt innerhalb der Bevölkerung wettmachen. Trotz mehrerer Großoffensiven gelang es den äthiopischen Streitkräften nie, den eritreischen Widerstand zu brechen. Ab Mitte der 1980er Jahre gewann die EPLF schrittweise die Oberhand. Im Mai 1991 kapitulierte die äthiopische Armee und verließ Eritrea. Seine offizielle Unabhängigkeit erlangte das Land am 24. Mai 1993.

Bis heute kämpft Eritrea mit den Folgen des »dreißig-jährigen Krieges«. Die Zahl der Kriegsopfer liegt bei etwa einer Million Menschen. Besonders die Luftangriffe der äthiopischen Armee kostete mehreren Zehntausend Zivilisten das Leben. Große Teile der Bevölkerung flüchteten in den Sudan. Durch die langanhaltenden Kämpfe wurden weite Gebiete des Landes vollkommen verwüstet. Industrie und Landwirtschaft lagen am Boden. Erst in den letzten Jahren gelang durch internationale Hilfe und die vermehrte Rückkehr der Flüchtlinge der Aufbau eines funktionierenden Wirtschaftssystems. Politisch hat sich Eritrea hingegen seit 1993 kaum weiterentwickelt. Zwar bekannte sich die EPLF nach der Machtübernahme zur Demokratie, die installierte Übergangsregierung unter Isayas Afewerki konnte jedoch bis heute keine neue Verfassung vorlegen. Angekündigte Wahlen wurden immer wieder verschoben.

Wie gespannt und instabil das Verhältnis zu Äthiopien weiterhin ist, zeigte der Ausbruch eines Grenzkrieges 1998, in dessen Verlauf erneut etwa 100 000 Menschen starben. Nach zwei Jahren kam auf internationalen Druck ein Friedensabkommen zustande, das allerdings keine endgültige Entspannung brachte. Immer noch geben Äthiopien und Eritrea enorme Summen für den Unterhalt unverhältnismäßig großer Armeen aus. Geld, das als Investitionen in beiden Ländern dringend von Nöten wäre.

Konfliktlinien im äthiopisch-eritreischen Krieg 1998 bis 2000
Äthiopien und Eritrea führten zwischen Mai 1998 und Mai 2000 einen
Krieg, der als einer der blutigsten der letzten Jahrzehnte gilt. Er wurde
durch einen in Algier unterzeichneten Friedensvertrag im Dezember
2000 offiziell beendet. Die vereinbarte Klärung des Grenzverlaufs
durch ein internationales Schiedsgericht führte bisher jedoch nicht zur
Beendigung der grundsätzlichen Konfliktlage. Weiterhin stehen sich
beide Länder unversöhnlich gegenüber. Jede Diskussion zu den Ursachen des Krieges kann zu diametral entgegengesetzten Deutungen
der bekannten Ereignisse durch eine der Konfliktparteien führen. Bei
Schilderungen der Geschehnisse fehlen je nach Blickwinkel bestimmte
Details. Jede Chronologie ist somit selbst Teil der aggressiven Auseinandersetzung.

Ein gutes Beispiel hierfür ist der offizielle »Konfliktauslöser«, das
Dorf Badime im äthiopisch-eritreischen Grenzgebiet: Die äthiopische
Seite betont (korrekt), dass das Badime-Gebiet in die tigrayisch-äthi-
opische Verwaltung eingegliedert ist; die eritreische Seite hingegen
betont (ebenso korrekt), dass es innerhalb des durch die abstrakte
Grenzlinie bestimmten eritreischen Staatsgebietes liegt (wie durch
das Schiedsurteil von Den Haag bestätigt). Ein tigrayischer Sprecher
wird wiederum eher (korrekt) darauf hinweisen, dass das Dorf zu großen Teilen von Tigray aus besiedelt wurde, weshalb es »historisch« zu
Tigray gehöre; ein eritreischer Sprecher könnte wiederum darauf beharren (ebenso korrekt), dass Badime »historisch« zum (eritreischen)
Kunama-Gebiet gehöre. Ein fundamentales Problem liegt somit darin,
dass die beiden Seiten gute Gründe für ihre jeweilige Haltung haben,
ihr »Recht-Haben« damit eines der Kernprobleme für die Konfliktlö-
sung ist. Zahlreiche weitere Streitfragen weisen eben diese Grund-
struktur auf.

Zum eritreischen Einmarsch in Badime sollte man folgendes wissen: Am Horn von Afrika sind in der Moderne begrenzte Militärope-
rationen in jeweils benachbarten Grenzgebieten eher die Regel als die
Ausnahme. Sie ersetzen teilweise zwischenstaatliche Verhandlungen
oder »unterstützen« diese bzw. greifen in lokale Konflikte ein, die
von Bedeutung für die Interessen der verschiedenen Staaten in der
Region sind (z.B. die seit Jahren bekannten äthiopischen Operationen
in somalischen Gebieten, 1996 eritreische Truppen im Dschibuti-

Grenzgebiet, 1997 äthiopische Truppen im Afar-Grenzgebiet in Eritrea, oder gegenwärtig Dschibuti-Soldaten in lokalen Konflikten in Äthiopien), lösen aber gewöhnlich keinen umfassenden Krieg aus.

Der Einmarsch in Badime ging zwar über diese »üblichen« Eingriffe hinaus, dennoch scheint die eritreische Regierung darauf vertraut zu haben, er werde als Teil der militant unterstützter Verhandlungen wahrgenommen. Der Krieg als Ganzes kann damit nicht erklärt werden. Es gab vielmehr ein komplexes Konglomerat von Ursachen, wie innenpolitische Konflikte, wirtschaftliche Konkurrenz, langfristige strategische Überlegungen zur politischen Ordnung der Gesamtregion oder historische Traumata, die Ausbruch und Fortführung des Krieges begünstigten und unabhängig von diesem Ereignis sind. *(ws)*

Claninteressen und Staatszerfall: Bürgerkrieg in Somalia (ab 1988)

Der Staat Somalia entstand 1960 aus dem Zusammenschluss der Kolonien Britisch- und Italienisch-Somaliland. Nach einem Militärputsch errang 1969 Siad Barre die Macht und formte Somalia zu einem autoritär-zentralistischen Militärstaat sowjetischer Prägung. Seine Pan-Somalia-Politik (Greater Somalia Policy) war auf die Vereinigung aller Somali in einem ethnisch-homogenen Staatsverband ausgerichtet. Während dieses Ziel innenpolitisch die verschiedenen Clans an die Zentralregierung band, führte eine solche Außenpolitik zwangsläufig zu Konflikten mit den angrenzenden Nachbarn Äthiopien, Dschibuti und Kenia, wo die Somali noch heute bedeutende Bevölkerungsanteile stellen. Nach der Niederlage der somalischen Armee im Ogadenkrieg (1977/78) gegen Äthiopien musste das politisch und militärisch geschwächte Somalia diese offensive und expansive Außenpolitik jedoch endgültig aufgeben.

Parallel zu diesem außenpolitischen Bedeutungsrückgang verlor die Zentralregierung auch im Inneren mehr und mehr die Kontrolle. Aufgrund des verlorenen Krieges, der schlechten Versorgungslage und der enormen Flüchtlingsströme stieg die

Unzufriedenheit der Bevölkerung, worauf die Regierung mit zunehmenden Repressalien reagierte, um ihre Macht zu erhalten. Mit der Abkehr von der Pan-Somalia-Politik ging letztlich das Zweckbündnis zwischen Zentralregierung und den einzelnen regionalen Clans zu Ende.

Es waren bereits mehrere Oppositionsgruppen gegen das Barre-Regime gegründet worden, bevor 1981 mit der »Somali National Movement« (SNM), einer Verbindung der Clans Hawiye und Issaq, eine schlagkräftige militärische Widerstandsbewegung entstand. Diese führte einen gut organisierten Untergrundkampf von Äthiopien aus gegen die Zentralregierung in Mogadischu. Hauptkampfgebiet war der Norden des Landes, wo beide Clans großen Rückhalt in der Bevölkerung fanden. Vergleichbar mit Äthiopien gelang es auch der somalischen Armee bis Ende der 1980er Jahre aufgrund enormer Wirtschafts- und Militärhilfe, hier allerdings aus den USA, die Widerstandsgruppen in Schach zu halten. Nachdem es 1988 zu einer Verständigung zwischen Somalia und Äthiopien gekommen war, die den Verzicht auf gegenseitige Destabilisation beinhaltete, verlor die SNM ihre Basis im Osten Äthiopiens. Anstatt aufzugeben, entschied sich die SNM-Führung jedoch für eine Großoffensive gegen Nordsomalia. Selbst der Einsatz von Flugzeugen und schweren Waffen durch die reguläre Armee, vor allem auch gegen die Zivilbevölkerung, konnten den Vormarsch der Aufständischen nicht stoppen.

Im Zuge des Machtverlustes der Regierung entstanden in allen Landesteilen immer neue, untereinander rivalisierende Oppositionsgruppen. Die Kämpfe gipfelten schließlich um die Jahreswende 1990/1991 in der Schlacht um Mogadischu. Zu diesem Zeitpunkt war die Regierung um Siad Barre bereits geflohen, die Armee hatte sich aufgelöst, der Staatsapparat aufgehört zu existieren.

Verschiedene Clanmilizen kämpften nun um die Macht in der Hauptstadt, wobei das Ziel nicht die Wiederherstellung der öffentlichen Ordnung war, sondern vielmehr die Erlangung einer möglichst einflussreichen Position für die einzelnen Clans und Familien im Vordergrund stand. Es bildete sich eine Art Kriegsökonomie aus, bei der die Kontrolle von Lebensmitteln, Hilfslieferungen oder Flughäfen enorme finanzielle Gewinne

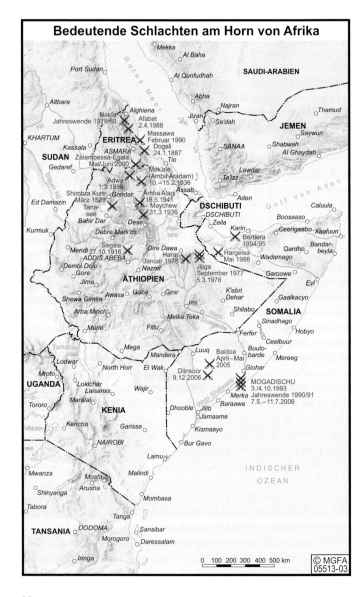

Bedeutende Schlachten am Horn von Afrika

in die Taschen der Clanführer (oder Warlords) spülte. Hinzu kamen Einkünfte aus Drogen- und Waffengeschäften. Im Kreuzfeuer dieser Machtkämpfe entwickelte sich für die Bevölkerung (Süd-)Somalias eine humanitäre Katastrophe enormen Ausmaßes. Hunderttausende flüchteten vor den Kämpfen, wurden durch marodierende Milizen ermordet oder verhungerten. Auch die Entsendung mehrerer Tausend UNO-Blauhelme (1992–1995) konnte keine durchgreifende Änderung der Lage herbeiführen.

Bis heute gelang es weder einer somalischen Bewegung noch der Internationalen Gemeinschaft, eine funktionierende Form der Staatlichkeit zu etablieren. Vielmehr gilt Somalia als Paradebeispiel für einen »failed state« ohne Aussicht auf Besserung. Allerdings gibt es auch Grund zur Hoffnung. In den Grenzen der ehemaligen Kolonie Britisch-Somaliland bildete sich 1991 eine quasi-unabhängige, wenn auch international nicht anerkannte Republik Somaliland. Obwohl erhebliches Konfliktpotenzial bestand, gelang hier unter Führung der SNM eine schrittweise Konsolidierung. Eine Mischung aus traditionellem und modernem Konfliktmanagement ermöglichte eine gesellschaftliche und wirtschaftliche Stabilisierung. Durch die Demobilisierung der Clanmilizen, die Integration von Flüchtlingen und den Wiederaufbau zerstörter Infrastruktur konnten hier die Grundlagen für eine Normalisierung der Lebensumstände geschaffen werden, von denen der Rest Somalias noch weit entfernt ist. Die Verabschiedung einer Verfassung und die Durchführung von Regional- und Präsidentenwahlen bedeuteten aber auch auf politischem Gebiet immerhin erste Schritte in eine friedliche Zukunft.

Zusammenfassend lässt sich sagen, dass der Sturz der Regierung in Äthiopien 1991 zu einer Stabilisierung und Einigung des Staates geführt hat, während die Folgen des Bürgerkrieges in Somalia Staatszerfall und Desintegration waren und sind. Für eine positive Entwicklung der gesamten Region am Horn von Afrika ist jedoch gerade die Wiederherstellung der Staatlichkeit in Somalia von entscheidender Bedeutung.

Andreas Mückusch

Nach Abschluss des voranstehenden Beitrages brachen in Somalia erneut bewaffnete Unruhen aus. Im Jahr 2007 kämpfen wieder Warlords gegen islamische Milizen, Christen gegen Muslime und am Ende Äthiopier mit amerikanischer Unterstützung gegen islamische Somalis. Die vermeintlich friedliche Entwicklung in Somalia ist zunächst einmal gestoppt. Markus V. Höhne gibt im folgenden eine Einschätzung der jüngsten Ereignisse.

Aktuelle Lagefortschreibung im März 2007

Seit zwei Jahrzehnten halten die politischen Ereignisse in Somalia für einheimische wie externe Beobachter immer wieder Überraschungen bereit. Mit Ausnahme der Jahre 1991 bis 1993 waren die Entwicklungen jedoch selten so dramatisch wie in den zwölf Monaten zwischen Februar 2006 und Januar 2007. Die Ende 2004 eingerichtete somalische Übergangsregierung, das »Transitional Federal Government« (TFG), hatte sich im Laufe des Jahres 2005 gespalten und war handlungsunfähig. Im Januar 2006 gelang es der Regierung des Jemen jedoch, den Präsidenten Abdullahi Yusuf und den Parlamentssprecher Scharif Hassan Scheich Aden zur Kooperation zu bewegen. Im Februar wurde daraufhin die erste Sitzung des somalischen Übergangsparlaments in Baidoa, ca. 150 Kilometer nordwestlich der ehemaligen Hauptstadt Mogadischu, einberufen. Damit schien erstmals ein effektives Handeln des TFG möglich. Zeitgleich mit der Eröffnung der Parlamentssitzung kam es in Mogadischu zu Kämpfen zwischen der »Alliance for Restoration of Peace and Counter Terrorism« (ARPCT) und der »Union of Islamic Courts« (UIC). Die ARPCT bestand aus bekannten somalischen Warlords, von denen einige Ministerposten im Kabinett des TFG innehatten und unmittelbar zuvor mit Unterstützung der USA ins Leben gerufen worden waren. Das Ziel der Initiative war es, Terrorverdächtige in Mogadischu festzunehmen oder zu eliminieren.

Unter der Bezeichnung »Union of Islamic Courts« (UIC) hatten sich in der Stadt in den 1990er Jahren und verstärkt ab 2000 islamische Gerichtshöfe etabliert. Diese sorgten in ihrer jeweiligen Nachbarschaft für Ruhe und Ordnung. Dabei setzten sie auch ihre eigenen bewaffneten Milizen ein. An der Spitze der

Gerichtshöfe standen strenggläubige, in einigen Fällen auch radikale Muslime. Sie wurden von Geschäftsleuten und Ältesten als Repräsentanten der lokalen Bevölkerung unterstützt. Die Gerichtshöfe hatten Ende 2004 einen ersten Zusammenschluss gebildet. Ein Jahr später etablierten sie eine gemeinsame Miliz, die aus ca. 400 Mitgliedern bestand. Die Einrichtung der ARPTC wertete die UIC als Bedrohung. Ende Februar 2006 griffen islamische Milizen Stellungen von Warlords in Mogadischu an. Bis Anfang Juni hatten ihre zahlenmäßig unterlegenen, aber besser ausgebildeten und hoch motivierten Kämpfer den Gegner besiegt. Die Warlords flohen aus der Stadt, viele ihrer Soldaten liefen zur UIC über.

Bis zu diesem Zeitpunkt hatte die Konfrontation drei Hauptaspekte: erstens kämpften religiös orientierte Gruppen gegen Warlords; zweitens brachten einflussreiche Hawiye-Gruppen ihren Unmut über die von Darod dominierte Übergangsregierung zum Ausdruck; drittens stritten verschiedene Hawiye-Subclans und ihre prominenten Vertreter, wie z.B. Geschäftsleute, über die Kontrolle Mogadischus und seiner Ressourcen (Häfen, Flughäfen etc.).

Mit dem Sieg der UIC wurde Mogadischu ab Mitte Juni zum ersten Mal seit 15 Jahren von einer einzigen politischen Kraft beherrscht. Die neuen Machthaber gewannen an Legitimität in der Bevölkerung, indem sie für Ruhe und Ordnung sorgten. Der Widerstand gegen ihre streng islamische Ordnung war gering. In den folgenden Monaten gelang es der UIC, weite Teile Süd- und Zentralsomalias unter ihre Kontrolle zu bringen. Der Einfluss der Übergangsregierung reichte bald kaum noch über die Stadtgrenzen von Baidoa hinaus. Der UIC war sie militärisch unterlegen und verfügte über deutlich weniger Rückhalt in der Bevölkerung, erhielt allerdings massive Unterstützung aus Äthiopien. Ab Juli 2006 schickte die Regierung in Addis Abeba – entgegen offizieller Dementis – dann auch Truppen zum Schutz des TFG nach Baidoa. Eritrea hingegen fungierte ab 2005 als Partner der UIC. Islamische Kämpfer aus Somalia wurden dort ausgebildet. Asmara schickte Mitte 2006 neben Waffen auch mehrere Hundert Angehörige der »Oromo Liberation Front« (OLF) und der »Ogaden National Liberation Front« (ONLF) nach Somalia, um auf Seiten der UIC zu kämpfen. Die OLF und die ONLF befinden sich seit Jahrzehnten im Guerillakrieg gegen die äthiopische Regierung.

Die Konfrontation zwischen UIC und TFG in Süd- und Zentralsomalia gewann damit den Charakter eines Stellvertreterkrieges zwischen den seit Jahren verfeindeten Staaten Äthiopien und Eritrea. Zudem engagierten sich verschiedene islamische Länder wie Ägypten, Libyen und Saudi-Arabien auf Seiten des UIC. Uganda, Jemen, und – vermittelt durch Äthiopien – die USA hingegen unterstützten die Übergangsregierung. Auf Anregung der Arabischen Liga wurden Vertreter der beiden Konfliktparteien zu Verhandlungen in die sudanesische Hauptstadt Khartum geladen. Die Gespräche scheiterten jedoch, und ab Oktober spitzte sich die Lage zu. Innerhalb der UIC hatten sich inzwischen Hardliner um den von den USA des Terrorismus verdächtigten Scheich Hassan Dahir Aweys durchgesetzt.

Äthiopien, Abdullahi Yusuf und die von ihm angeforderten ausländischen Friedenstruppen sah die UIC als Hauptfeinde und führte nationalistische und religiöse Propaganda gegen sie ins Feld. Äthiopien, die USA und westliche Länder stellten

Einer der einflussreichsten Führer der UIC: Scheich Hassan Dahir Aweys am 29. Dezember 2006 in Mogadischu

demgegenüber die Bedrohung des regionalen Friedens am Horn von Afrika durch fundamentalistische Moslems in Somalia heraus. Im November kam es zu ersten Kampfhandlungen zwischen UIC und TFG-Truppen, in die nach Angaben der UIC, aber entgegen der Stellungnahmen aus Addis Abeba, auch äthiopische Soldaten involviert waren. Mitte Dezember stellten die islamischen Kräfte Äthiopien ein Ultimatum, sich binnen zehn Tagen aus Somalia zurückzuziehen. Ungeachtet dessen begann am 22. Dezember der Vormarsch äthiopischer Truppen, die 8000–15 000 Mann Bodentruppen, Panzer und Kampfflugzeuge zum Einsatz brachten. Präsident Meles Zenawi gab nun erstmals offiziell das Engagement äthiopischer Kampfeinheiten auf somalischem Boden zu. Die UIC konnte dieser Übermacht nichts entgegensetzen und musste sich an allen Fronten zurückziehen. Am 27. Dezember überließen ihre Verbände Mogadischu kampflos den anrückenden Äthiopiern und Soldaten des TFG. Viele Angehörige der zum damaligen Zeitpunkt ca. 3000–4000 Kämpfer umfassenden UIC legten die Waffen nieder und mischten sich unter die Zivilbevölkerung. Einzelne Gruppen zogen sich in das schwer zugängliche Gebiet südlich des Juba-Flusses und an die kenianisch-somalische Grenze zurück. Dort wurden sie im Januar 2007 von amerikanischen Kampfflugzeugen bombardiert.

Trotzdem schwelt der Konflikt weiter. Im März 2007 flammten die Kämpfe wieder auf. Eine alle Seiten zufriedenstellende Lösung scheint nicht in Sichtweite.

Markus V. Höhne

Als Reaktion auf die Terroranschläge vom 11. September 2001 begann wenige Wochen nach den Ereignissen die »Operation Enduring Freedom« (OEF), bei der bis heute eine internationale Koalition unter Führung der USA gegen den internationalen Terrorismus kämpft. Als Rechtsgrundlage hierfür dient in erster Linie Art. 51 der UN-Charta, der das Recht von Staaten auf individuelle und kollektive Selbstverteidigung behandelt. Daneben trat erstmals der Bündnisfall für die NATO gemäß Art. 5 des NATO-Vertrages ein. Dies hatte auch einen deutschen Beitrag zu OEF zur Folge.

Sowohl UN-Charta und NATO-Vertrag als auch das Grundgesetz betrachten allerdings ausschließlich Kriege als Konfrontationen zwischen Staaten oder Staatengemeinschaften. Neue Formen der (asymmetrischen) Kriegführung, wie sie für Terroristen typisch sind, werden nicht einbezogen, was die Anwendung der entsprechenden Artikel wesentlich verkompliziert. Über die genaue Auslegung und die Umsetzung im Fall OEF gibt es bis heute gegensätzliche Ansichten.

Für die Zukunft des deutschen Beitrags zu OEF, der gegenwärtig den Einsatz der Marine am Horn von Afrika umfasst, hat die Diskussion über die rechtlichen Grundlagen dieser Operation besondere Bedeutung.

Art. 51 der UN-Charta als Rechtsgrundlage für die »Operation Enduring Freedom«

Am 11. September 2001 nahm die Bedrohung der westlichen Welt durch Terroristen in zweierlei Hinsicht eine neue, bis dahin nicht vorstellbare Qualität an. Bislang waren es allenfalls national oder lokal ausgerichtete Terrorgruppen gewesen, so etwa in Deutschland in den 1970er Jahren die Rote Armee Fraktion (RAF), in Italien die Brigate Rosse oder in Japan die AUM-Sekte, die Verbrechen verübt hatten. Nun trat auf einmal ein weltweit agierendes terroristisches Netzwerk namens al-Qaida unter seinem Führer Osama bin Laden auf den Plan, das sich moderner Kommunikationsmittel, des Internets und der verschiedensten Medien bediente.

Terroristen hatten zwar schon wiederholt zivile Flugzeuge entführt, Passagiere und Besatzungsmitglieder als Geiseln genommen und gelegentlich sogar einzelne Personen getötet, um ihren Forderungen Nachdruck zu verleihen. Noch nie jedoch hatten Terroristen Flugstunden genommen, um die gewaltsam besetzten Flugzeuge selbst steuern zu können; noch nie waren Luftfahrzeuge von Linienfluggesellschaften als Waffen gegen Symbole der freien Welt eingesetzt worden; noch nie hatten die Insassen und Besatzungsmitglieder der entführten Luftfahrzeuge von Beginn der Entführung an ihr Leben verwirkt, weil die in selbstmörderischer Absicht handelnden Terroristen ihre Geiseln von vornherein mit in den Tod zu reißen gedachten. Auf eine solche Bedrohung musste die Weltgemeinschaft reagieren. Und die oft als behäbig, umständlich und unentschlossen kritisierten Vereinten Nationen (United Nations, UN) handelten außergewöhnlich schnell.

Bereits einen Tag nach den Anschlägen von New York und Washington beschloss der Sicherheitsrat der UN einstimmig die Resolution 1368 und bekräftigte diese rund 14 Tage später mit der noch detaillierteren Resolution 1373 vom 28. September 2001. Ebenso schnell handelte der NATO-Rat, indem er am 12. September 2001 zum ersten Mal seit Bestehen des Bündnisses den Bündnisfall gemäß Art. 5 des NATO-Vertrages ausrief.

Gut drei Wochen nach den Anschlägen begann die »Operation Enduring Freedom« (OEF), was die USA und Großbritannien dem Sicherheitsrat der UN am 7. Oktober auch förmlich anzeigten. Hierunter sind alle Einsätze weltweit zusammengefasst, die der Bekämpfung des internationalen (im Folgenden: transnationalen) Terrorismus dienen.

Das Selbstverteidigungsrecht nach Art. 51 UN-Charta

Die UN haben das Recht zur Selbstverteidigung nicht erfunden, sie haben es lediglich in ihre Charta aufgenommen. Deshalb spricht Art. 51 UN-Charta auch von dem »naturgegebenen Recht« (inherent right) eines Staates auf individuelle oder kollektive Selbstverteidigung. Das Recht eines Staates, sich gegen bewaffnete Angriffe auf seinem Territorium verteidigen zu dürfen, ist so alt wie die Idee des Staates selbst. Es ist zuerst von Hugo Grotius, dem niederländischen Rechtsgelehrten, der zu einem der Väter des Völkerrechts wurde, im frühen 17. Jahrhundert ausdrücklich erwähnt worden. Später wurde es anlässlich des berühmten Caroline-Falles während eines Aufstandes kanadischer Rebellen gegen die britische Regierung im 19. Jahrhundert von Daniel Webster, dem Außenminister der wenige Jahrzehnte zuvor gegründeten USA, näher ausgestaltet. Die damals festgestellten Bedingungen zur Selbstverteidigung werden bis auf den heutigen Tag herangezogen, um bewaffnete Maßnahmen gegen andere Staaten gerechtfertigt erscheinen zu lassen. In den achtziger Jahren des 20. Jahrhunderts erkannte der Internationale Gerichtshof (IGH) in Den Haag in seinem Nicaragua-Urteil ausdrücklich das Recht auf Selbstverteidigung als vor und außerhalb völkerrechtlicher Regelungen bestehendes »zwingendes Recht« (lateinisch: *ius cogens*) an. Der Ausdruck »zwingend« bedeutet hier, dass alle Staaten daran gebunden sind, kein Staat von sich aus darauf verzichten kann und weder ein Staat noch eine zwischen- oder überstaatliche Institution (z.B. die Europäische Union oder die UN) einem Staat dieses Recht aberkennen können.

Auf dieser Grundlage baut Art. 51 UN-Charta auf. Während er einerseits das Recht auf individuelle und kollektive Selbstverteidigung ausdrücklich garantiert, schränkt er es andererseits

Staatliche Selbstverteidigung? Der Caroline-Fall

In der Nacht vom 29. auf den 30. Dezember 1837 drang ein Kommandotrupp britischer Soldaten von der damals noch britischen Kolonie Upper Canada (heute Ontario) über den Niagara River in das Territorium der USA ein und setzte im Hafen von Fort Schlosser im Bundesstaat New York ein Dampfschiff namens »Caroline« in Brand. Das brennende Wrack stürzte die Niagara-Fälle hinab. Bei der Aktion kam mindestens ein amerikanischer Staatsbürger ums Leben; mehrere wurden verletzt. Die »Caroline« hatte zuvor wiederholt im Auftrag amerikanischer Sympathisanten vom Territorium der USA aus aufständische Kanadier mit Proviant, Waffen und Munition versorgt.

Die Diskussion um die Rechtmäßigkeit des britischen Vorgehens zog sich bis ins Jahr 1842 hin. Außenminister Daniel Webster stellte im Briefwechsel mit dem britischen Geschäftsträger in den USA, Lord Ashburton, folgende Kriterien für eine gerechtfertigte Selbstverteidigung auf: »[There must be a] necessity of self-defense, instant, overwhelming, leaving no choice of means and no moment for deliberation and the defensive acts must not be unreasonable or excessive.«

Die Selbstverteidigung muss demnach notwendig, unmittelbar und von außerordentlicher Bedeutung sein, sie darf weder die Wahl der Mittel offen lassen noch Zeit zur Überlegung geben. Die Maßnahmen zur Selbstverteidigung selbst dürfen allerdings nicht unvernünftig oder überzogen sein. Nach heutigen Maßstäben gilt das Prinzip der Verhältnismäßigkeit.

Auf den Caroline-Fall berufen sich Staaten nach wie vor, wenn es darum geht, Militäraktionen als Selbstverteidigungsmaßnahmen zu rechtfertigen. Mit ihm begründete etwa Israel 1981 den Angriff auf das im Bau befindliche irakische Kernkraftwerk »Tammuz I« in Osirik. Die USA zeigten dementsprechend 1993 den Raketenangriff auf die Zentrale des irakischen Geheimdienstes nach der Aufdeckung eines geplanten Attentats auf Präsident George Bush (Vater) während seines Besuchs in Kuwait dem Sicherheitsrat der UN nach Art. 51, S. 2 UN-Charta förmlich an. *(tb)*

gleichzeitig ein. Dieses Recht gegen einen bewaffneten Angriff, welches das Gewaltmonopol des Sicherheitsrates der UN nach Art. 2 in Verbindung mit Kapitel VII der UN-Charta durchbricht, ist nämlich nur so lange gegeben, bis der Sicherheitsrat die zur Wahrung des Weltfriedens und der internationalen Sicherheit erforderlichen Maßnahmen getroffen hat. Selbstverteidigungs-maßnahmen sind darüber hinaus dem Sicherheitsrat sofort an-zuzeigen.

Bewaffneter Angriff

Voraussetzung dafür, dass ein Staat von seinem Recht auf Selbst-verteidigung Gebrauch machen und sich gegen den Angreifer (Aggressor) zur Wehr setzen darf, ist zunächst einmal, dass ein »bewaffneter Angriff« vorliegt.

Als die Staatengemeinschaft 1945 Art. 51 der UN-Charta beschloss, geschah dies auf der Basis eines über Jahrhunderte gewachsenen allseitigen Vorverständnisses: Erstens können nur Staaten gegeneinander Krieg führen, denn nur sie sind Träger des Rechts zur Erklärung eines Krieges. Zweitens erfolgt ein bewaffneter Angriff in der Regel durch Militär, zumindest aber durch militärähnliche Organisationen, und mit Kriegswaffen (vom automatischen Gewehr bis zur Atombombe). Daher war es 1945 völlig unnötig, den Begriff »bewaffneter Angriff« ver-bindlich festzulegen. Mit OEF sollen indes der transnationale Terrorismus bekämpft und durch wirksame Überwachungs-maßnahmen bereits Vorbereitungen für Anschläge wie die vom 11. September 2001 unterbunden werden. Sind aber Handlungen feindlich gesinnter, nichtstaatlicher Akteure »bewaffnete Angrif-fe« im Sinne von Art. 51 UN-Charta?

Dazu ist zunächst zu klären, was eine »Waffe« und was ein »Angriff« ist. Mit dem Begriff »Waffe« tun sich Juristen ver-hältnismäßig leicht. Für diesen Begriff kommt es nämlich nicht darauf an, ob es sich um ein für Streitkräfte entwickeltes und militärisch genutztes oder um ein für Zivilpersonen und ihren Gebrauch geschaffenes Gerät handelt. Eine »Waffe« ist jede be-wegliche Sache, die ihrer Art nach geeignet und bestimmt ist, erhebliche Verletzungen von Personen zu verursachen (z.B.

Schusswaffen, Messer). Daneben kennt das Strafrecht noch »andere gefährliche Werkzeuge«, z.B. den beschuhten Fuß oder gar das Kopfkissen. Strafrechtlich betrachtet kann somit auch ein ziviles Luftfahrzeug seiner friedlichen Bestimmung entkleidet und – nicht zuletzt, wenn es mit vollen Tanks in ein »Ziel« gelenkt wird – zur Massenvernichtungswaffe gemacht werden. Das Recht des bewaffneten Konflikts (Kriegführungsrecht, Haager Recht, *Law of Armed Conflict*, LOAC) enthält ausdrückliche Vorschriften für den Umgang mit zivilen Schiffen und Luftfahrzeugen, die zu militärischen Zwecken eingesetzt werden. Sie dürfen in der Regel wie militärische Ziele bekämpft werden. Auch das Völkerrecht knüpft letztlich insoweit an die strafrechtlichen Kategorien an.

Was ist nun aber ein »Angriff«? Während sich das Adjektiv »bewaffnet« noch vergleichsweise einfach definieren lässt, verhält es sich mit dem Wort »Angriff« ganz anders. Das Strafrecht scheidet insoweit als Maßstab aus, denn sein Ziel ist es in diesem Zusammenhang, gewaltsame Auseinandersetzungen in der Zivilgesellschaft, unter einzelnen Personen oder Gruppen von Menschen durch die Androhung von Strafen zu unterbinden und zu sühnen. Im Völkerrecht hingegen sind Rechtsträger zuallererst Staaten. Hilfreich für die Beschreibung des Begriffs kann die Aggressionsdefinition der Generalversammlung der UN aus dem Jahr 1974 sein (Resolution 3314 vom 14. Dezember 1974). Dort heißt es: »Aggression ist die Anwendung von Waffengewalt durch einen Staat gegen die Souveränität, territoriale Integrität oder politische Unabhängigkeit eines anderen Staates.« Hier wird deutlich, dass der Staat durch Waffengewalt in seinem Bestand beeinträchtigt werden muss, die gewaltsame Handlung muss also eine gewisse Intensität und ein gewisses Ausmaß erreichen, um der Definition zu genügen. Ähnliches kann auch für einen Angriff gelten. Er muss geeignet sein, das angegriffene Staatswesen in seinen Grundfesten zu erschüttern, indem z.B. eine militärische Streitmacht auf das Territorium vorrückt und dort ein Besatzungsregime errichtet, sodass die Herrschaftsgewalt der Regierung des angegriffenen Staates beeinträchtigt oder gänzlich aufgehoben wird. Das ist das hergebrachte Bild eines Angriffs.

Nun waren die Aktionen von al-Qaida am 11. September 2001 zwar nicht geeignet, die USA in ihrem Bestand zu gefährden, beeinträchtigten jedoch mit dem erfolgreichen Angriff auf das Verteidigungsministerium und dem fehlgeschlagenen auf das Capitol oder das Weiße Haus deren Souveränität. Verfassungs- und

---

9/11: Die Terroranschläge des 11. September 2001

Am Vormittag des 11. September 2001 erschütterten Nachrichten über einen Terroranschlag die ganze Welt. Zunächst konnten die meisten Menschen kaum glauben, was sie im Fernsehen und Internet sahen und hörten: in einer abgestimmten Aktion hatten sich mehrere islamistische Selbstmordattentäter mit vier entführten Flugzeugen auf verschiedene Ziele an der Ostküste der USA gestürzt. Zwei Flugzeuge trafen die beiden Türme des World Trade Centers (WTC) in New York City, ein Flugzeug stürzte in das U.S.-Verteidigungsministerium (Pentagon) in Washington und eine Maschine wurde in der Nähe von Pittsburgh zum Absturz gebracht, nachdem es zwischen Entführern und Passagieren zum Kampf gekommen war. In den Flugzeugen befanden sich insgesamt 266 Personen.

Um 8.46 Uhr und um 9.03 Uhr erschütterten die Einschläge der Jets die Türme des WTC. Die betroffenen Stockwerke gingen sofort in Flammen auf. Während Rettungskräfte versuchten, die eingeschlossenen Menschen zu befreien, breitete sich das Feuer in den oberen Etagen schnell aus. Die enorme Hitze führte zu einem Versagen der Statik. Nach knapp einer Stunde gab das Stahlgerüst des Südturms nach und stürzte ein. 30 Minuten danach brach auch der Nordturm in sich zusammen. In der Umgebung des WTC wurden 30 Gebäude vollständig zerstört; etwa 2600 Menschen verloren ihr Leben.

Das Pentagon wurde um 9.37 Uhr getroffen. Auch hier stürzte ein Teil des Gebäudes komplett ein. Durch die Explosion und den Einsturz starben 125 Menschen.

Schnell wurde klar, dass die Anschläge von der islamischen Terrororganisation al-Qaida unter Führung von Osama bin Laden geplant und durchgeführt worden waren. Diese Gruppe hatte schon in der Vergangenheit mehrere Attentate gegen U.S.-Einrichtungen verübt, dabei jedoch nicht die verheerende Wirkung des 11. September 2001 erzielt. *(am)*

Verwaltungsorgane der USA sollten getroffen werden. Die terroristischen Flugzeugentführer wollten mit der Vernichtung des WTC darüber hinaus die freiheitliche Ordnung der westlichen Welt zumindest gefährden, wenn nicht zerstören. Und diese Gefährdung ist ihnen auch gelungen, wenn man sich die Geschehnisse an den internationalen Börsen in den folgenden Wochen vergegenwärtigt. Dabei entsprachen die Aktionen einem Ausmaß und einer Qualität, dass sie kriegerischen Angriffshandlungen gleichkamen. Die kurz nach dem Start entführten Luftfahrzeuge besaßen volle Kerosintanks und hatten nicht zuletzt durch die Explosionen beim Aufprall die Zerstörungskraft von gelenkten Bomben. Ihre Wirkung kostete mehrere Tausend Menschen das Leben, vernichtete das WTC vollkommen und beschädigte das Pentagon schwer.

Unter diesen Gesichtspunkten konnte der Sicherheitsrat mit seinen Resolutionen 1368 und 1373 rechtsfortbildend und gleichsam gesetzgeberisch tätig werden, indem er Aktionen des transnationalen Terrorismus diesen Ausmaßes bewaffneten Angriffen im Sinne von Art. 51 UN-Charta gleichsetzte und das Recht der USA auf Selbstverteidigung ausdrücklich bestätigte.

Mit zunehmender Technisierung des Krieges und der Einführung neuer Waffen und Waffensysteme wie etwa der Atombombe, von Lenkflugkörpern oder Militärluftfahrzeugen hatte die Auslegung des Begriffs »bewaffneter Angriff« schon zuvor Veränderungen erfahren. So wies etwa Sir Humphrey Waldock, britischer Völkerrechtler und späterer Präsident des IGH, bereits in den fünfziger Jahren des 20. Jahrhunderts darauf hin, dass im Zeitalter der Atombombe ein Staat wohl kaum warten müsse, bis er tatsächlich angegriffen werde. Denn wenn die Atombombe erst einmal gezündet sei, könne der Angegriffene sein Selbstverteidigungsrecht nicht mehr ausüben. So müsse er das Recht haben, auch präventiv gegen einen unmittelbar bevorstehenden Angriff vorzugehen. Allerdings müssten unumstößliche Beweise für die feindliche Absicht und für Vorbereitungshandlungen des Angreifers gegeben sein.

Seit dem Caroline-Fall war unstrittig, dass der angegriffene Staat sich zur Abwehr wiederholter Angriffe vorbeugend verteidigen darf, selbst wenn ihm keine Erkenntnisse über unmittelbar bevorstehende Wiederholungsangriffe vorliegen. Heute ist

im Völkerrecht allgemein anerkannt, dass das Recht auf Selbstverteidigung auch eine Befugnis zu vorbeugender Verteidigung
enthält. Art und Umfang vorbeugender Selbstverteidigung sowie
ihre Abgrenzung zu der – völkerrechtlich verbotenen – vorweg-
genommenen Selbstverteidigung (auf den bloßen Verdacht einer
möglicherweise einmal in der Zukunft stattfindenden feindseli-
gen Aktion eines eventuellen Gegners ohne konkrete Anhalts-
punkte dafür) sind indes heftig umstritten.

Terroristen als Urheber bewaffneter Angriffe

In der bisherigen Lesart des Art. 51 UN-Charta konnten, wie schon
erwähnt, nur Staaten bewaffnete Angriffe gegen andere Staaten
führen. Liest man indes Art. 51 UN-Charta genau, so wird man
keinen Beleg dafür finden, dass der bewaffnete Angriff zwingend
von einem Staat ausgehen muss. Im Völkerrecht ist darüber hinaus nirgendwo kodifiziert, dass nur Völkerrechtssubjekte bewaffnete Angriffe führen können. Vielmehr werden feindselige
Handlungen bewaffneter Banden und anderer Gruppen einem
Staat zugerechnet, wenn er sie in Auftrag gegeben hat oder sie
mit seiner Billigung geschehen lässt. Das jahrhundertelange Verständnis der (völker-)rechtlichen Parität von Angreifer und Ange-
griffenem bei internationalen Konflikten verstellte den Blick darauf, dass inzwischen auch nichtstaatliche Akteure in den Besitz
von Kriegswaffen gelangen können, Anhänger in Divisionsstärke
rekrutieren und sich nach ihrem Verständnis »im Krieg« mit dem
bekämpften Staat wähnen (so etwa die RAF, deren Mitglieder in
Verkennung der Rechtslage für sich den Status von Kriegsgefangenen nach dem 3. Genfer Abkommen beanspruchten). Der Angegriffene muss hingegen notwendigerweise ein Staat sein, weil
nur er Träger des Selbstverteidigungsrechts im Sinne von Art. 51
UN-Charta sein kann. Denn die gesamte Charta gilt ausschließlich für Staaten, selbst wenn die Präambel mit den Worten: »Wir,
die Völker der Vereinten Nationen ...« beginnt.

   Nach der vom Sicherheitsrat beschlossenen Lesart des Art. 51
UN-Charta stehen nichtstaatliche, feindlich gesinnte Akteure
Staaten gleich. Darin liegt die entscheidende Weiterentwicklung
des Völkerrechts. Zugleich wird an dieser Stelle deutlich, was

mit dem unscharfen und vieldeutigen politikwissenschaftlichen Begriff der asymmetrischen Konflikte im Völkerrecht gemeint sein kann: hier der transnationale Terrorismus, dort der angegriffene Staat.

Für die Annahme eines bewaffneten Angriffs im Sinne von Art. 51 UN-Charta eignet sich indes nicht jeder Terrorakt. Nicht der einzelne arabische Selbstmordattentäter, der sich in einem israelischen Bus in die Luft sprengt, nicht der Fahrer eines mit Sprengstoff gefüllten Pkw, der ein Militärfahrzeug rammt, begehen bewaffnete Angriffe im Sinne von Art. 51 UN-Charta, selbst wenn sie Angehörige eines weltweit agierenden Netzwerks sind. Solche Handlungen stellen kriminelle Taten dar, die mit den Mitteln des Strafrechts und nicht mit denen des Kriegsrechts zu verfolgen sind. Taten wie die vom 11. September 2001 fallen hingegen in die Kategorie bewaffneter Angriffe, die das Selbstverteidigungsrecht auslösen können. Ausschlaggebend jedenfalls sind die mit dem Angriff verfolgten Ziele und die Art der Durchführung ebenso wie die beabsichtigte oder tatsächlich eingetretene Zahl der Opfer sowie die Zugehörigkeit der Täter zu einem weltweit agierenden, transnationalen Terrornetzwerk.

Ausblick

Der 11. September 2001 hat gezeigt, dass die westliche Welt willens und fähig ist, ihre freiheitlichen Werte auch gegen äußerst gefährliche Bedrohungen mit den Mitteln und auf der Basis des internationalen und des nationalen Rechts zu verteidigen. Die für OEF eingesetzten deutschen Kräfte leisten ihren Dienst auf der Grundlage des Völkerrechts im Rahmen kollektiver Selbstverteidigung nach Art. 51 UN-Charta sowie nach der so genannten »*Erga omnes*«-Klausel des Art. 5 NATO-Vertrag. Dieser lateinische Begriff bedeutet letztlich nichts anderes als das Recht zu kollektiver Verteidigung. Ein Angreifer muss nämlich wissen, dass die Bündnispartner einen Angriff gegen einen von ihnen, hier die USA, als Angriff »gegen alle« betrachten und sich gemeinsam wehren werden.

Die verfassungsrechtliche Grundlage für den Einsatz ist Art. 24 Abs. 2 Grundgesetz in der Auslegung des Bundesverfas-

»Neue Kriege« und asymmetrische Gewalt

Die sogenannten »neuen Kriege« (Herfried Münkler) sind durch eine Vielzahl von Akteuren gekennzeichnet. Neben regulären Armeen der Konfliktparteien und ausländischen (auch europäischen) Interventionstruppen sind ethnisch geprägte Milizen, kriminelle Banden, paramilitärische Verbände sowie Söldner und ganze Sicherheitsunternehmen involviert. Allerdings ist die Unterscheidung oft fließend. So wird etwa von der Mischform der »Sobels« gesprochen: halb Soldat, halb Rebell.

Eng verknüpft mit den »neuen Kriegen« ist die so genannte »asymmetrische Kriegführung«. Diese spielt sich hauptsächlich zwischen regulären (westlichen) Armeen und schwach ausgerüsteten irregulären Kontrahenten ab. Da letztere der Auseinandersetzung in Form »klassischer« Operationen und »Schlachten« meist ausweichen, wird auch vom »Krieg geringer Intensität« (*Low Intensity Conflict*, LIC) gesprochen. Angesichts der hohen Opferzahlen – vor allem bei der beteiligten Bevölkerung – ist dieser Terminus allerdings ebenso undeutlich wie der der »asymmetrischen Kriegführung«.

Was die »neuen Kriege« ausmacht, ist nicht ihre Neuartigkeit, sondern das Abweichen von der europäischen Norm des »Staatenkrieges«: die enge Verzahnung von Krieg, Bürgerkrieg, Guerilla- und Gegenguerillaoperationen, Terrorismus, organisiertem Verbrechen sowie organisierten Menschenrechtsverletzungen der Konfliktparteien, etwa durch gezielte Grausamkeiten an Konfliktgegnern und Bevölkerung, der Rekrutierung von Kindersoldaten sowie der Anwendung von massiver sexueller Gewalt als Kriegsmaßnahme. Abseits und quer zu den staatlich kontrollierten Gebieten entstehen Zonen, in denen Kriegsherren (»Warlords«) eine politisch, militärisch und wirtschaftlich autonome Herrschaft ausüben. Hier spielen neben der Erhebung von Kontributionen und Steuern von der örtlichen Bevölkerung die Ausbeutung von Bodenschätzen sowie der Missbrauch humanitärer Hilfe eine Rolle. Entsprechend greifen in »schwachen Staaten« anderweitige »Vergütungssysteme« in Form von Korruption. In Ermangelung einer Seeüberwachung verknüpft sich dies mit einer Zunahme der Piraterie im Küstengebiet: Rund 13 Prozent der im Jahr 2005 gemeldeten Piratenüberfälle entfielen auf die Küste Somalias.

In den »neuen Kriegen« wirken die Medien als Verstärkungselement der Kriegführung. Die elektronischen Bildmedien Fernsehen und Internet bieten die Möglichkeit, die Anliegen der Konfliktparteien vor der Weltöffentlichkeit darzulegen: sei es, um eine humanitäre Intervention einzufordern, sei es um den eingesetzten auswärtigen Mächten ihre Präsenz zu verleiden. Der internationale Somalia-Einsatz »Restore Hope« 1993 ist für beides ein Paradefall. Der Einsatz der internationalen Gemeinschaft in diesem Land wurde medial angefordert und die Schiffsanlandung von U.S.-Truppen in den Medien inszeniert. Umgekehrt waren die weltweit ausgestrahlten Fernsehbilder einer geschändeten amerikanischen Leiche 1994 Anlasss und Symbol für die Beendigung des U.S.-Engagements in Somalia.   *(mr)*

Kämpfer der
Islamischen
Gerichte in
Somalia im
Juli 2006

sungsgerichts mit dem Urteil vom 12. Juli 1994 zum Einsatz bewaffneter Streitkräfte in Systemen gegenseitiger und kollektiver Sicherheit. Allerdings dürfen drei wesentliche Aspekte bei der Bekämpfung des transnationalen Terrorismus nicht außer Acht gelassen werden.

Wenngleich vorbeugende Verteidigung grundsätzlich zulässig ist, um die Wiederholungsgefahr von Angriffen zu bannen, kann diese Verteidigung jedoch nicht zeitlich unbegrenzt durchgehalten werden, sondern wird einzustellen sein, wenn es keine Anzeichen mehr für eine Wiederholungsgefahr gibt.

Darüber hinaus ist das Recht auf Selbstverteidigung nach Art. 51 UN-Charta nur so lange gegeben, bis der Sicherheitsrat die zur Wahrung des Weltfriedens und der internationalen Sicherheit erforderlichen Maßnahmen getroffen hat. Welche Maßnahmen er für erforderlich hält, entscheidet der Sicherheitsrat selbst. Nun hat der Sicherheitsrat insbesondere mit Resolution 1373 vom 28. September 2001 das Antiterror-Komitee (*Counter-Terrorism Committee*, CTC) geschaffen und die Mitgliedstaaten der UN zu einem ganzen Bündel von Maßnahmen verpflichtet. Aufgabe des Komitees, dem alle 15 Mitglieder des Sicherheitsrates angehören, und seines Exekutivdirektoriums ist es unter anderem, Staaten im Kampf gegen den transnationalen Terrorismus zu unterstützen. Dazu bereist das Direktorium einzelne Länder und berät dabei etwa die Sicherheitsdienste, aber auch die Parlamente und sonstige Gesetzgebungsorgane. So traf der Sicherheitsrat bisher Maßnahmen, die eher der Kontrolle von Finanzströmen, von Bewegungen verdächtiger Personen sowie des Waffenhandels dienen und die Mitgliedstaaten zur verstärkten Zusammenarbeit beim Austausch von Daten und sicherheitsrelevanten Erkenntnissen verpflichten. Militärische Unternehmungen wurden bislang nicht beschlossen, obwohl der operative Teil der Resolution 1373 ausdrücklich unter Bezugnahme auf Kapitel VII der UN-Charta, das dem Sicherheitsrat Gewaltmaßnahmen gestattet, ergangen ist. Andererseits hat er das Recht auf Selbstverteidigung ausdrücklich bestätigt und bisher keine Resolution oder politische Erklärung verabschiedet, welche die Fortführung von Selbstverteidigungsmaßnahmen in Frage stellen oder anzweifeln.

Bei sehr strenger völkerrechtspositivistischer Auslegung könnte man zu dem Ergebnis kommen, dass OEF einzustellen sei, weil der Sicherheitsrat, nach dem Grundsatz der Verhältnismäßigkeit handelnd, gewaltlose Maßnahmen als erforderlich, angemessen, aber auch ausreichend erachtet hat. Erkennt man indes an, dass das Selbstverteidigungsrecht eines Staates auch außerhalb der UN-Charta existiert, wird man die Fortsetzung der OEF völkerrechtlich gutheißen können. Insgesamt ist festzustellen, dass Art. 51 UN-Charta durch die Entwicklungen seit 1945 noch unklarer und auslegungsbedürftiger geworden ist als er ohnehin schon war.

Schließlich kann der transnationale Terrorismus mit militärischen Maßnahmen allein nicht erfolgreich bekämpft werden. Wie schon die bisher vergebliche Jagd auf mutmaßliche Kriegsverbrecher wie Radovan Karadžić und Ratko Mladić im früheren Jugoslawien oder auf den mutmaßlichen Gründer von al-Qaida, Osama bin Laden, gezeigt hat, ist das völkerrechtlich zu offenen Operationen verpflichtete Militär nicht das geeignete Mittel, um verdächtige Personen aufzuspüren und festzunehmen. Andererseits fehlen Polizeikräften und Geheimdiensten zumeist die dem Militär vorbehaltenen verteidigungstauglichen Waffensysteme, um z.B. auf hoher See Überwachungsoperationen durchführen zu können.

Dies lehrt, dass der Begriff »Sicherheit« neu definiert und erweitert werden muss. Dabei wird auch zu berücksichtigen sein, dass sich der transnationale Terrorismus mit der organisierten Kriminalität verbündet hat, um z.B. durch Drogenhandel an Finanzmittel für Waffengeschäfte zu kommen. Die Diskussion um den erweiterten Sicherheitsbegriff wird derzeit geführt und hat in Deutschland zuletzt anlässlich der Fußball-Weltmeisterschaft 2006 in verfassungspolitischer Hinsicht an Intensität gewonnen. Sie wird, zumindest in Deutschland, dann auch Auswirkungen auf das Verständnis des Grundgesetzes haben müssen. Denn bisher sind die Aufgabenbereiche von Polizei und Militär im Frieden strikt voneinander getrennt. Lediglich im Spannungs- und Verteidigungsfall sowie im Rahmen der Amtshilfe können derzeit die Streitkräfte unterstützende polizeiliche Aufgaben wahrnehmen. Ob es tatsächlich diesbezüglich zu einer Verfassungsänderung kommen wird, ist derzeit nicht abzusehen.

Thomas Breitwieser

Im Zuge der Globalisierung rückt das Horn von Afrika durch seine Lage am Schnittpunkt bedeutender Handelsstraßen immer mehr in den Blick der Weltöffentlichkeit. Gerade die Bundesrepublik Deutschland ist aufgrund ihrer exportabhängigen Volkswirtschaft auf ein sicheres Umfeld für den Welthandel angewiesen. Die Konflikte, die das Horn von Afrika in den vergangenen Jahren erschütterten, zeigen, dass eine Befriedung dieser Region ein Hauptziel der deutschen Außenpolitik in Ostafrika sein muss. Deutschland nutzt besonders die traditionell guten Beziehungen zu Äthiopien, um im Rahmen der Europäischen Union (EU) und der Vereinten Nationen (UN) zu einer politischen und wirtschaftlichen Stabilisierung beizutragen. Durch die anhaltende Stationierung deutscher Marinesoldaten entwickelte sich außerdem auch zu Dschibuti ein enges und freundschaftliches Verhältnis. Die weitere Entwicklung des »failed state« Somalia und die Zunahme der radikalislamischen Tendenzen in diesem Land bedürfen der besonderen Beachtung, auch im Hinblick darauf, dass mit dem politisch zerrütteten Somalia ein weiterer Rückzugsraum des internationalen Terrorismus entstehen könnte.

Das Foto zeigt Bundespräsident Horst Köhler mit seiner Ehefrau und dem Präsidenten Äthiopiens, Gima Woldeggiorgis, während der Einweihung des neuen Goethe-Instituts 2005 in Addis Abeba.

Deutsche Interessen am Horn von Afrika

Das Horn von Afrika umfasst mit Äthiopien, Eritrea, Dschibuti und Somalia sehr unterschiedliche Länder. Der Vielvölkerstaat Äthiopien ist regionale Ordnungsmacht in Ostafrika. Der junge Staat Eritrea hat sich in jahrzehntelangem blutigem Befreiungskampf 1993 seine Unabhängigkeit von Äthiopien erstritten und möchte diese mit allen Mitteln sichern. Dschibuti ist ein französisch geprägter Kleinstaat. Somalia stellt das Paradebeispiel eines zerfallenen Staates (»failed state«) dar. Die gesamte Region gilt als Armenhaus Afrikas. Ungebremstes Bevölkerungswachstum, periodische Dürren, Misswirtschaft, Korruption aber auch verheerende Flutkatastrophen sind einige der Gründe für extreme Armut und wiederkehrende Hungersnöte.

Aufgrund seiner geostrategisch exponierten Lage gegenüber der Arabischen Halbinsel, am Roten Meer und am nordwestlichen Indischen Ozean liegt das Horn von Afrika an einer Zivilisationsgrenze. Dort berühren sich der muslimisch-arabische und der schwarzafrikanisch-subsaharische Kulturkreis mit all ihren historischen, religiös-ideologischen und gesellschaftlich-ökonomischen Herausforderungen.

Seine geografische Lage machte das Horn zudem schon immer zum bevorzugten Ziel äußerer Einflussnahme durch Nachbarn und externe politische Mächte. Heute zählt der Raum zu den konfliktreichsten Regionen Afrikas und der Welt. In jüngster Zeit sind hier vor allem die zwischenstaatlichen Kriege zwischen Äthiopien und Somalia (Ogadenkrieg 1977/78) bzw. zwischen Äthiopien und Eritrea (1998-2000) zu nennen. Eindrucksvollstes Beispiel eines internen gewaltsamen Konfliktes ist der kriegerische Staatszerfall Somalias ab 1991.

Obwohl das Horn von Afrika nicht zu den Schlüsselregionen deutscher Außenpolitik gehört, nimmt es innerhalb deutscher Afrikapolitik zunehmend einen prominenten Platz ein. Grund dafür ist, dass die dortigen Entwicklungen vermehrt deutsche Interessen berühren:

Erstens ist Deutschland als eine der größten Exportnationen auf die Sicherung der Handels- und Wasserwege nach Asien und auf eine zuverlässige Rohstoffversorgung (Energiesicherheit!)

angewiesen. Die zahlreichen Konflikte und humanitären Katastrophen, aber auch die enormen Umweltprobleme der Region können zweitens zu einem erhöhten Migrationsdruck nach Europa führen, von dem auch Deutschland betroffen ist. Deutschland hat drittens ein erhebliches Interesse daran, dass der traditionell moderate Islam am Horn nicht durch einen radikalen Islamismus verdrängt wird, der sich möglicherweise auch des Terrorismus zur Durchsetzung seiner Ziele bedient. Sicherheit und Stabilität sind viertens die Voraussetzung für eine nachhaltige Entwicklungspolitik. Daher muss Deutschland dazu beitragen, die Region so zu gestalten, dass seine Entwicklungspolitik erfolgreich weitergeführt werden kann.

Ab dem 1. Januar 2007 hat Deutschland außerdem sowohl die EU-Präsidentschaft als auch die G8-Präsidentschaft übernommen. Es ist damit aufgefordert, Verantwortung und *leadership* (Führungsverantwortung) auch am Horn von Afrika zu übernehmen. Deutschland ist ferner in allen wichtigen Finanzorganisationen (etwa Weltbank, IWF u.a.) als einer der größten Geldgeber vertreten und trägt in diesem Rahmen eine erhöhte Verantwortung für eine sinnvolle Verwendung der Mittel am Horn. Da schließlich ein ständiger Sitz im Sicherheitsrat der UN ein wichtiges Ziel der deutschen Außenpolitik bleibt, muss sich Deutschland konstruktiv für die Lösung afrikanischer Probleme engagieren, um sich für sein Anliegen der afrikanischen Unterstützung zu versichern.

Problemlagen

Die größte außenpolitische Herausforderung ist die Wiedererrichtung einer funktionierenden Staatlichkeit in Somalia. Dieses Land besitzt seit der Vertreibung des damaligen Präsidenten Siad Barre 1991 keine zentrale Regierung mehr. Es ist seitdem in rivalisierende Zonen lokaler Herrschaften zerfallen, in denen sich teilweise Clans und Gruppen gegenseitig bekämpfen. Dort besteht die Gefahr eines andauernden Sicherheitsvakuums. Nur im Nordwesten hat sich im de facto unabhängigen – aber völkerrechtlich nicht anerkannten – Somaliland eine Insel relativer Stabilität gebildet.

Internationaler Währungsfonds

Der Internationale Währungsfonds IWF (englisch: International Monetary Fund, IMF) ist eine Sonderorganisation der Vereinten Nationen. Der IWF nahm im Mai 1946 seine Tätigkeit auf. Grundlage für seine Entstehung waren die Beschlüsse der Konferenz von Bretton Woods. In dieser Kleinstadt im U.S.-Bundesstaat New Hampshire verhandelten im Juli 1944 internationale Vertreter über den Wiederaufbau der Weltwirtschaft nach dem absehbaren Ende des Zweiten Weltkriegs. Zusammen mit der Weltbank-Gruppe bildet der IWF die so genannte Bretton Woods Institution. Beide fördern den Welthandel, arbeiten auf eine Stabilisierung von Wechselkursen hin und unterstützen die internationale Zusammenarbeit auf dem Gebiet der Währungspolitik. IWF und Weltbank überwachen die internationale Geldpolitik und gewähren technische Hilfe. Unter bestimmten Auflagen vergibt der IWF Kredite an Staaten mit wirtschaftlichen Problemen, in der Vergangenheit beispielsweise an Brasilien, die Türkei oder Argentinien. Der IWF unterstützt afrikanische Länder bei der Erarbeitung von Wohlstands- und Entwicklungskonzepten, sofern sich diese zu den Prinzipien der *good governance* bekennen. Voraussetzung für die Hilfe ist außerdem die Erfüllung konkreter Auflagen, etwa die Liberalisierung staatlicher Kontroll- und Regelungsmechanismen, die Privatisierung öffentlicher Einrichtungen, die Kürzung von Staatsausgaben, die Steigerung von Exporten oder aktive Maßnahmen gegen die Inflation. 184 Mitgliedsstaaten beeinflussen die Entscheidungen des IWF. Ihr Stimmrecht richtet sich nach dem jeweiligen Kapitalanteil. Die EU-Mitgliedsstaaten verfügen insgesamt über 31,9 % der Stimmen, der Anteil der Euro-Länder liegt bei 22,9 %. Die einflussreichsten Mitgliedsstaaten sind die USA mit 17,1 % der Stimmen, gefolgt von Japan (6,1 %), Deutschland (6,0 %), Frankreich (4,9 %) und Großbritannien (4,9 %).

(bc)

14. IWF-Jahrestagung in
Singapur, September 2006

Nach zahlreichen erfolglosen Bemühungen ist es der *Intergov-ernmental Authority on Development* (IGAD) ab Sommer 2004 in Nairobi/Kenia gelungen, somalische Übergangsinstitutionen – mit dem ehemaligen Warlord Yusuf als Übergangspräsidenten – zu schaffen. Schon bald zeigten sich jedoch tief greifende Meinungsunterschiede unter den Beteiligten, insbesondere über die Frage des Regierungssitzes und einer internationalen Friedenstruppe. Die Übergangsregierung konnte nicht in die traditionelle somalische Hauptstadt Mogadischu umziehen und besitzt nur geringe Autorität im Umkreis von Baidoa.

In Mogadischu regierten lokale Warlords, bevor sie im Sommer 2006 von den Milizen der Islamischen Gerichtshöfe vertrieben worden sind. Diese stellen eine Reaktion auf die Recht- und Gesetzlosigkeit insbesondere in Mogadischu und im Süden Somalias dar. Die Mehrzahl der Gerichtshöfe verfolgt keine politischen Ziele. Die somalische Bevölkerung ist traditionell moderat muslimisch. Allerdings gibt es innerhalb dieser Gruppen auch radikalere Gruppierungen, die auf Errichtung eines religiös fundierten Staates hinarbeiten. Verschiedentlich geäußerte Behauptungen, einige der Gerichtshöfe hätten Verbindungen zum Terrornetzwerk al-Qaida, haben sich bisher nicht beweisen lassen (zur jüngsten Entwicklung in Somalia vgl. S. 98–101).

Seit Mitte Juni 2006 hat unter Vermittlung der Arabischen Liga in Khartum ein Dialog zwischen der Übergangsregierung und den Gerichtshöfen begonnen, an dem die EU (und Deutschland zusammen mit Großbritannien und Frankreich als EU-Troika) als Beobachter beteiligt sind. Ziel ist es, einen Ausgleich zwischen den vielfältigen innersomalischen Clan- und Interessengegensätzen zu finden. Über die wichtigen politischen und sicherheitspolitischen Fragen des *powersharing* (Machtverteilung) konnte noch keine Einigung erzielt werden.

Die Internationale Gemeinschaft und die EU leisten gegenwärtig v.a. humanitäre Hilfe und haben Unterstützung beim Wiederaufbau zugesagt. Voraussetzung sind dafür allerdings verbesserte politische Rahmenbedingungen und eine stabile Sicherheitslage in Somalia.

Äthiopien ist der bevölkerungsreichste Staat am Horn von Afrika und hat als Sitz der Afrikanischen Union eine herausgehobene Bedeutung für die Stabilität der gesamten Region. Daher

Die Entführung der »Landshut«

Im Herbst 1977 beherrschten Terroraktionen der Roten-Armee-Fraktion (RAF) die Öffentlichkeit in der Bundesrepublik Deutschland. Neben der Verschleppung des Arbeitgeberpräsidenten Hans-Martin Schleyer war die Entführung der Lufthansamaschine »Landshut« die kritischste Situation, mit der sich die Bundesregierung unter Kanzler Helmut Schmidt konfrontiert sah. Beide Aktionen hatten das Ziel, die inhaftierten RAF-Terroristen Baader, Ensslin und Raspe freizupressen.

Am 13. Oktober hatten vier arabische Terroristen den Lufthansaflug LH 181 auf dem Weg von Palma de Mallorca nach Frankfurt in ihre Gewalt gebracht. Nach mehreren Umleitungen landete die »Landshut« schließlich am 17. Oktober in Mogadischu. Bei einem Zwischenstopp in Aden war der Pilot erschossen worden und die Entführer drohten mit weiteren Tötungen, sollten ihre Forderungen nicht erfüllt werden.

Die Bundesregierung konnte einen Aufschub des Ultimatums bis zum Nachmittag des 18. erreichen. Diese Zeit wurde genutzt, um ein Spezialteam der GSG 9 nach Mogadischu zu fliegen. In enger Zusammenarbeit mit somalischen Behörden kam es dann kurz nach Mitternacht unter dem Decknamen »Operation Feuerzauber« zur Stürmung der »Landshut« durch ein Kommando unter Führung von Ulrich Wegener. Drei der vier Terroristen wurden getötet, eine Stewardess und ein GSG 9-Mann verletzt.

Nach dem »Bekanntwerden« der erfolgreichen Antiterroraktion begingen die RAF-Terroristen Baader, Ensslin und Raspe im Gefängnis Stuttgart-Stammheim Selbstmord. Als Reaktion darauf gab die neue RAF-Führung die »Hinrichtung« von Hans-Martin Schleyer bekannt.

Auch Dank der erfolgreichen Durchführung der »Operation Feuerzauber« gilt die GSG 9 bis heute als eine der weltweit besten Polizei-Spezialeinheiten. *(am)*

picture-alliance/dpa/UPI

Wenige Augenblicke nach der Überwältigung der Terroristen werden die Passagiere der »Landshut« über die Notrutsche gerettet.

Deutsch-äthiopische Beziehungen

Seit dem Spätmittelalter übte das sagenhafte Äthiopien (»Abessinien«), Quelle vorbiblischer Überlieferungen und Weisheiten, in Deutschland eine große Faszination als uralte christliche Hochkultur und als unabhängiges Kaiserreich einerseits sowie durch seine ursprüngliche »Zivilisationsferne« andererseits aus. Am Beginn formeller deutsch-äthiopischer Beziehungen sowie der wissenschaftlichen Äthiopien-Forschung stand die protestantische »Oromomission«, die seit den 1840er Jahren von den Bayern Karl Tutschek und Johann Ludwig Krapf (zunächst außerhalb des christlichen Reiches Äthiopien) beim Volk der Oromo betrieben wurde. Entsprechende Anstrengungen richteten sich später auf die orthodoxen Christen – die, ebenso wie die deutsche Reformation, den Papst nicht als kirchliches Oberhaupt anerkannten – und die so genannten »schwarzen Juden« (Falascha) in Äthiopien selbst. Freigekaufte Sklaven erhielten eine Ausbildung an deutschen Schulen oder fanden – zunächst als lebendige Kuriositäten – Aufnahme an deutschen Höfen. In Hamburg trat der erste äthiopische Hochschuldozent seinen Dienst an. Deutsche Laienmissionare eröffneten in Gafat eine deutsche Handwerkerkolonie.

Den ersten äthiopisch-deutschen Freundschafts- und Handelsvertrag unterzeichnete der deutsche Gesandte Friedrich Rosen am 7. März 1905, zwei Jahre später empfing Kaiser Wilhelm II. eine äthiopische Gesandtschaft in Berlin. Deutsche Archäologen unter der Führung des Orientalisten Enno Littmann erhielten 1906 die Erlaubnis, in der Heiligen Stadt Aksum eine weltweit beachtete »Ausgrabung« durchzuführen. Kaiser Menelik II. holte deutsche Investoren, Handwerker und Techniker ins Land. Der Baumeister Carl Haertel errichtete zentrale Repräsentationsbauten wie das Mausoleum für Menelik in Addis Abeba (1927). Ein deutscher Einwanderer war es, der im frühen 19. Jahrhundert die Kartoffel nach Äthiopien einführte, wo heute übrigens die Nachfahren friesischer Milchkühe grasen.

Menelik II. versuchte, durch Waffenkäufe im Deutschen Reich ein Gegengewicht zu den kolonialen Bestrebungen Englands, Frankreichs und Italiens zu schaffen. Deutsch-Äthiopier wie beispielsweise die Familie Hall erlangten erheblichen Einfluss als kaiserliche Berater; eine Gouvernante aus der Familie Hall sorgte für die Kinder des Regenten und späteren Kaisers Haile Selassie, der zu seiner Krönung

1930 in einer Kutsche Wilhelms II. fuhr. Die guten Beziehungen zur Weimarer Republik lebten nach der Machtergreifung der Nationalsozialisten 1933 weiter fort und überdauerten den Zweiten Weltkrieg. Noch unmittelbar vor dem Einmarsch des deutschen Bundesgenossen Mussolini erhielt Äthiopien 1935 Waffenlieferungen aus Berlin. Haile Selassie besuchte 1954 als erster Staatsgast die junge Bundesrepublik und förderte die verstärkte Präsenz deutscher Geschäftsleute, Lehrer, Ärzte und Ingenieure in seinem Land. Nach dem Sturz der Monarchie

1974 stieg die Bedeutung der DDR als militärischer, technischer, medizinischer und politischer Partner. Ausdruck der guten bilateralen Beziehungen nach der Wiedervereinigung waren zuletzt die Besuche von Bundeskanzler Gerhard Schröder 2003 und von Bundespräsident Horst Köhler 2004 in Äthiopien. *(bc)*

Bundespräsident Theodor Heuss im Gespräch mit dem äthiopischen Kaiser Haile Selassie am 8. November 1954 in der Villa Hammerschmidt in Bonn

picture-alliance/dpa/Brock

wurden die Parlaments- und Regionalwahlen vom Mai 2005, in deren Gefolge es zu Unruhen mit etwa 100 Toten gekommen war, von der EU mit großer Aufmerksamkeit und einiger Sorge verfolgt. Die EU setzte sich sehr dafür ein, dass die angespannte Lage zwischen Regierung und Opposition entschärft wurde. Deutschland nutzte seine intensiven politischen Kontakte aus Anlass des 100-jährigen Jubiläums der deutsch-äthiopischen Beziehungen dazu, mäßigend auf die äthiopische Regierung einzuwirken und zum politischen Dialog mit der Opposition aufzufordern.

Weiter ungelöst ist der Grenzkonflikt mit Eritrea. Zwischen 1998 und 2000 war es zu einem Krieg zwischen Äthiopien und Eritrea mit Zehntausenden von Toten gekommen. Der Krieg wurde zwar durch die Friedensverträge von Algier beendet, eine endgültige Regelung der Grenzfrage steht aber noch aus. Eine internationale Grenzkommission hatte im April 2002 den Grenzverlauf »endgültig und bindend« festgelegt und dabei das umstrittene und symbolträchtige Dorf Badime Eritrea zugesprochen. Äthiopien verzögert aber die vorbehaltlose Umsetzung dieses Schiedsspruches und fordert neue Verhandlungen mit Eritrea. Aufgrund zunehmender Frustration über die ausbleibende Demarkierung der Grenze hat Eritrea ab Herbst 2005 empfindliche Beschränkungen gegenüber der UN-Beobachter-Mission UNMEE verhängt. Die Vereinten Nationen haben darauf mit einer Reduzierung von UNMEE reagiert. Bisher ist es trotz vielfältiger politischer Initiativen nicht gelungen, einen Durchbruch bei den Verhandlungen zu erzielen. Deutschland unterstützt als UNMEE-Truppensteller (mit zwei Militärbeobachtern) und im Rahmen der »Freunde von UNMEE« die Bemühungen der UN, den Friedensprozess wieder zu beleben.

Der Grenzkonflikt ist ein wesentlicher Grund dafür, dass sich Eritrea in einem permanenten Ausnahmezustand befindet, der demokratische Reformen und eine Liberalisierung des Wirtschaftssystems verhindert. Die Menschenrechtslage ist besorgniserregend, das Land isoliert sich zunehmend. Die deutsche Diplomatie bemüht sich daher, mit dem Regime im Gespräch zu bleiben und mit entwicklungspolitischen Projekten, etwa bei der Aufbereitung von Wasser, das Los der einheimischen Bevölkerung zu verbessern. Auch innerhalb der EU versucht Deutschland, über den politischen Dialog zu mehr Demokratie und einer Öffnung des Landes beizutragen. Bisher sind die Ergebnisse allerdings bescheiden. Die Bemühungen zur Einbindung Eritreas müssen aber schon deshalb fortgesetzt werden, weil das Land sowohl im Sudan als auch in Somalia als ein berechenbarer, verantwortungsvoller und zuverlässiger Partner benötigt wird.

Dschibuti ist seit 2001 zum logistischen Zentrum des Kampfes gegen den Terror geworden. Deutschland beteiligt sich mit einem Marinekontingent an der internationalen Operation »Enduring Freedom«, die u.a. den Golf von Aden und die Küs-

picture-alliance/dpa/DB Johannes Eisele (Pool)

Bundesverteidigungsminister Franz Josef Jung wird an Bord der Fregatte »Schleswig-Holstein« vor Dschibuti vom Commander Task Force 150, Admiral Heinrich Lange, begrüßt.

ten Somalias überwacht. Die guten Beziehungen zu Dschibuti zeigen sich unter anderem darin, dass Bundespräsident Köhler dieses Land im Dezember 2004 genauso besuchte wie Verteidigungsminister Jung 2006.

Übergeordnetes Ziel deutscher Politik am Horn von Afrika ist die politische Stabilisierung der Region, ohne die keine nachhaltige wirtschaftliche und demokratische Entwicklung möglich ist. Deutschland wird dabei als Partner geschätzt, da es eine lange Tradition erfolgreicher Entwicklungspolitik vorzuweisen hat. Zudem kommt ihm die fehlende Belastung aus kolonialer Zeit zugute. Die beträchtlichen Probleme am Horn von Afrika können indes nur im Verbund mit anderen wichtigen Akteuren (UN, EU, Internationalen Finanzorganisationen u.a.) gelöst werden. Zunehmende Verantwortung übernehmen die afrikanischen Organisationen (AU, IGAD etc.). Ihre Stärkung nimmt daher einen zentralen Platz in der deutschen Politik am Horn ein.

Joseph A. Weiß

GOOD BYE

Die Fregatte »Emden« verlässt am 2. Januar 2002 als erstes Schiff den Marinestützpunkt Wilhelmshaven in Richtung Indischer Ozean. Die »Emden« war Teil eines internationalen Flottenverbandes, der als Reaktion auf die Terroranschläge vom 11. September 2001 im Rahmen der »Operation Enduring Freedom« zum Einsatz kam, um unter Führung der Vereinigten Staaten den internationalen Terrorismus zu bekämpfen. Der bedeutende maritime Beitrag, den die Bundesrepublik Deutschland seitdem am Horn von Afrika leistet, ist Ausdruck eines neuen Selbstverständnisses im Rahmen veränderter globaler Rahmenbedingungen. Die sich seit den 1990er Jahren grundlegend wandelnden Einsatz- und Führungsstrukturen sowie tief greifenden Änderungen bei der Ausrüstung der Flotte spiegeln die neuen Aufträge der Deutschen Marine wider.

Von der Escort Navy zur Expeditionary Navy: Der deutsche Marineeinsatz am Horn von Afrika

Bis 1990 waren Landes- und Bündnisverteidigung im Rahmen der NATO, für die Bundesmarine also Geleitschutz auf hoher See und Operationen aus dem eigenen Küstenvorfeld heraus, die Hauptaufgaben, soweit es den Einsatz in einem Ernstfall betraf. Seit dem Ende des Ost-West-Konfliktes sind Krisenbewältigung und Konfliktverhinderung in den Vordergrund getreten. Das Einsatzspektrum erstreckt sich mittlerweile von der Überwachung von Seegebieten über die Durchsetzung von Embargomaßnahmen bis hin zur maritimen Unterstützung von Heeres- oder Luftwaffenkontingenten im Kriseneinsatz (Joint Operations). Ferner leistet die Marine erstmalig im ersten Halbjahr 2007 einen maritimen Beitrag im Kontext des Battlegroup-Konzeptes der Europäischen Union (Maritime Task Force). All dies legt einen besonderen Schwerpunkt auf Fähigkeiten wie Führung, Aufklärung und Nachrichtengewinnung, Evakuierungen, Unterstützung für andere Teilstreitkräfte an Land und Aufgaben im Rahmen friedensfördernder Maßnahmen. Die neuen Einsatzszenarien unterstreichen die Bedeutung der zuvor schon unabdingbaren Reaktionsfähigkeit gegenüber Bedrohungen aus der Luft sowie überlegene Fähigkeiten zur Unter- und Überwasserseekriegführung, aber auch zum Erhalt der Operationsfreiheit bei Mineneinsatz. Die Feuerunterstützung von See an Land gewinnt zunehmend an Gewicht.

Die Einsätze der Deutschen Marine am Horn von Afrika seit Mitte der 1990er Jahre waren in mehrfacher Hinsicht Ergebnis und Ausdruck geradezu revolutionärer Veränderungen der sicherheitspolitischen Lage, die sich in Deutschland und Europa nach dem Zusammenbruch des Warschauer Paktes vollzogen. Zwei Operationen der ursprünglich nur für die Kriegführung im Nordflankenraum der NATO konzipierten Marine bilden in der Rückschau Meilensteine eines neuen maritimen Denkens: Im Rahmen der Operation »Southern Cross« evakuierte erstens ein Einsatzverband im Frühjahr 1994 deutsche Heereskräfte, die mit insgesamt 1400 Mann das Engagement der Vereinten Nationen in Somalia (UNOSOM II) logistisch unterstützt und im zentral-somalischen Belet Uen humanitäre Hilfe geleistet hatten, von Mogadischu über See ins kenianische Mombasa. Kurz nach den verheerenden Terroranschlägen des 11. September 2001 mandatierte zweitens am 16. November der Deutsche Bundestag unter anderem auf Grundlage des Art. 51 der Charta der Vereinten Nationen (vgl. den Beitrag von Thomas Breitwieser) den Einsatz deutscher Streitkräfte zur Unterstützung der gemeinsamen Reaktion auf terroristische Angriffe gegen die USA. In der deutschen Öffentlichkeit kam zumindest »Southern Cross« – ebenso wie die gleichzeitige Heeresoperation in Somalia – einem sicherheitspolitischen Tabubruch gleich.

Operation »Southern Cross«, Somalia 1994

Die maritime Operation »Southern Cross« fand 1994 während einer Phase sicherheitspolitischer Neuorientierung und Umstrukturierung der deutschen Streitkräfte statt. Diese sahen sich mit unzureichender Ausrüstung sowie mit Führungsverfahren und Aufklärungsmitteln, die auf einen zentraleuropäischen Einsatzraum zugeschnitten waren, neuen Herausforderungen gegenüber. Die Bundesmarine führte mit »Southern Cross« einen anspruchsvollen maritimen Auftrag durch, indem sie das im Ausland operierende eigene Heer vor der Küste unterstützte. Angesichts der kurzen Vorbereitungszeit waren weder die Zuführung besonderer Ausrüstung noch die Nachrüstung der eingesetzten Einheiten – etwa im Bereich des Fernmeldewesens – möglich. Bei der Durchführung musste, ebenso wie bei der Zusammenarbeit mit dem Heer, vielfach improvisiert werden.

Grundlegende Unsicherheiten traten hinzu. Der Einsatz deutscher Minenabwehreinheiten vor Kuwait, zwischen April und Juli 1991 außerhalb des NATO-Vertragsgebietes durchgeführt, fand unter ungeklärten verfassungsrechtlichen Rahmenbedingungen statt. Auch als die Bundeswehr von Mai 1992 bis November 1993 ein Feldlazarett im kambodschanischen Phnom Penh aufbaute und betrieb, war sie in einen friedensbewahrenden und friedensschaffenden Einsatz eingebunden, ohne dass es im Bundestag und in der deutschen Gesellschaft grundlegende

Übereinstimmung über einen Wandel der deutschen Außen- und Sicherheitspolitik gegeben hätte. Die Unterstützung der Vereinten Nationen in Somalia ab August 1992 schließlich, zunächst in Form von Transportleistungen und Hilfsgütern, ab Mai 1993 dann mit einem verstärkten Nachschub- und Transportbataillon, lief unter dem Siegel einer »humanitären Aktion«. Die Operation, die im Februar 1994 endete, verfehlte insgesamt ihr politisches Ziel, nämlich im von Bürgerkrieg und Hunger gepeinigten Somalia stabile Verhältnisse aufzubauen. Erst nach der Rückkehr des deutschen Heereskontingentes stellte das Bundesverfassungericht mit seinem Urteil vom 12. Juli 1994 klar, dass die Bundeswehr sich an Maßnahmen kollektiver Friedenssicherung beteiligen könne, wenn das deutsche Parlament dem zustimme.

In dieser Situation erhielt im Januar 1994 das Flottenkommando vom Bundesministerium der Verteidigung den Auftrag, Verbindung zum II. Korps in Ulm herzustellen und ab dem 13. Februar das deutsche Somalia-Kontingent von Mogadischu aus über See nach Mombasa bzw. nach Dschibuti zu evakuieren – in der Phase der notwendigen Transportumläufe jeweils eine einfache Strecke von 500 bzw. 1100 Seemeilen. Der zunächst sehr eng gefasste Auftrag wurde im Verlauf der Operation ständig erweitert und deckte schließlich fast die gesamte Bandbreite maritimer Unterstützungsmöglichkeiten ab, unter anderem Aufklärung, Überwachung und Sicherung. Eine besondere Herausforderung bedeuteten die enge Zusammenarbeit und reibungslose Abstimmung mit den Heereskräften in Somalia. Die für den Einsatzverband vorgesehenen Fregatten »Köln« und »Karlsruhe« (Aufnahmekapazität jeweils 100 bis 150 Mann), der Versorger »Nienburg« (200 bis 250 Mann) und der Tanker »Spessart« waren in unterschiedlichen Regionen gebunden. Die Anmarschstrecke von bis zu 6000 Seemeilen legten die Schiffe, aus dem Mittelmeer sowie aus Wilhelmshaven bzw. Kiel abkommandiert, einzeln zurück. Für den Transport des Großgerätes musste die Bundeswehr drei zivile Frachter chartern.

Die Einschiffung des Kontingents in Mogadischu erfolgte an der Pier sowie durch Hubschrauber und angesichts einer möglichen Bedrohung aus der Altstadt unter verstärkten Schutzmaßnahmen der beteiligten Marineeinheiten. Den Pierbereich selbst sicherten Heereskräfte. Nach der Verladung des letzten

Der Beginn der Bundeswehr-Einsatzausbildung: UNOSOM II
Der Somalia-Einsatz UNOSOM II, der mit zwei Kontingenten 1993/94 durchgeführt wurde, brachte eine Reihe neuer Aufgaben mit sich. Die deutschen Unterstützungskontingente mussten personell rasch zusammengestellt und die Verlegung einer bis dahin gänzlich unüblichen Menge an Material und Personal in einen Teil der Welt organisiert werden, der für die Masse der Bundeswehr-Soldaten außerhalb jeder Vorstellungskraft lag. Das deutsche Kontingent wurde in Belet Uen, 350 Kilometer nordwestlich von Mogadischu, stationiert. Es war als Unterstützungsverband für eine indische Brigade geplant, die freilich nie eintraf. So konzentrierte sich seine Leistung auf die humanitäre Unterstützung der Bevölkerung.

Ein wichtiger Meilenstein wurde bei der Ausbildung der Einsatzkontingente beschritten: Da eine der wesentlichen Herausforderungen der Umgang mit fremden Kulturen sein würde, durchliefen alle Kontingentsoldaten an der Infanterieschule Hammelburg eine Vorausbildung. Zu jener Zeit war das eine noch unübliche Maßnahme. Bei der Kontingentausbildung waren die bis dahin üblichen Verfahrensweisen an die Verhältnisse im Einsatzland anzupassen: Zum Beispiel bei Patrouillenfahrten, beim Betreiben von Checkpoints und beim Verhalten in einem stark verminten Land. Neu war auch das Einüben deeskalierendes Verhaltens beim »Umgang mit einer Menschenmenge«. Die bisher für ein Gefecht hoher Intensität im konventionellen Krieg vorherrschenden Ausbildungsroutinen mussten nach dem Motto »fair, firm, and friendly« auf die geringst mögliche und notwendige Gewaltausübung heruntergefahren werden. Es war der Beginn eines Aufgabenprofils, das die Bundeswehr bis heute bei stabilisierenden Einsätzen vorfindet. *(mr)*

picture-alliance/dpa/Carsten Rehder

Ein deutscher UNOSOM-Soldat in Belet Uen im Juli 1993

Großgerätes blieben dort etwa 180 Heeressoldaten zurück, die nur noch mit Handfeuerwaffen ausgerüstet waren und darum so rasch wie möglich mit den Bordhubschraubern der beiden Fregatten auf die Schiffe verbracht wurden. Parallel zur Verladung des deutschen Anteils zogen auch andere Nationen ihre UN-Kontingente ab. In Mogadischu kam es während der Operation täglich zu bewaffneten Auseinandersetzungen und Schießereien zwischen den Bürgerkriegsparteien, aber auch zu Handgranatenwürfen gegen UNOSOM und dem Einschlag einer schweren Mörsergranate in unmittelbarer Nähe der Pier. Der Befehlshaber des Marineverbandes sah sich mit einer unklaren Sicherheitslage konfrontiert. Der Austausch nachrichtendienstlicher Informationen gestaltete sich zwischen Heer und Marine schwierig. Lange Meldewege auf dem Umweg über Deutschland führten zu erheblichen Verzögerungen.

Zwischen dem 18. und 23. März transportierten die »Köln« und die »Karlsruhe« die letzten Heeressoldaten nach Dschibuti. Die schnell und präzise ablaufende Operation stellte auch im Vergleich der internationalen, vor Somalia eingesetzten Marinen

Die Fregatte »Köln« läuft im Februar 1994 in den Hafen von Mogadischu ein, um Heeressoldaten für den Rücktransport nach Deutschland an Bord zu nehmen.

Das Einsatzgruppenkonzept der Deutschen Marine
Die Grundlage für die Neuausrichtung der Marine legten die »Verteidigungspolitischen Richtlinien« (VPR, Mai 2003) und die »Weisung zur Weiterentwicklung der Streitkräfte« (WWS, März 2004). Mittelpunkt einer neuen, einsatzorientierten Flottenstruktur war schließlich die Bildung zweier Einsatzflottillen im Sommer 2006. Für Krisenoperationen stellt die Marine zwei Einsatzgruppen bereit. Jede Einsatzgruppe umfasst eine Anzahl von Schiffen und Booten, aus der je nach Anforderungsprofil entsprechende Task Forces zusammengestellt werden. Die Führung auf See übernimmt ein eigener Einsatzstab. Heimat von zwei Fregattengeschwadern als Rückgrat maritimer Einsatzgruppen ist der Typstützpunkt Wilhelmshaven.

Jede der acht Fregatten der Bremen-Klasse und vier der Brandenburg-Klasse mit jeweils etwa 200 Mann Besatzung verfügt über zwei Bordhubschrauber, See- und Luftzielflugköper, Torpedorohre und konventionelle Geschütze mit entsprechenden Überwachungs-, Feuerleit- und Fernmeldemitteln. Zwischen November 2004 und April 2006 wurden dann mit drei Fregatten der Sachsen-Klasse die bislang größten Kampfschiffe in Dienst gestellt; ab 2007 werden fünf leistungsstarke Korvetten mit jeweils 58 Mann Besatzung zulaufen. Die

picture-alliance/dpa

Einsatzgruppenversorger »Frankfurt am Main« im Juni 2006 beim Auslaufen ins Mittelmeer

Deutsche Marine verfügt außerdem über zehn ältere Flugkörper-Schnellboote der Gepard-Klasse, ein U-Bootgeschwader mit teils hochmodernen Booten der Klasse 212 sowie über Minenabwehreinheiten und eine größere Anzahl von Versorgern und Hilfsschiffen. Insbesondere für internationale Einsätze nachgefragt ist die fliegerische Komponente mit dem Seefernaufklärer Bréguet Atlantique (bis 2005) und seinem Nachfolgemodell P-3C Orion, aber auch mit Spezialflugzeugen wie der Dornier DO 228 für die Ölaufklärung.

Als wesentliche Verstärkung der maritimen Fähigkeiten wirkte die Indienststellung der Einsatzgruppenversorger »Berlin« und »Frankfurt am Main«. Beide können unter anderem 8000 Kubikmeter Kraftstoff, 900 Kubikmeter Wasser, 225 Tonnen Verpflegung und 195 Tonnen Munition aufnehmen. Integraler Bestandteil der Einsatzgruppenversorger ist außerdem ein in Containern untergebrachtes Marine-Einsatz-Rettungs-Zentrum (MERZ), ein schwimmendes Krankenhaus zur weltweiten Erstversorgung und Stabilisierung von bis zu 45 Patienten. Die »Berlin« kam 2005 nach der Tsunami-Katastrophe vor Banda Aceh zum Einsatz.

das hohe Ausbildungsniveau der Besatzungen und die Einsatzbereitschaft der deutschen Einheiten unter Beweis. Trotz vorhandener Probleme bei Ausrüstung, Kommunikation und Koordination mit einer anderen Teilstreitkraft war der Einsatz vor Mogadischu aus Sicht der Marine insgesamt eine erfolgreiche Premiere. Mit Blick auf den Auftrag und seine Durchführung schrieb »Southern Cross« ein wichtiges Stück Marinegeschichte.

»Enduring Freedom« am Horn von Afrika

Die Anti-Terror-Operation »Enduring Freedom« (OEF) stand 2001 von Beginn an unter amerikanischer Führung. Bis heute koordinieren das U.S. Central Command (USCENTCOM) in Tampa/Florida sowie das U.S. Naval Command Central Region (USNAVCENT) in Bahrein für die maritimen Anteile den Einsatz und verfügen für das Operationsgebiet über die entscheidenden nachrichtendienstlichen Informationsmittel. Für die Deutsche

Marine bestand eine Besonderheit darin, dass das in Aufstellung begriffene Einsatzführungskommando der Bundeswehr erstmals im Januar 2002 Führungsverantwortung in einem »scharfen« Einsatz übernahm. Ein deutscher Flottenverband wurde innerhalb von nur vier Wochen ausgerüstet und vorbereitet. Als er sich nach Abschluss der operativen Planungen bereits auf dem Weg zum Horn von Afrika befand, fand der nicht unproblematische Unterstellungswechsel vom Flottenkommando zum Einsatzführungskommando statt.

Anders als bei »Southern Cross« war der Einsatz am Horn von Afrika im Rahmen von OEF – bei dem der Schwerpunkt insgesamt freilich in Afghanistan lag – aus deutscher Sicht eine reine Marineoperation, auch wenn dem Kommandeur des Einsatzkontingentes immer wieder auch Kräfte anderer Teilstreitkräfte und Organisationsbereiche unterstellt waren. Erstmals kam das »Einsatzgruppenkonzept« der Flotte, obwohl in Deutschland noch nicht strukturell umgesetzt, in vollem Umfang zum Tragen. Eine weitere Besonderheit war, dass dies nicht innerhalb der NATO geschah, sondern im Rahmen einer internationalen Koalition, die zunächst aus 16 Ländern (davon neun Nicht-NATO-Staaten) bestand. Der Flottenverband erhielt den Auftrag, im Rahmen der Task Force 150 eine weit gefasste Seeraum-Überwachungsoperation (Maritime Interdiction Operation, MIO) durchzuführen, um dabei gezielt gegen erkannte terroristische Verbindungen vorzugehen. Über die diesbezügliche Lage im Einsatzgebiet – insbesondere über die lokalen Seeverbindungswege zwischen der Arabischen Halbinsel und dem Horn von Afrika, aber auch, was mögliche Bedrohungen der Task Force selbst durch terroristische Angriffe anging – lagen dem deutschen Kommandeur zu Operationsbeginn nur unzureichende Informationen vor. Dies machte erhebliche Anstrengungen im Bereich der Aufklärung (Intelligence – Surveillance – Reconnaissance, ISR) notwendig.

Am 2. Januar 2002 liefen die Fregatten »Köln« und »Emden« sowie das Trossschiff »Freiburg«, der Tanker »Spessart« und die Tender »Donau« und »Main« von Wilhelmshaven aus in den Indischen Ozean aus, später verstärkt durch die Fregatte »Bayern« (Flaggschiff), den Einsatzgruppenversorger »Berlin« und das Flottendienstboot »Alster«. Der deutsche Beitrag für OEF umfasste auch Seefernaufklärungflugzeuge vom Typ Bréguet

»USS Cole«

Die »USS Cole« (DDG 67) wurde zum Sinnbild für eine terroristische Bedrohung, der selbst schwer bewaffnete Kriegsschiffe im Einsatz ausgesetzt sein können. Die »Cole«, ein mit Lenkwaffen ausgerüsteter Zerstörer der U.S. Navy (Baujahr 1996) mit Heimathafen Norfolk/Virginia, trägt den Namen des Sergeanten des U.S. Marine Corps Darrell S. Cole, der am 19. Februar 1945 in der blutigen Schlacht um die japanische Pazifik-Insel Iwo Jima fiel. Am 12. Oktober 2000 rammte ein mit Sprengstoff beladenes Speedboat die »Cole«, die zum Auftanken im Hafen von Aden (Jemen) lag. Der Selbstmordanschlag zweier islamistischer Terroristen tötete 17 Besatzungsmitglieder und verletzte 39 durch Explosionen. Die Detonation riss ein Loch von zwölf mal sechs Meter in die Bordwand. Die nicht mehr seetüchtige »Cole« wurde von einem norwegischen Schwertransportschiff zur Instandsetzung nach Pascagoula/Mississippi gebracht. Nach mehr als einem Jahr kehrte der Zerstörer in den aktiven Flottendienst zurück und war 2006 erneut im Einsatz am Horn von Afrika.

picture-alliance/dpa/epa afp Navy Visual News Service

Die USS »Cole« nach dem Anschlag vom 12. Oktober 2000

Atlantique, die zunächst von einer Basis im kenianischen Mombasa und später von Dschibuti aus bis März 2005 mehr als 449 Einsatzflüge und mehr als 4000 Flugstunden absolvierten. Sea King-Hubschrauber gelangten per Lufttransport an den Golf von Aden, fünf Schnellboote wurden auf Dockschiffen nachgeführt und stellten bis Mitte Februar 2002 ihre Einsatzbereitschaft her. Bereits Ende Januar entstand in Dschibuti eine Marinelogistikbasis im Einsatzgebiet (MLBE) als nationaler Abstützungspunkt.

Die deutsche Einsatzgruppe übernahm als Teil einer internationalen Task Group Überwachungsaufgaben in einem Seegebiet zehnmal so groß wie die Bundesrepublik Deutschland, das eine rund 6000 Seemeilen Küstenlinie umfasst. Es erstreckt sich von Mombasa aus über die Ostküste Somalias, Dschibutis, Eritreas und des Sudans bis ins Rote Meer und reicht über den Golf von Aden und die Arabische Halbinsel bis in den Persischen Golf. Am 5. Mai 2002 übernahm mit Admiral Gottfried Hoch erstmals ein deutscher Offizier die Funktion des Commander Task Force 150 (CTF). Er führte damit im Rahmen von OEF die gesamte Teiloperation am Horn von Afrika.

Seit dem Frühjahr 2002 nahm der Flottenverband eine Vielzahl von Aufträgen wahr. Die Einheiten überwachten terroristische Verbindungswege. *Boarding teams* der Koalitionsschiffe durchsuchten und überprüften – mit Zustimmung der Kapitäne – verdächtige Fahrzeuge; in der Zwölf-Meilen-Zone vor der Küste der Anrainerstaaten durften sie allerdings nicht operieren. Die Task Force 150 stellte außerdem den Geleitschutz für militärische Transporte sicher. Wichtige Schifffahrtslinien zwischen Europa und dem Indischen Ozean verlaufen durch den Golf von Aden, dem damit eine ähnliche Bedeutung für Handel und Rohstoffversorgung wie dem Suezkanal zukommt. Durch die Meerenge Bab el-Mandeb lief 2003 auch ein Großteil der amerikanischen und britischen Logistik für den Angriff auf den Irak. Sie durchfahren täglich 55 Schiffe. In der Straße von Hormus, die den Eingang zum Persischen Golf freigibt, sind es 75 täglich.

Der erste Einsatzzyklus des deutschen Verbandes dauerte bis zum 16. Mai 2002. An diesem Tag verlegte die vor allem im Golf von Aden eingesetzte Schnellbootgruppe planmäßig auf eigenem Kiel zurück nach Deutschland. Etwa einen Monat später begann der von nun an ständig wiederholte Wechsel

Ein Marinesoldat der Fregatte »Lübeck« präsentiert im November 2003 im Golf von Aden Waffen, die nach Boarding-Aktionen auf zwei Fischtrawlern sichergestellt wurden.

picture-alliance/dpa/BVM

der im Indischen Ozean operierenden Fregatten. Der deutsche Bundestag verlängerte das Mandat für die Beteiligung an OEF jährlich. Das Kontingent wurde wiederholt reduziert, zuletzt am 10. November 2006. Die Einsatzstärke am Horn von Afrika liegt mittlerweile bei gut 300 Soldaten. Die Deutsche Marine ist in der Task Force 150 dauerhaft mit einer Fregatte und zeitweise mit weiteren Einheiten präsent und stellt auch weiterhin im Wechsel mit anderen Nationen den Kommandeur, zuletzt bis Dezember 2006.

Wohin steuert die Deutsche Marine?

Im September 2006 titelte die Frankfurter Allgemeine Zeitung, die deutschen Soldaten, die im Rahmen der OEF Dienst leisteten, seien »Vergessen am Horn von Afrika«. Aufmerksamkeit fand die deutsche Beteiligung an der Anti-Terror-Operation »Enduring Freedom« vor allem im Zusammenhang mit dem Dritten Golfkrieg 2003, als der Vorwurf laut wurde, die Bundeswehr unterstütze im Golf von Aden direkt den amerikanisch-britischen Aufmarsch gegen den Irak. In der Berichterstattung herrschen im Allgemeinen aber die dramatische Lageentwicklung in Afghanistan, der soeben zu Ende gegangene Einsatz von Bodentruppen in der Demokratischen Republik Kongo oder die KFOR-Mission im Kosovo vor, wo für 2007 endlich eine politische Entscheidung der seit 1999 anstehenden Statusfrage erwartet wird. Den Einsatz der Deutschen Marine am Horn von Afrika hingegen, für den eine *exit strategy* bislang nicht erkennbar ist, nimmt die Öffentlichkeit eher als Routinedienst mit mäßiger Bilanz wahr: Niemand wisse – ebenso wenig wie vor der Küste des Libanon –, ob der Einsatz tatsächlich Waffenschmuggel und internationalen Terrorismus behindere. In Kilogramm messbare Erfolge der Task Force 150 scheinen eine solche Wahrnehmung zu unterstützen. Waffenfunde am Horn von Afrika beschränkten sich bislang auf kleine Mengen.

Eine solche Argumentation jedoch verliert einerseits rasch den Ursprung des deutschen Engagements aus dem Blick und sie darf andererseits nicht ausschließlich den Kampf gegen den Terrorismus in die Betrachtung einbeziehen. Der deutsche maritime Beitrag an der OEF war erstens zunächst ein Akt der Bündnissolidarität mit den Vereinigten Staaten nach den verheerenden Terroranschlägen vom September 2001. Die deutsche Beteiligung ist im Gesamtzusammenhang eines Krieges zu sehen, der in Afghanistan, im Bereich des Indischen Ozeans und seiner Randmeere und einigen angrenzenden Küstenländern geführt wird. Deutschland übernahm hier vor allem in der Anfangsphase von OEF erhebliche Verantwortung auf See.

Bereits nach wenigen Wochen des Einsatzes machte sich zweitens – freilich schwer in Zahlen bilanzierbar – vermehrt Sicherheit in der Region bemerkbar. Die Anrainerstaaten des durch Piraterie geplagten Seeraumes nahmen die internationalen Schiffe als Ansprechpartner wahr, die in Seenotfällen oder gegen Piraten zur Hilfe gerufen wurden. Deutsche Einheiten leisteten Unterstützung bei der humanitären Versorgung von »boat people« oder im April 2004 nach einer Hochwasserkatastrophe in Dschibuti. Gemeinsame Übungen mit der jemenitischen Küstenwache dienen letztlich dem Ziel, immer mehr Aufgaben im Bereich Sicherheit an die Anrainerstaaten abzugeben. Insgesamt wirkte sich die internationale Präsenz stabilisierend aus, wenn auch, wie der Einmarsch äthiopischer Truppen in Mogadischu und die Vertreibung der islamistischen Milizen zu Weihnachten

2006 zeigen, der Anti-Terror-Kampf bislang nicht für dauerhafte Stabilität gesorgt hat.

Die beeindruckende Leistungsbilanz der Deutschen Marine und die schwierigen politischen und wirtschaftlichen Rahmenbedingungen am Horn von Afrika geben allerdings durchaus Anlass darüber nachzudenken, welchen Weg die Entwicklung deutscher Seestreitkräfte insgesamt nehmen wird. Diese befinden sich spätestens seit »Southern Cross« 1994 in Somalia zumindest auf halber Fahrt in Richtung einer weltweit ausgerichteten Expeditionary Navy. Die Frage schließlich, ob der Einsatz der Marine durch die Politik sinnvoll ist, muss letztere von Fall zu Fall und ständig neu entscheiden: In Somalia wie Afghanistan wird zur Zeit wieder überdeutlich, dass weder der »war against terrorism« noch die Friedensbemühungen der Vereinten Nationen jeweils mit militärischen Mitteln allein Erfolge versprechen.

Gleichzeitig macht OEF aber auch die Vorteile zukünftiger Einsätze zur See klar. Vorabstationierungen (pre-deployment) von Seekriegsmitteln können im Vorfeld von Krisen deeskalierend wirken und als Mittel möglicher politischer Willensdurchsetzung genutzt werden. Vielleicht liegt ein Schlüssel zum Erfolg mit Blick auf deutsches maritimes Engagement vor allem darin, sich bewusst zu werden, dass Schiffe dahin fahren, wo Gefahren sein werden, statt dorthin zu fahren, wo Gefahren waren. Dies erfordert die Nutzung der Gesamtheit zur Verfügung stehender Aufklärungsmittel und die Vorlage stichhaltiger Analysen, die der Politik helfen, frühzeitige Positionsbestimmungen vorzunehmen und proaktive Entscheidungen herbeizuführen.

Bernhard Chiari

Ein Spruchband heißt die angekommenen Passagiere am Internationalen Flughafen der eritreischen Hauptstadt Asmara willkommen. Fritrea existiert erst seit 1991 als eigenständiger Staat, nachdem die ehemals italienische Kolonie über 30 Jahre lang gegen die äthiopische Besetzung gekämpft hatte.

Während auf dem Gebiet Äthiopiens bereits im Altertum mit dem Reich von Aksum ein Gebilde mit staatenähnlichen Strukturen entstand, organisierten sich die übrigen Gesellschaften am Horn von Afrika in lockeren Nomadenverbänden. Dies änderte sich erst mit den verschiedenen Staatengründungen nach Ende der Kolonialzeit. Eine Konstante waren dabei stets intensive kriegerische Auseinandersetzungen. Der »Dreißigjährige Krieg« um die Unabhängigkeit Eritreas, der je nach Sichtweise als Sezessionskrieg oder als Staatsbildungskrieg gesehen werden kann, ist hierfür ein gutes Beispiel. Daneben kennzeichnet der Staatszerfallsprozess in Somalia ab 1991 die Entstehung eines »failed state«. Obwohl sich bis heute keine gesamtstaatliche Regierung bilden konnte, kam es in einzelnen Landesteilen zum Aufbau quasi-staatlicher Strukturen und damit zu einem Prozess der Staatenbildung, dem allerdings bis heute die internationale Anerkennung versagt wird.

▰▰▰ Staatsbildung und Staatszerfall
am Horn von Afrika

Staatsähnliche Gebilde gab es am Horn von Afrika bereits lange vor der modernen Staatenbildung im 19. Jahrhundert. Die vormodernen Staatengefüge hatten entweder den Charakter von kleinräumigeren, zentralisierten Stadtstaaten oder den von großräumigeren, locker gefügten Reichen. Die ökonomische Basis dieser Staatsgebilde war in der Regel relativ schwach, da die landwirtschaftliche Produktivität zu gering war, um über ein agrarisches Überschussprodukt einen Staatsapparat dauerhaft zu unterhalten. Daher dürfte kriegerische Gewalt im Prozess der Staatswerdung eine wesentliche Rolle gespielt haben.

Das erste historisch bekannte Entstehen eines Staates in der Region, des Stadtstaats Aksum, beruhte denn auch auf kriegerisch erzwungenen Tributzahlungen und der Abschöpfung von Handelsgewinnen, die durch die Kontrolle der großen Handelsstraßen vom Nil zum Roten Meer erwirtschaftet wurden. Auch spätere Staatsgebilde gründeten vornehmlich auf erzwungenen Tributzahlungen, auf Raub und Plünderung, auf kriegerischer Expansion sowie auf der gewaltsamen Kontrolle von Handelswegen und Handelsströmen. Die materielle Basis der Grund- und Militärherrschaft des alten äthiopischen Reichs (Abessinien) war neben der kleinbäuerlichen Landwirtschaft der Krieg, der Land, Beute und tributpflichtige Besiegte einbrachte und eine Art von eigenständiger »Produktionsweise« darstellte.

Deutlich zu erkennen ist über die Jahrhunderte nicht nur der kriegerische Formierungsprozess von Staatsgebilden am Horn von Afrika, sondern auch deren kriegerische Rivalität um Existenzerhalt, Hegemonie und Ressourcen: So vor allem zwischen Aksum und rivalisierenden antiken Mächten in der Rotmeer-Region, zwischen Äthiopien und benachbarten muslimischen Reichen, zwischen Äthiopien und dem Kolonialreich Italiens am Horn von Afrika sowie zwischen Äthiopien und den postkolonialen Staaten Somalia und Eritrea. Ebenso deutlich erkennbar ist aber auch die kriegerische Gewalt bei der Schwächung oder gar Zerstörung von Staatlichkeit: So etwa beim Niedergang Aksums (seit dem 7. Jahrhundert), beim Zerfall des äthiopischen Reichs im späten 18. und frühen 19. Jahrhundert, bei der Abtrennung Eritreas von Äthiopien (»Dreißigjähriger Krieg« von 1961–1991) und beim Zerfall Somalias (Bürgerkrieg seit den 1980er Jahren).

Staatsbildung und Staatszerfall in Äthiopien

Das Selbstverständnis und die Ideologie des vormodernen äthiopischen Staatswesens gründeten wesentlich auf seiner christlichen Religion und festigten sich insbesondere in den kriegerischen Auseinandersetzungen mit rivalisierenden muslimischen Staatsgebilden. Die beeindruckende Fähigkeit des äthiopischen Staates, über lange Zeiten hindurch sein Überleben zu sichern, war wohl vor allem folgenden Faktoren geschuldet: der aksumitischen Staatstradition, dem Christentum und der Kirche, den Institutionen des Adels und der Monarchie, der zentralistischen Staatsidee, der zweckmäßig organisierten militärischen Massenmobilisierung in Zeiten des Krieges sowie der multiethnischen Gesellschafts- und Staatsverfassung. Erst gegen Ende des 19. Jahrhunderts vollzogen sich unter Kaiser Menelik II. nach einer längeren Zerfallsperiode eine neue Zentralisierung und die Umformung des äthiopischen Reichs in einen international anerkannten modernen Territorialstaat mit festgelegten Grenzen sowie dessen Einbeziehung in die diplomatischen, militärischen und wirtschaftlichen Strukturen des europäisch bestimmten internationalen Systems.

Wesentliche Voraussetzung dieses Übergangsprozesses waren eine territoriale Ausweitung und die zwangsweise Einverleibung von Bevölkerungsgruppen vor allem im wirtschaftlich attraktiven Süden des Landes (Kaffeeexporte gegen Waffenimporte) sowie die erfolgreiche Abwehr kolonial-imperialistischer Expansionsgelüste von Seiten europäischer Mächte (Sieg der Äthiopier über Italien in der Schlacht von Adwa im Jahre 1896). Der Angriffskrieg des faschistischen Italiens gegen Äthiopien (»Abessinienkrieg« 1935/36) und die italienische Besetzung des Landes (bis 1941) führten der äthiopischen Herrschaftselite nachdrücklich die Dringlichkeit des weiteren Aufbaus eines modernen Staatswesens vor Augen (siehe Beitrag von Aram Mattioli). Unter Kaiser Haile Selassie I. und dem militär-sozialistischen

Regime, das der äthiopischen Revolution von 1974 nachfolgte, wurden daher die Modernisierung und Zentralisierung des äthiopischen Staates im Sinne einer »nachholenden Staatenbildung« weiter vorangetrieben.

Allerdings gelang es dabei nicht, das von 1952–1962 in einer Föderation mit Äthiopien verbundene und danach annektierte Eritrea friedlich in den äthiopischen Staatsverband einzubeziehen. Der eritreische Unabhängigkeitskrieg von 1961-1991 war aus äthiopischer Perspektive ein Staatszerfallskrieg, aus eritreischer Sicht hingegen ein Staatsbildungskrieg. Territoriale Grundlage des neuen, im Jahre 1993 international anerkannten Staates Eritrea war die gleichnamige ehemalige italienische Kolonie am Roten Meer. Der eritreischen Befreiungsbewegung gelang es, große Teile der Vielvölkergesellschaft Eritreas und der eritreischen Diaspora zu einen und zu mobilisieren. Im Zuge des Unabhängigkeitskampfes bildete sich so über die Jahre gleichsam ein »Staat in Wartestellung« heraus, der nach dem Sieg von 1991 formal Gestalt annehmen konnte. Der Krieg des nunmehr unabhängigen Eritrea mit Äthiopien von 1998–2000 war in gewisser Weise eine historische Fortsetzung des eritreischen Un-

picture-alliance/dpa/epa anp Remco Schoonderwoerd

Äthiopische Truppen verlassen 2001 die Grenzregion zu Eritrea und überlassen das Gebiet der UN-Mission UNMEE.

abhängigkeitskrieges und hatte wohl für beide Seiten auch die Funktion einer Abgrenzung und Verfestigung ihrer nach 1991 neu formierten Staatlichkeit.

Staatsbildung und Staatszerfall in Somalia

Noch weitaus weniger als im äthiopischen Hochland war in den Somali-Gebieten des Horns infolge ungünstiger ökologisch-ökonomischer Bedingungen (hochgradige Trockenheit) ein Staatsbildungsprozess auf der Grundlage landwirtschaftlicher Überschussproduktion möglich. Die Somali stellten daher in der vorkolonialen Zeit eine »staatenlose« (Nomaden-)Gesellschaft dar, die im Zusammenhang mit ihrem Clansystem dezentral in unterschiedliche, weithin selbstbestimmte sozio-politische und wirtschaftliche Einheiten gegliedert war. Diese gerieten dennoch immer wieder in Streitigkeiten über die Nutzung von Weideflächen und Wasserstellen. Allerdings gab es an der östlichen Somaliküste einige muslimische Stadtstaaten, die jedoch stärker in das Handelssystem am Indischen Ozean eingegliedert waren sowie im Lauf der Geschichte etliche mit dem äthiopischen Reich rivalisierende muslimische Reiche im Inland, in deren Einzugsbereich im Gefolge von Wanderbewegungen auch zahlreiche somalische Bevölkerungsgruppen lebten.

Im Zeitalter des Kolonialismus und Imperialismus wurden gegen Ende des 19. Jahrhunderts die Lebensräume der Somali zwischen verschiedenen europäischen Kolonialmächten und dem äthiopischen Kaiserreich aufgeteilt (italienische, britische und französische »Somali-Länder«, ein britisch kontrollierter nordöstlicher Grenzdistrikt in Kenia und der äthiopische Ogaden). Als Reaktion auf diese Zerstückelung der Somaligebiete und die koloniale Staatenbildung kam es im Zuge des »Heiligen Krieges« der muslimischen Derwisch-Bewegung (1899–1920, vgl. Infokasten auf S. 68 f.) zeitweilig zur Entstehung eines ersten rudimentären somalischen (Derwisch-)Staates (Derwisch: islamischer Bettelmönch). Doch nach dem Sieg über die somalischen Derwische erfolgte eine noch intensivere kolonialstaatliche Durchdringung des Hinterlandes der Somali-Halbinsel. Der sich in späteren Jahren bildende moderne Somali-Nationalismus forderte eine »Wiedervereinigung« der zerstückelten Somali-Gebiete und mündete in den Zusammenschluss der einst italienischen und britischen Somali-Länder und deren staatlicher Formierung als »Republik Somalia« im Jahre 1960.

Mit diesem modernen postkolonialen Staat verfügten die Somali erstmalig über eine weiträumige und zahlreiche Clangruppen umfassende eigenstaatliche Organisation, obwohl größere somalische Bevölkerungsteile auch weiterhin in Äthiopien, Kenia und Dschibuti lebten. Ideologische und politische Grundlage des somalischen Staates war ein ethnisch-kultureller Nationalismus in Gestalt des Strebens nach einem »Größeren Somalia«, unter dem Diktator Siad Barre (seit dem Jahre 1969), zu Zeiten verstärkten sowjetischen Einflusses auch ein »somalischer Sozialismus« und Personenkult (»Siadismus«). Wirtschaftlich beruhte dieser Staat einerseits auf den Erlösen aus den Exportprodukten des Landes (vor allem Bananen und Vieh), andererseits auf den entwicklungspolitischen Zuwendungen internationaler Organisationen und dem Ressourcenzufluss von Patronagemächten (zuerst der UdSSR, dann der USA).

In der Ära der Barre-Herrschaft gelang es unter sicherheitspolitischer Anlehnung an auswärtige Mächte bis zum Ogadenkrieg mit Äthiopien von 1977/78, ein weithin wirksames, jedoch hochrepressives staatliches Gewaltmonopol durchzusetzen. Das unter Barre errichtete Herrschaftssystem trug allerdings bereits den Keim zur Zerstörung des somalischen Staates in sich. Denn wesentliche Ursache des in den 1980er Jahren einsetzenden Bürgerkrieges war das diktatorische und zentralistische Herrschaftssystem Barres sowie dessen machtpolitische Instrumentalisierung des Clanwesens. Das Ausmaß an zentralstaatlicher Unterdrückung und Ressourcenplünderung durch das zunächst vom Osten und dann vom Westen mit Geld und Waffen unterstützte Regime trug in hohem Grade zur Zerrüttung des Gemeinwesens und zum Niedergang der Wirtschaft bei. Nach der Niederlage Somalias im Ogadenkrieg waren dessen Autorität und Ansehen vollends erschüttert. Bewaffnete Oppositionsgruppen formierten sich, und im Jahre 1988 brach im (ehemals britischen) Nordwesten des Landes der Bürgerkrieg offen aus, der sich nachfolgend auf das ganze Land ausweitete und mit der Flucht Barres aus Mogadischu im Januar 1991 seinen vorläufigen Höhepunkt fand. Seither kam es im (ehemals italienischen) Süden Somalias zu vielfältigen Kleinkriegen rivalisierender bewaffneter Gruppen untereinander. Zudem bildeten sich ein »Kriegsherrentum« und eine »Bürgerkriegs-Ökonomie« aus, die durch Kontrolle über die Infrastruktur (Straßen, Flug- und Seehäfen), durch Raub, Erpressung, Plünderung, Piraterie, den Handel mit Bananen, der Khat-Droge, mit Holzkohle sowie vor allem mit Waffen gekennzeichnet war und ist. Die Mehrheit der Bevölkerung überlebte in diesen unsicheren Zeiten durch angepasste Formen der nomadischen Viehwirtschaft sowie vor allem durch Zuwendungen aus der somalischen Diaspora.

Zwischen 1992 und 1995 mischten sich die Vereinten Nationen und die USA in (Süd-)Somalia ein, um die kriegsbedingte Hungersnot abzumildern und um den Wiederaufbau von Staatlichkeit zu betreiben. Doch ist letzteres Vorhaben bekanntlich gescheitert. Wesentliche Gründe dafür waren die Interessengegensätze unter den Somali selbst, voneinander abweichende Interessen von Regionalstaaten, die Bevorzugung bewaffneter Gruppen zu Lasten der somalischen Zivilgesellschaft sowie die Festlegung auf die Wiederherstellung eines somalischen Gesamtstaates.

Auf dem »entstaatlichten« Territorium Somalias bildete sich eine dynamische Gemengelage von Zonen relativen Friedens und der Normalisierung des Alltagslebens einerseits und von Zonen anhaltender Gewalt und Unsicherheit andererseits heraus. Vorherrschender Trend war und ist die Konsolidierung und Kontrolle von Teilterritorien und staatsähnlichen Gebilden durch jeweils dominante Kriegsherren, Milizen, Clan-Allianzen und muslimische Autoritäten. Im abgespaltenen nordwestlichen »Somaliland« entstanden nach 1991 eigenständige staatliche Strukturen. Hier wandelte sich der anfängliche Staatszerfallskrieg in einen Staatsbildungskrieg. Unter Abstützung auf traditionelle Verfahrensweisen zur Konfliktschlichtung wurden die Auseinandersetzungen beigelegt. In Somaliland gelang der Aufbau einer legitimierten Regierung und verhältnismäßig wirkungsvoller administrativ-staatlicher Einrichtungen. Begleitet wurde diese langjährige administrativ-politische Verfestigung des Friedens von einer allmählichen Besserung und Normalisierung der Lebensumstände. Ein Ausdruck dieser positiven Entwicklung

picture-alliance/dpa/epa Abukar

Nach intensiven Kämpfen zum Jahreswechsel 2006/2007 flieht die Bevölkerung in Scharen aus der somalischen Hauptstadt Mogadischu.

sind die Rückkehr und Wiedereingliederung von Flüchtlingen, die Räumung von Minen, die Demobilisierung von Kämpfern und der Wiederaufbau zerstörter Städte, wirtschaftlich abgestützt vor allem durch Transferzahlungen aus der Diaspora und durch den Viehexport. Allerdings ist die faktisch unabhängige »Republik Somaliland« bis heute international und völkerrechtlich nicht anerkannt. Im Nordosten Somalias formierte sich seit dem Jahre 1998 die autonome Region »Puntland«. Die seit dem Jahre 2004 mit internationaler Hilfe eingerichtete neue somalische (Übergangs-)Regierung besteht daher bislang nur als eine nominelle gesamtstaatliche und nationale Regierung, die weder über ein Gewalt- und Steuermonopol noch über allseitige Anerkennung und Legitimation auf dem Staatsgebiet der ehemaligen Republik Somalia verfügt.

Volker Matthies

Mit der oben abgebildeten Abstimmung am 3. Dezember 1992 beauftragte der UN-Sicherheitsrat die USA, die Voraussetzungen für eine durchgreifende und langfristige internationale Hilfsunternehmung in Somalia zu schaffen. Aus der Operation »Restore Hope« entwickelte sich schließlich mit UNOSOM II eine der spektakulärsten und zugleich erfolglosesten Friedensmissionen der Vereinten Nationen in Afrika.

Ein Großteil aller UN-Friedens- und Beobachtermissionen findet heute auf dem afrikanischen Kontinent statt. Art und Umfang des internationalen Engagements unterscheiden sich dabei je nach Lage erheblich. Die momentan zahlenmäßig stärkste UN-Mission mit rund 17 000 Soldaten operiert in der Demokratischen Republik Kongo unter dem Namen MONUC. Weitere UN-Mandate existieren zum Beispiel für Eritrea und den Sudan (beides unter Beteiligung der Bundeswehr). Trotz erster Ansätze sind bisher afrikanische Organisationen noch nicht in der Lage, der Vielzahl regionaler Konflikte und Probleme ohne die Unterstützung der Vereinten Nationen zu begegnen.

Probleme internationalen Krisenmanagements

Die Gefahren für Stabilität und Sicherheit haben sich nach Ende des Ost-West-Konflikts und in Zeiten der Globalisierung maßgeblich geändert: Neben »klassische« zwischenstaatliche Konflikte sind Bedrohungen durch innerstaatliche Auseinandersetzungen, Staatenzerfall oder internationalen Terrorismus getreten. Auch die Gefährdung von Gruppen oder Individuen wird heute im Sinne des Konzepts der »human security«, d.h. Gewährung von Schutz des Individuums, von der Internationalen Staatengemeinschaft zunehmend als Bedrohung von Stabilität, Sicherheit und Entwicklung empfunden und ist damit Grundlage von Krisenmanagementoperationen. Von 1988 bis 2005 entstanden über 40 UN-Missionen. Derzeit sind mehr als 80 000 Soldaten und zivile Mitarbeiter bei UN-Einsätzen weltweit engagiert.

Bislang wurde die Internationale Staatengemeinschaft vor allem reaktiv tätig, um mit dem Einsatz von Militär, humanitärer Hilfe, Wiederaufbaumaßnahmen und genereller Entwicklungshilfe den betroffenen Staaten und Gesellschaften wieder eine langfristige Perspektive für Stabilität und Entwicklung zu geben.

Für den Kontinent Afrika spielten bis 1988 Blauhelm-Einsätze der UN kaum eine Rolle. Von den 13 UN-Operationen, die von 1948 bis 1987 stattfanden, gab es in Afrika nur den Einsatz der »Opération des Nations Unies au Congo« (ONUC) im Kongo zwischen 1960 und 1964. Trotz der Präsenz von insgesamt 20 000 Mann konnten die UN eine langfristige Stabilisierung oder Lösung der Konflikte im nunmehr unabhängigen Kongo allerdings nicht erzielen.

In den letzten Jahrzehnten war Afrika ein Schwerpunkt des internationalen Kriegsgeschehens. Hier findet heute die Mehrzahl der weltweiten Einsätze der UN statt. Trotz stärkerer afrikanischer Anstrengungen, im Rahmen der »African Union« (AU) als Akteur bei der Krisenbewältigung aufzutreten, wird der Kontinent auf absehbare Zeit weiterhin internationale Unterstützung auf diesem Gebiet brauchen.

NGOs (Non-Governmental Organizations) am Horn von Afrika

Der Begriff »Nicht-Staatliche Organisation« (oder »Nicht-Regierungs-Organisation«) bezeichnet alle Arten von zivilen Gruppen, die sich auf freiwilliger Basis in verschiedenen gesellschaftlichen Bereichen engagieren, ohne dass sie von staatlichen Stellen abhängig sind oder organisiert werden. Die Betätigungsfelder der NGOs sind zumeist soziale, gesundheitliche und humanitäre. Besonders wichtig ist dies in Ländern wie Somalia, in denen ein funktionierender Zentralstaat fehlt. Am Horn von Afrika übernehmen die NGOs Aufgaben wie die Verteilung von Nahrungsmitteln oder den Bau von Häusern, Schulen oder Brunnen. Finanziert werden diese Vorhaben durch Spendengelder und/oder Entwicklungshilfe. So unterstützte Deutschland die Länder am Horn von Afrika im Jahr 2003 mit rund 50 Millionen Euro.

Trotz der enormen Bedeutung der NGOs sind diese doch auch das Ziel von Kritik. Schon aufgrund ihrer großen Zahl kommt es zu Konflikten bei der Verteilung vorhandener Geldmittel. Momentan sind am Horn von Afrika mehrere Hundert verschiedene nationale und internationale Organisationen tätig. Diese müssen immer wieder

picture-alliance/dpa/dpa unhcr

Die UN-Hochkommissarin für Flüchtlinge, Sadako Agata (li.), und Mitarbeiterinnen der Hilfsorganisation »Ärzte ohne Grenzen« im Mandera Camp in Kenia

neue, zum Teil private Geldgeber suchen, die ihrerseits ein finanzielles Engagement an Forderungen bezüglich der thematischen oder regionalen Verwendung der verausgabten Mittel knüpfen. Folglich sind die NGOs nicht immer unabhängig und neutral. Ihre auffällige Konzentration in Krisengebieten, die gerade im Blickpunkt der Medien stehen, ist vor diesem Hintergrund besser zu verstehen.

Durch falsch eingesetzte Hilfe und fehlende Koordination wurden in manchen Fällen humanitäre und politische Krisen eher verschlimmert als gelöst. Einige Organisationen verloren angesichts der enormen Finanzumfänge im Geschäft der Entwicklungshilfe (2003 zahlte die Bundesrepublik Deutschland über 400 Millionen Euro an NGOs weltweit) ihren Status als »Non-Profit Organizations« aus den Augen. Kriminelle Handlungen kamen vor allem in Gebieten vor, in denen Hilfsgelder ohne eine ausreichende Kontrolle vergeben wurden. Trotz aller Schwierigkeiten und Missstände haben jedoch oft allein die NGOs die Möglichkeit, der Not leidenden Bevölkerung sinnvoll zu helfen. *(am)*

Bei aller Unterschiedlichkeit der Missionen gibt es eine Reihe gleichartiger Aufgaben im Rahmen des Krisenmanagements, die erfolgreich durchgeführt werden müssen, um die Chance für eine stabile Zukunft in den jeweiligen Ländern zu schaffen. Neben der zunächst wichtigen Humanitären Hilfe gehören dazu: Abrüstung, Demobilisierung, Entwaffnung und Wiedereingliederung von Soldaten sowie von paramilitärischen Kämpfern und die Rückführung von Flüchtlingen (so genannten IDPs – Internally Displaced Persons). Zivil-militärische Zusammenarbeit (CIMIC) dient hierbei auch der »force protection«. Schließlich geht es um Unterstützung für den Wiederaufbau des Staatswesens und die Wiedererrichtung des staatlichen Gewaltmonopols und administrativer Bereiche. Dieses schließt unter Umständen auch die zeitlich begrenzte Übernahme hoheitlicher Aufgaben, z.B. durch die UN, mit ein.

UN-Missionen und UN-Organisationen sind jedoch bei Weitem nicht die einzigen Akteure im Interventionsland. Im Gefolge kommen einzelne Staaten, bi- und multilaterale Geber, Weltbank und IWF sowie Hundertschaften internationaler Nicht-Regierungs-Organisationen (NGOs) hinzu.

Das Horn von Afrika

Es sind die Naturkatastrophen und Kriege der Länder am Horn von Afrika, die unser Bild von der Region prägen: So der mit Unterbrechungen bis 1991 geführte Sezessionskrieg zwischen Eritrea und Äthiopien; die vielfältigen inneräthiopischen Konflikte, die Hungerkatastrophen in Äthiopien und Somalia; die Auflösung staatlicher Ordnung und die gescheiterte Friedensmission in Somalia einschließlich der Teilnahme von Bundeswehrsoldaten an diesem Blauhelmeinsatz Anfang der neunziger Jahre; schließlich der verlustreiche Grenzkrieg zwischen Eritrea und Äthiopien Ende der neunziger Jahre. Zusätzlich haben Somalia und Äthiopien eine zwischenstaatliche Auseinandersetzung um die territoriale Kontrolle über das Ogadengebiet im Osten von Äthiopiens geführt (vgl. den Beitrag von Andreas Mückusch). Zugleich schafft die desolate Sicherheitslage durch die weitge-

picture-alliance/dpa/Tim Brakemeier

Der Rückverlegungs-Konvoi des UNOSOM II-Kontingents am 13. Februar 1994 auf seinem Weg nach Mogadischu

hende Abwesenheit staatlicher Kontrolle einen möglichen Operationsraum für Terroristen in der Region, wie die Anschläge im Jahr 2000 auf die »USS Cole« im Jemen und 2002 auf den französischen Tanker »Limburg« vor der jemenitischen Küste gezeigt haben.

Somalia

Alle Bemühungen, Frieden in Somalia zu erreichen, sind bisher gescheitert. Weder militärische Interventionen, Vermittlung durch internationale Akteure wie die UN (UNOSOM I und II) oder die Europäische Union (EU), die Staaten der Region (Äthiopien, Ägypten, Dschibuti, Kenia) noch durch Regionalorganisationen wie die neuerliche Initiative der »Intergovernmental Authority on Development« (IGAD) haben zum Erfolg geführt. Es kam trotzdem zu den bekannten Entwicklungen, mit dem erfolglosen Ende von UNOSOM war die erste internationale Krisenintervention im Rahmen der »neuen Weltordnung« eindeutig gescheitert.

Ohne hier im Einzelnen auf die Ursachen eingehen zu können, wird doch deutlich, dass sich im Falle Somalias ein Versagen nahezu aller Akteure im Krisenmanagement bündelte. Die UN in der Person des damaligen Generalsekretärs Boutros Ghali wurden vom somalischen Warlord Aidid nicht akzeptiert. Als 1992 Kämpfer von Aidids Clan 23 pakistanische UN-Soldaten töteten, machte das die Chance auf eine friedliche Zusammenarbeit mit der UN endgültig zunichte. Aidid begann zudem, die Nahrungslieferungen der Hilfsdienste zu verhindern und verwickelte die internationale Truppe in weitere blutige Kämpfe. Obwohl die USA sogar ein Kopfgeld aufboten, hatten auch sie mit ihrer Politik und Fixierung auf Aidid keinen Erfolg. Zusätzlich kam es zu Vorwürfen durch Menschenrechtsorganisationen, die UN hätten gravierende Menschenrechtsverletzungen begangen. Alles in allem macht dies deutlich, dass die unter UN-Mandat agierenden internationalen Friedensmissionen dem hochkomplexen Konfliktszenario nicht gewachsen waren.

Im Ergebnis führte dies dazu, dass in weiten Teilen Somalias seit 1991 Gewalt und Gesetzlosigkeit herrschen. International

Operation »Restore Hope«

Der Bürgerkrieg in Somalia mündete nach dem Sturz des Barre-Regimes 1991 in einer humanitären Katastrophe für die Bevölkerung. Mehr als 300 000 Menschen verhungerten. Die UN reagierte und entsandte im April 1992 Blauhelmsoldaten nach Mogadischu (UNOSOM I), die für eine gerechte und effiziente Verteilung von Hilfslieferungen und die Einhaltung einer beschlossenen Waffenruhe sorgen sollten. Die kleine UN-Truppe konnte die UN-Forderungen aber nicht durchsetzen.

Im Dezember 1992 übertrug der UN-Sicherheitsrat einer multinationalen Truppe unter Führung der USA (UNITAF) die Aufgabe, die Voraussetzungen für eine durchgreifende humanitäre Hilfeleistung in Somalia zu schaffen. Diese Operation mit dem Namen »Restore Hope« beinhaltete ausdrücklich auch die Anwendung von militärischer Gewalt. Bis zum Frühjahr 1993 gelang es den etwa 28 000 U.S.-Soldaten, zumindest die Region um Mogadischu zu befrieden und ein System der Nahrungsmittelverteilung durch Hilfsorganisationen zu etablieren.

picture-alliance/dpa/epa afp

Nachdem dies erreicht war, übernahm die UNO erneut die Führung in Somalia. Das neue Kontingent (UNOSOM II) wurde mit weitreichenden Kompetenzen ausgestattet, um den Aufbau einer Verwaltung sowie die Entwaffnung der Milizen durchsetzen zu können. Zeitweilig waren über 30 000 Blauhelmsoldaten in Somalia im Einsatz. Zwar verbesserte sich die Versorgungslage

Ein italienischer Blauhelmsoldat
in Mogadischu (Februar 1992)

der Bevölkerung deutlich, ein dauerhafter Friedensprozess konnte jedoch nicht in Gang gebracht werden. Verfeindete Clanchefs, allen voran Farah Aidid, kontrollierten weiterhin das Land. Auch militärische Gewalt brachte keinen Erfolg. Immer wieder kam es zu Zwischenfällen, bei denen Blauhelme und Somalis getötet wurden. Die Somalis sahen die UN-Truppen zunehmend als Besatzer und nicht als Helfer an. Nachdem im Oktober 1993 18 U.S.-Soldaten bei Kämpfen in Mogadischu getötet worden waren, kündigte Präsident Clinton den Rückzug der USA aus Somalia an. Da mehrere Friedenskonferenzen ohne Ergebnis abgebrochen worden waren, beschloss der Sicherheitsrat, UNOSOM II zu beenden. Am 1. März 1995 verließen die letzten 2400 UN-Soldaten Somalia und überließen das Land dem Chaos.

entwickelte sich eine Appeasementpolitik (Beschwichtigungspolitik) gegenüber den dort nunmehr herrschenden Warlords. Die von den USA gestützte somalische Allianz gegen den Terror ist 2006 zerbrochen. Islamische Milizen hatten damit das Land weitgehend unter ihre Kontrolle gebracht. Die Regierung Äthiopiens intervenierte im Dezember 2006 militärisch, um die schwache Übergangsregierung im Kampf gegen die Milizen zu unterstützen. Zusätzlich griff die US Air Force mit Kampfflugzeugen mutmaßliche Verstecke von al-Qaida-Terroristen an. Damit war Washington erstmals wieder militärisch in Somalia engagiert. Ende Februar 2007 hat die somalische Regierung mit der Unterstützung Äthiopiens die Kontrolle des Landes von den islamistischen Milizen zunächst zurückgewonnen. Inzwischen begannen die äthiopischen Truppen mit dem Rückzug.

Am 20. Februar 2007 mandatierte der UN-Sicherheitsrat mit der Verabschiedung der Resolution 1744 einstimmig eine AU-Mission in Somalia (AMISOM) für die Dauer von zunächst sechs Monaten. Es handelt sich dabei um einen Einsatz nach Kapitel VII der UN-Charter, die Maßnahmen zum »peace enforcement« einschließt. Der UN-Generalsekretär Ban Ki Moon wurde aufgefordert, innerhalb von zwei Monaten dem Sicherheitsrat über Verlauf und Fortschritt von AMISOM zu berichten.

Libyen, Malawi, Nigeria und Uganda erklärten sich bereit, Soldaten für die geplante 8200 Mann starke Mission zu stellen.

»Black Hawk Down«

Die Operationen der U.S.- und UN-Truppen in Somalia der Jahre 1992–1994 wurden durch globale Medienaufmerksamkeit hervorgerufen und begleitet. Genauso stellten die weltweit ausgestrahlten Bilder von amerikanischen Gefallenen im »Battle of Mogadishu« vom 3./4. Oktober 1993 den Höhe- und Wendepunkt des amerikanischen Engagements am Horn von Afrika dar. Die Operation wurde im 1999 erschienenen Buch »Black Hawk Down« von Mark Bowden thematisiert und zwei Jahre später unter der Regie von Ridley Scott verfilmt.

Der an die tatsächlichen Ereignisse angelehnte Handlungsstrang des Films erzählt von den Kämpfen von U.S. Truppen gegen die Milizen um Mohammed Farah Aidid. Beim Einsatz eines kombinierten Kommandos aus Soldaten der Delta Force, U.S.-Rangers und Spezialkräften der Heeresflieger werden zwei der amerikanischen Black Hawk-Hubschrauber MH 60 durch Beschuss zum Landen gezwungen, worauf die notgelandeten Besatzungen in heftige Feuergefechte mit somalischen Milizen geraten. Auch der zur Unterstützung angesetzte Fahrzeug-Konvoi von U.S. Rangers führt heftige Kämpfe. Obwohl es gelingt, ein Großteil der Hubschrauberbesatzungen in die pakistanische UN-Basis zu evakuieren, belaufen sich die amerikanischen Verluste auf 19 tote und rund 70 verwundete Soldaten.

Die politische Konsequenz der realen Handlung war ein Umschwenken der amerikansichen Außen- und Sicherheitspolitik. U.S.-Präsident Bill Clinton ordnete zwei Tage nach der »Battle of Mogadishu« an, alle über die Selbstverteidigung hinausgehenden militärischen Operationen in Somalia zu stoppen. Dieser Umschwung der U.S.-Politik in Richtung Disengagement erklärt auch die spätere zögerliche Haltung der amerikanischen Regierung angesichts Krisen und humanitärer Katastrophen, die Mitte der 1990er Jahre, in Ruanda und auf dem Balkan auftraten.

Den Film drehte Scott mit Unterstützung der U.S.-Streitkräfte. Kritiker bemängelten, dass die erheblichen Verluste der somalischen Kämpfer und vor allem der als menschliche Schutzschilde missbrauchten Zivilisten keine angemessene Berücksichtigung fanden. Die Schätzungen schwanken zwischen 500 und 2000 somalischen Opfern. So wird in »Black Hawk Down« weniger die in die Kritik geratene Operation thematisiert, sondern das mehrfach gezeigte Leitmotiv der Kameradschaft: »Wir lassen keinen zurück.« *(mr)*

Diese Zielgröße stellt allerdings ein Problem dar, weil es an angemessenen Mitteln für den Einsatz fehlt. Die Europäische Union will die Unternehmung mit 15 Millionen Euro unterstützen. Anfang März wurde das ugandische Kontingent mit der vorgesehenen Gesamtstärke von rund 1500 Mann disloziert und machte mit der Übernahme des Flugplatzes von Mogadischu den Willen von AMISOM deutlich, schnell an neuralgischen Punkten Präsenz zu zeigen.

Die Eingreiftruppen werden sicher keine sofortige Verbesserung der allgemeinen Sicherheitslage bewirken können. Hierzu fehlt es an den notwendigen tragfähigen Strukturen. Umgehend einsetzende bewaffnete Angriffe gegen AMISOM machten dies sehr bald deutlich. Eine eindeutige Zuordnung der Angreifer zu den ehemaligen islamischen Milizen oder Kräften der in Mogadischu ansässigen Warlords bzw. zu kriminellen Strukturen ist kaum möglich. Täglich werden Regierungssoldaten und Äthiopier angegriffen, auch der Flughafen wird mit Mörsern beschossen. Die Übergangsregierung hat die Lage, bisher zumindest, nicht im Griff.

Die gewaltsamen Auseinandersetzungen haben zudem zu einer weiteren Verschlechterung der Versorgungssituation und des Zugangs ausländischer Hilfsorganisationen geführt. Zugleich war Somalia bereits im vergangenen Jahr mehrfach von humanitären Krisen durch Dürreperioden und Überschwemmungen heimgesucht worden. Das Ende des kurzen äthiopischen Feldzuges und das Eingreifen der AU bedeuten daher nicht das Ende der somalischen Probleme. Von Frieden und Stabilität ist das Land auch heute noch weit entfernt.

Äthiopien/Eritrea

Ein weiterer wichtiger Konflikt am Horn von Afrika, in welchem die UN mit Krisenmanagement aktiv waren und sind, ist der Äthiopien-Eritrea-Konflikt. Hier erzielte der UN-Einsatz einen zumindest partiellen Erfolg. Der Krieg begann mit Grenzstreitigkeiten 1998 und entwickelte sich zu einer massiven militärischen Auseinandersetzung zwischen den Staaten, bei dem bis zu 100 000 Soldaten ums Leben kamen. Äthiopien konnte diesen

Krieg im Jahr 2000 für sich entscheiden. Mit massivem Druck seitens der USA, der EU und der OAU (heute AU) kam es im Juni 2000 zu einer Waffenstillstandsvereinbarung und schließlich im Dezember zu einem Friedensvertrag. Eine Blauhelmtruppe soll im Rahmen der United Nations Mission in Ethiopia and Eritrea (UNMEE) den Rückzug beider Streitkräfte aus einer Pufferzone überwachen. Zudem sollte eine internationale Grenzkommission die Festlegung der Grenze vornehmen.

Die UNMEE-Mission wurde im Jahr 2000 mit einem Umfang von 4200 Blauhelmen eingerichtet. Im April 2006 umfasste sie 3152 Soldaten, 221 militärische Beobachter, unterstützt von etwa 370 nationalen und internationalen Zivilisten, sowie 65 »UN Volunteers« (Freiwilligen). Interessant ist, dass in diesem Zusammenhang die durch eine dänische Initiative entstandene »Standing High-Readiness Brigade« (SHIRBRIG) eingesetzt wurde. Auch die damalige »Organization of African Union« (OAU) war konstruktiv beteiligt. So führte dieser eher »klassische« Blauhelmeinsatz, um zivile und humanitäre Elemente ergänzt, letztlich zum Erfolg. Einrichtung und Überwachung der demilitarisierten Pufferzone konnten gewährleistet werden. Deutschland beteiligte sich mit zwei Beobachtern an dieser Mission.

Doch auch hier bleibt zu bezweifeln, ob sich damit bereits eine langfristige Lösung der Interessenkonflikte ergeben hat. Im Friedensprozess gibt es seit geraumer Zeit keinen wirklichen Fortschritt. Der Stillstand wird hauptsächlich durch die Weigerung Äthiopiens bestimmt, die Beschlüsse der Grenzkommission umzusetzen. Eritrea verhängte zudem im Oktober 2005 erhebliche Beschränkungen für UNMEE, die eine mandatsgemäße Überwachung erschweren.

Angesichts der Bemühungen der USA (Entsendung von Sondergesandten) und der EU, eine Annäherung und Fortschritte im Rahmen von Grenzkommissionstreffen zu erzielen, wurde das UN-Mandat mehrfach verlängert, zuletzt mit Resolution 1681 (31. Mai 2006) unter Beibehaltung der Mandatsaufgaben für weitere vier Monate. Die künftige Truppenstärke soll aber auf 2300 Soldaten, davon bis zu 230 Militärbeobachter, zurückgenommen werden.

Die Operation »Enduring Freedom« schließlich ist das von den USA geführte Unternehmen einer internationalen Staatenkoalition gegen den globalen Terrorismus. Sie begann am 7. Oktober 2001 mit Luftschlägen gegen Ziele in Afghanistan. Im Januar 2002 verlegte dann ein Einsatzverband der Marine in das Seegebiet am Horn von Afrika. Es handelt sich damit nicht um eine durch die UN geführte »peacekeeping mission«, sondern um einen multinationalen Einsatzverband. Hierbei geht es um die Überwachung und den Schutz der Seegebiete und der Seetransportwege vor terroristischen und/oder kriminellen Übergriffen (vgl. den Beitrag von Bernhard Chiari).

Schlussfolgerungen für das Krisenmanagement

Zusammenfassend lässt sich feststellen, dass sich auf Grund der heutigen weltweiten Konfliktstrukturen ein verändertes Einsatzspektrum für Krisenmanagement ergibt. Es handelt sich überwiegend um asymmetrische Konflikte, bei denen es keinen einheitlich organisierten Gegner mehr gibt. Vielmehr umschließt die Bandbreite gewaltbereiter Akteure paramilitärische Einheiten, bewaffnete Clans und Warlords einschließlich organisierter Kriminalität und Terrorismus in unterschiedlichster Ausprägung.

Die politischen Entscheidungsträger betonen immer wieder, dass hier dem Einsatz von Entwicklungspolitik und -hilfe eine wesentliche Rolle zukommt, um den humanitären Hilfsmaßnahmen eine langfristige Perspektive zu geben. Ob dies allerdings ursächlich zur Verhinderung von Konflikten beiträgt, bedarf wohl nicht nur mit Blick auf Äthiopien und Somalia einer kritischen Überprüfung.

Wesentliche Probleme ergeben sich nicht nur aus der facettenreichen Struktur asymmetrischer Konflikte, sondern auch aus der Tatsache, dass die involvierten Kämpfer häufig kein Interesse an der Beendigung der Auseinandersetzungen haben. Sie leben vielmehr von den Möglichkeiten, die ihnen der vorhandene rechtsfreie Raum zur Durchsetzung ihrer eigenen Ziele bietet. Die Akteure folgen damit einer anderen Rationalität als in klassischen Konflikten beobachtbar. Die im Zusammenhang mit zer-

Afrikanische Organisationen

Auf dem afrikanischen Kontinent existieren zahlreiche Organisationen, die sich für politische und wirtschaftsfördernde Ziele engagieren. Eine der größten ist die »African Union« (AU). Ziel der seit 2000 als Nachfolgeorganisation der »Organization for African Unity« (OAU) bestehenden Organisation mit Sitz in Addis Abeba ist die Schaffung von Einheit und Solidarität zwischen den afrikanischen Staaten und Völkern sowie die Förderung von Stabilität, Frieden, wirtschaftlichem Wachstum und Menschenrechten. Der AU gehören mit Ausnahme von Marokko alle 53 afrikanischen Staaten an.

Die »Intergovernmental Authority on Development« (IGAD, Sitz in Dschibuti) wurde 1996 gegründet. Zu ihren Mitgliedern zählen Äthiopien, Dschibuti, Eritrea, Kenia, Sudan, Somalia und Uganda. Die Entwicklung der Mitgliedsstaaten sowie friedensfördernde Maßnahmen und Krisenprävention sind ihre Hauptzielsetzungen. Besonders engagiert ist IGAD im sudanesischen und somalischen Friedensprozess.

Seit 1999 besteht die »East-African Community« (EAC). Sie ist eine Wirtschaftsgemeinschaft der Länder Kenia, Uganda und Tansania mit Sitz in Arusha, Tansania. Die Zusammenarbeit erstreckt sich auf politische, wirtschaftliche und rechtliche Bereiche. Die drei Länder haben einen gemeinsamen Außenzoll, ihre Bevölkerung beträgt 82 Millionen Menschen.

Der »Common Market for Eastern and Southern Africa« (COMESA) umfasst 20 Staaten des östlichen und südlichen Afrikas mit dem Ziel eines gemeinsamen Handelsmarktes. COMESA besteht seit 1994 und hat seinen Sitz im sambischen Lusaka. *(ft)*

picture-alliance/dpa/DB Sepp Riff

Plakat zur
Gründungs-
konferenz der
OAU 1963 mit den
Staatschefs aller
beteiligten Länder

fallenden Staaten stehenden Probleme wie internationaler Terrorismus, Proliferation (Weitergabe von Mitteln zur Herstellung von Atomwaffen), Organisierte Kriminalität, Menschenhandel, Armut und Pandemien haben dabei über die Region hinausgehende Wirkungen. Hier wird das östliche Afrika auch weiterhin erhöhter Aufmerksamkeit bedürfen.

Es ist offensichtlich, dass bei zukünftigen Operationen die Vereinten Nationen nicht mehr als »klassische Blauhelme«, d.h. als Puffer zwischen zwei Konfliktparteien fungieren können. Einsatzkräfte im Krisenmanagement müssen vielmehr weitergehende Aufgaben der Friedenserzwingung und Friedenskonsolidierung durch entsprechend militärisch ausgerüstete und gut ausgebildete Truppen übernehmen. Dies geschieht mit der politischen Zielsetzung von »nation building«. Dabei darf nicht übersehen werden, dass die Vorstellungen eines westlichen, demokratischen Verfassungsstaates von der Einhaltung der Menschenrechte, Geschlechtergerechtigkeit, Religionsfreiheit und Pluralismus nicht unbedingt der historischen Erfahrungswelt dieser Länder entsprechen und somit gewachsenen Traditionen zuwiderlaufen.

Das bedeutet, dass die jeweiligen Bedingungen im Land, der Zustand von Wirtschaft und Gesellschaft, der politischen Institutionen und der kulturellen Grundlagen, vor Beginn der Krisenmanagementoperation sorgfältig analysiert werden müssen. Die Konflikte des 21. Jahrhunderts verschließen sich einem Krisenmanagement nach »Schema F«. Vielmehr wird jeder mögliche Einsatz auf seine Besonderheiten, Chancen und Risiken hin zu prüfen sein.

Axel W. Krohn

Die Gesellschaften am Horn von Afrika bestehen seit Jahrhunderten aus vielschichtigen, oft sehr kleinteiligen Gemeinschaften. Ethnien, Clans, Sippen, Religionsgemeinschaften, Bruderschaften und andere Zusammenschlüsse prägen das Bild und organisieren das Leben der Menschen. Staatliche Strukturen werden hingenommen, spielen im täglichen Überlebenskampf aber nur eine untergeordnete Rolle. Insbesondere während der immer wieder auftretenden kriegerischen Konflikte hat die örtliche soziale Ordnung den betroffenen Gebieten eine gewisse Stabilität verliehen. In so genannten »Friedensräumen« blieben die Dorfgesellschaften – wie auf dem Bild des Dorfes Gäräb Didigh in Wäjjärat im äthiopischen Hochland – trotz extremer Mangelversorgung und durch das Land ziehender Armeen in sich geschlossen und gewaltfrei. Die folgerichtige Nutzbarmachung dieses Phänomens wird insbesondere in der modernen Konfliktforschung als zukunftsweisendes Modell für die weltweite Konfliktprävention betrachtet.

Lokaler Frieden und Stabilität in Zeiten nationaler Krise und internationaler Kriege

Kriegs- und Krisenkontinent – so kennt man Afrika aus der europäischen Berichterstattung. Dabei steht insbesondere das Horn von Afrika, bedingt durch eine Vielzahl gewalttätiger Konflikte, immer wieder im Mittelpunkt der Aufmerksamkeit. Kriegszüge verschiedener Herrscher und Völker sind dort seit Beginn der historischen Aufzeichnungen – den mittelalterlichen äthiopischen Herrscherchroniken – in großer Zahl überliefert. Das hat sich, vordergründig betrachtet, bis heute nicht geändert: Am Horn scheiterte in den 1990er Jahren der erste U.S.-amerikanische Einsatz in Somalia unter blutigen Umständen; dort fand zwischen 1998 und 2000 ein äußerst verlustreicher militärischer Konflikt statt: der Krieg zwischen Eritrea und Äthiopien. Die Assoziation ist somit klar: Krieg und Krise, massive Zerstörungen und eine durch diese Umstände leidende Bevölkerung. Aber gibt der im Westen gewonnene Eindruck die Realitäten vor Ort richtig wieder?

Lokale »Friedensräume« und zentrale Staatsgewalt

Am gesamten Horn von Afrika besitzen regionale Strukturen, die über Jahrhunderte gewachsen sind, oft größere Stabilität als die insgesamt viel neueren staatlichen Einrichtungen. Dies ist im gesamten afrikanischen Kontext festzustellen, wo die Bedeutung des Aufbaus gesamtstaatlicher Gefüge durch westliche Betrachter manchmal etwas überbewertet wird. Es gilt in der Konsequenz auch für internationale, insbesondere westliche Fördermechanismen, die traditionell vorwiegend auf moderne, staatliche Institutionen zielen und so in manchen Fällen mehr zur Destabilisierung beitragen als zur Stabilisierung. In westlichen Demokratien geht man aufgrund historischer Erfahrungen davon aus, dass Frieden auf verlässlichen Staatsstrukturen basiert. Nach dieser

Vorstellung ist ein funktionierendes staatliches Gewaltmonopol die Voraussetzung für jegliche Stabilität – politisch, rechtlich wie auch wirtschaftlich. In der Folge werden lokale Einrichtungen und Verhältnisse oft übersehen. In Abwesenheit eines starken Staates, der Rechtssicherheit und wirtschaftliche Stabilität bieten könnte, haben sich jedoch am Horn von Afrika zahlreiche Formen der Selbstorganisation gebildet oder traditionelle Gefüge stärker ausgeprägt. Seit Jahrhunderten bestehen beispielsweise Ältestenräte auf Dorfebene und innerhalb von Clans. Bei auftretenden Problemen werden dort in Form ausführlicher Diskussionen alle unterschiedlichen Interessen festgestellt und abschließend häufig ein von allen getragener Beschluss getroffen.

Foto: Wolbert Smidt

Verhandlungen eines Ältestenrates in dem äthiopischen Dorf Däbrä Ma'ar in der Provinz Tigray

Vergleichbare Mechanismen greifen sowohl für die traditionell schwer kontrollierbaren Nomadengebiete wie die der Afar in Äthiopien, Eritrea und Dschibuti und der Somalis in Somalia, Dschibuti und Äthiopien wie auch für zahlreiche ländliche, bäuerlich geprägte Gegenden des äthiopischen und eritreischen Hochlandes. Letzteres ist bekannt für die Entwicklung eigener Rechtsbücher besonders seit dem 17. Jahrhundert, mit denen räumlich begrenzte Gebiete ihre Angelegenheiten vollkommen selbständig regelten. Auffällig ist dabei, dass hier eine Vielzahl von Bestimmungen etabliert wurden, die eine stabile Versorgung aller Teile der Bevölkerung gewährleisteten und auch eine relativ gleichmäßige Verteilung von Wirtschaftsgütern, insbesondere von Land, sicherstellten. Moderne Hilfe zum Aufbau von Staatsstrukturen hingegen bedeutete häufig die Stärkung einzelner Machtgruppen (wie in Somalia oder in Äthiopien in der Vergangenheit das autokratische Kaiserhaus), die mit ausländischer Finanzhilfe – zeitweise auch Waffenhilfe – die Zerschlagung der geschilderten lokalen Strukturen in Angriff nehmen konnten.

Der lokal organisierte nordäthiopische Regionalstaat Tigray

Während der Ausbruch und Ablauf von Konflikten relativ gut untersucht ist, gilt dies nicht für dauerhaften Frieden unter scheinbar unmöglichen Bedingungen. Es ist ein bemerkenswertes Phänomen, dass trotz teilweise jahrzehntelanger kriegerischer Konflikte und ökonomischen Drucks (Hunger, Missernten, Inflation) ganze Regionen einen hohen Grad an Stabilität bewahren können. Dies trifft auf den Regionalstaat Tigray in Nordäthiopien zu, den wir hier als Beispiel heranziehen. Angesichts eines schwachen oder die lokalen Gemeinschaften sogar bedrohenden Staates haben die Tigrayer sich einen eigenen politischen Handlungsspielraum geschaffen, der wirtschaftliche und politische Gerechtigkeit »organisiert« und damit einen hohen Grad an innerer Stabilität schafft. Man kann hier von regelrechten »Friedensräumen« sprechen. Dies bedeutet konkret: Trotz extremer Mangelversorgung und immer wieder durch das Land ziehender Armeen bewahrten die Dorfgesellschaften Ruhe. Ein Netz der Solidarität und ein sehr hohes Verpflichtungsgefühl der örtlichen Gemeinschaft gegenüber sorgten in jedem Dorf dafür, dass niemand sich der Notwendigkeit entzieht, die Versorgung des Gemeinwesens sicherzustellen.

Für die internationale Entwicklungszusammenarbeit ergibt sich hieraus die unausweichliche Frage, ob mit den oft aus traditionellen Gesellschaften erwachsenen »Friedensräumen« möglicherweise Instrumentarien entstanden sind, die auf höherer Ebene genutzt werden und mithin friedensstiftend wirken können. Darüber hinaus lassen sich aus der Erforschung lokaler Strukturen auch nützliche Erkenntnisse für die internationale Politikberatung gewinnen, wenn Ausbruch und Ablauf moderner Konflikte aus relativ feststehenden lokalen Mustern resultieren sollten und somit vorhersehbarer werden.

Die »große Familie«: Das Phänomen der Bruderschaft

Die Dorfgesellschaften Tigrays bieten ein in sich scheinbar widersprüchliches Bild. Es fällt einerseits die große Bedeutung traditioneller Überlieferung kriegerischer Begebenheiten auf (bis hin zu Malereien über Kriegszüge in zahlreichen Kirchen), andererseits aber die ausgeprägte persönliche Bindung der verschiedenen Generationen untereinander sowie die Existenz von umfassenden Freundschaftsnetzwerken, in die jeder Einzelne eingebunden ist. Die Kriegsgeschichten beziehen sich auf Konflikte mit »fremden« ethnischen Gruppen und Heldentaten im Dienst von Königen – die Konflikte sind nach außen gerichtet. Der enge Zusammenhalt in den Dorfgemeinschaften wiederum, also die Harmonie im Inneren, wird mit »Liebe« erklärt, die man füreinander empfinde, aus der die Pflicht resultiere, sich gegenseitig immer und unter allen Umständen beizustehen. Eine solche Einstellung mildert die ansonsten stark ausgeprägte Hierarchie, nach der seit Jahrhunderten das Vorrecht des jeweils Älteren gilt – beim Reden, Essen wie auch in politischen Versammlungen.

In der traditionellen Gesellschaft, die sich besonders in den Dörfern erhalten hat, ist ein kompliziertes Geflecht von Organisationen entstanden. Sie organisierten einerseits eine möglichst gleichmäßige Verteilung der knappen Ressourcen, andererseits den Austausch gegenseitiger Hilfe und Arbeitsleistungen. Besonders wichtig sind in Tigray dabei die nach Heiligen (z.B. Sankt Georg, dem äthiopischen Nationalheiligen) benannten dörflichen »Biervereinigungen«.

Mit seiner Heirat wird jeder Mann Mitglied einer solchen Vereinigung, die sich sonntäglich trifft und innerhalb derer nahezu jedes anfallende Problem zu lösen ist. Ähnlich starke Bindungen gehen von der Bruderschaftsvereinigung (»*hawennet*«) aus, die parallel zu den Biervereinigungen existiert und auf Verwandtschaft beruht. Beide zusammen schaffen ausgesprochen belastbare Netzwerke. Nahe der lokalen Identität definiert die »Bruderschaft« die Zusammengehörigkeit aller Tigrayer als wichtigen Teil des Selbstverständnisses. Dies sorgt für flache und damit relativ wirkungsvolle Hierarchien sowie einen vergleichsweise hohen Grad politischer Einmütigkeit. Meinungsverschie-

Foto: Wolbert Smidt

Männer der Biervereinigung von Dibere in der Provinz Tigray

denheiten werden in langen Gesprächen intern besprochen. Das Gebot der Harmonie schließt aus, dass Konflikte in der Öffentlichkeit ausgetragen werden. Politische Auseinandersetzungen sind von Begriffen wie »Brüderlichkeit« und »Einigkeit« geprägt. Dies wird zusätzlich verstärkt durch den gemeinsamen Glauben – Tigray ist das Zentrum des bereits in der Antike nach Äthiopien gekommenen Christentums. Das Gefühl der Gemeinsamkeit wird weiterhin durch mythische Geschichten über die gemeinsame Abstammung von den Gründervätern Äthiopiens unterstützt: Tigray gilt als das historische Kernland Äthiopiens, in dem bereits in biblischen Zeiten der Sohn Salomos sein Königreich errichtet haben soll. »Wir sind alle die Kinder Salomos und seiner Gefolgsleute« ist deshalb eine immer wieder zu hörende Redewendung in diesem Teil Äthiopiens.

Ausblick

Die geschilderten Beispiele machen zweierlei verständlich: einerseits den erfreulichen Grad lokaler Stabilität. Konflikte werden durch weitgespannte Netzwerke gegenseitiger Verpflichtungen vermieden oder gelöst, jedoch nicht öffentlich ausgetragen. Andererseits erklären die beschriebenen Strukturen auch das hohe Maß an Instabilität auf höherer politischer Ebene, wo derartige Netzwerke fehlen. Die Auseinandersetzungen zwischen Parteien, die sich als unversöhnliche Gegner sehen, wie auch unter Nachbarstaaten eskalieren schnell, denn: Das Gebot der öffentlich gelebten Einheit lässt Konfliktaustragung eben gar nicht zu. Wer Konflikte offen austrägt, stellt sich außerhalb der Gemeinschaft – er ist damit ein »anderer«, ein Feind. Mit diesen Beobachtungen wird eindrucksvoll die Theorie des politischen Ethnologen Georg Elwert gestützt, dass eine an Konfliktmeidung orientierte Gesellschaft weniger Instrumentarien zur Konfliktaustragung entwickelt und daher im Fall eines Versagens der »Friedenssysteme« zu einem raschen Ausbruch von Gewalt neigt.

Der genaue Blick auf die lokalen »Friedensräume«, die sich in allen Regionen des Horns von Afrika finden lassen, bietet neben der Erklärung für das Versagen politischer Kommunikation auf staatlicher Ebene auch Ansätze für deren Reform: Scheint zwar das Phänomen der lokalen »Friedensräume« nicht unmittelbar auf die staatliche Ebene übertragbar, so dürfte doch die Anerkennung dieser Räume Stabilität auf lokaler Ebene sichern. Außerdem wäre es der internationalen Politikberatung möglich, bei der Unterstützung neuer, gewaltfreier Systeme der Konfliktaustragung auf die örtlichen Erfahrungen zurückzugreifen. Insbesondere Ältestenräte auf Dorfebene bieten für Konfliktbewältigung durch Interessenausgleich ein vielversprechendes Erfolgsmodell.

Wolbert G. C. Smidt

Die Staaten am Horn von Afrika (Äthiopien, Dschibuti, Eritrea und Somalia) setzen sich in äußerst heterogener Weise aus verschiedenen Ethnien
und Clans zusammen. Solche Zuordnungsmuster überlappen zudem teilweise mit unterschiedlichen Religionszugehörigkeiten. Diese Identitäten
bilden die Mobilisierungsmuster, entlang derer immer wieder Konflikte
aufflammen. Es ist in Jahrzehnten umfangreicher Bemühungen nicht gelungen, die verschiedenen Ethnien, Clans und Subclans und ihre Führer
so zu einen, dass sich das Horn von Afrika politisch und wirtschaftlich in
einem friedlichen Miteinander entwickeln könnte. Vielmehr haben auf der
Grundlage von Ethnien und Clans organisierte Interessengruppen sich
die neu entstandenen Staatswesen angeeignet und drohen diese immer
wieder zu untergraben oder ihren Zusammenhalt auszuhöhlen.

Clanstrukturen und ethnische Gruppen am Horn von Afrika

Die Region am Horn von Afrika ist kulturell und politisch von einer großen Vielfalt ethnischer und clanorientierter Identitäten geprägt. Äthiopien und Eritrea sind – ebenso wie Kenia, Uganda und der Sudan – multiethnische Staaten, während das zerfallene Somalia zwar früher wegen seiner ethnischen Homogenität als »einzig wahrer Nationalstaat Afrikas« gepriesen wurde, jedoch mittlerweile in zahllose Clansegmente zersplittert ist. Die Somalis leben auch weit über die Grenzen des ehemaligen Staates hinaus in den Nachbarländern Kenia, Äthiopien und Dschibuti.

Bei ethnischen Gruppen und Clans handelt es sich um »vorgestellte Gemeinschaften«, die überwiegend schon lange vor der Kolonialzeit und der Staatenbildung existierten. Zwar stützen diese gemeinschaftlichen Gruppierungen ihren Geltungsanspruch und ihre Abgrenzung vielfach auf Gemeinsamkeiten wie Sprache, kulturelle Traditionen und Abstammung. Dennoch handelt es sich nicht um historisch zwangsläufige Formen der gesellschaftlichen Organisation. Neue Ethnien und Clans (bzw. ihre Untergruppierungen) entstehen, teilen sich oder gewinnen unter veränderten Rahmenbedingungen wieder in neu zusammengesetzter Form an Bedeutung. In diesem Sinne wird die wandelbare gesellschaftliche Zusammensetzung und Mobilisierung von ethnischen Gruppen und Clanzugehörigkeiten auch als »soziale Ressource« beschrieben, die sich sehr gut für politische, wirtschaftliche und selbst militärische Interessen und Zwecke einsetzen lässt.

Während die gemeinsame Sprache am Horn von Afrika sehr häufig ein entscheidendes Element der ethnischen Abgrenzung bildet, wird das Zuordnungsprinzip von Clans durch die Abstammung in väterlicher Linie bestimmt. Clans können auch als Verwandtschaftsverbände innerhalb ethnischer Gemeinschaften beschrieben werden. Sie haben vor allem unter den Viehhirten, den Pastoralisten, in der Region hohes Gewicht (vgl. den Beitrag von Dieter H. Kollmer). Zugleich sind ethnische und Clanzugehörigkeit häufig – aber keineswegs zwangsläufig – verflochten

Der ehemalige somalische Präsident Ali Mahdi Mohammed, der Übergangspräsident des Landes, Abdulahi Yusuf Ahmed, Premierminister Ali Mohammed Gedi sowie Innenminister Hussein Mohammed Aidid (v.l.n.r.) nach einem Treffen mit Clanchefs und Ältesten in Mogadischu, Dezember 2006

mit religiöser Übereinstimmung, sozio-professioneller Betätigung (etwa Landbau/Viehhaltung) und territorialer Herkunft.

In ihrer gesellschaftlichen Bedeutung als sich abgrenzende Gemeinschaften ähneln sich Clans und Ethnien in vieler Hinsicht, sie ließen sich sogar gemeinsam unter einem breit angelegten Ethnienbegriff erfassen. Auffallend ist jedoch die Dynamik, mit der Identitäten im verschachtelten System der Clans und Subclans an Gewicht gewinnen und verlieren können. Dies beruht unter anderem darauf, dass jeder gemeinsame Vorfahre Ausgangspunkt einer Solidargemeinschaft sein kann, es also zum Teil sehr unterschiedliche Definitionen von Gemeinschaften gibt. Angefangen von der erweiterten Familie vergrößert sich die Bezugsgruppe mit jeder zurückliegenden Generation über »lineages« und Subclans bis zu den Clans (zehn und mehr Generationen) und den Clanfamilien. Letztere umfassen etwa im Falle der Somalis das gesamte Volk, auch jenseits der somalischen Staatsgrenze. Welches Zuordnungsprinzip bei Konflikten den Bezugsrahmen bildet, hängt von der akuten Situation ab. Brüder bleiben im Streit unter sich, Cousins ziehen ihre Brüder mit hinein, etc. Je entfernter die Verwandtschaft zwischen Personen oder Gruppen, die gegeneinander Konflikte austragen, desto größer die Einheit, die als Solidargemeinschaft dient.

Ethnien und Clans bestehen zwar jeweils aus zahlreichen Personen, aber nur die ersteren können streng genommen als familienübergreifend bezeichnet werden. Demgegenüber zerfallen die Clangesellschaften bei näherem Hinsehen in eine Vielzahl von Familienverbänden. Diese Strukturen stellen enorme Integrationsanforderungen an die Schaffung von Staaten am Horn von Afrika, nicht zuletzt da, wo sich diese mit einer ungleichen Verteilung politischer Macht oder ökonomischer Stellung verbinden. Durch die willkürliche Grenzziehung in kolonialer Zeit sind ethnische Lebensräume zudem zerschnitten worden und vielschichtige Minderheiten-Mehrheiten-Verhältnisse entstanden.

Äthiopien

Die ethnische Zusammensetzung Äthiopiens ist äußerst heterogen. Das »House of Federation«, die obere Parlamentskammer Äthiopiens, erkennt 68 ethnische Gruppen an, der Zensus von 1984 erfasste sogar 85 Ethnien. Allerdings machen viele dieser Gruppen nur einen verschwindend kleinen Bevölkerungsanteil aus. Genaue Zahlen sind nicht verfügbar. Weitgehend anerkannt ist, dass die Oromos mit ca. 35–45 Prozent die größte Gruppe stellen, gefolgt von Amharen (25–30 Prozent), Sidama und Tigrayern (je 6–8 Prozent). Gurage, Wolayta, Somali und Afar werden auf jeweils 2–6 Prozent geschätzt, während die mehr als 60 weiteren Ethnien zusammen weniger als ein Prozent der Bevölkerung ausmachen. Mehr als 40 dieser ethnischen Gruppen wurden mit den Gurage, Sidama und Wolayta in der Südregion SNNPR (*Southern Nations, Nationalities and People's Region*) zusammengefasst.

Innerhalb der ethnischen Gemeinschaften Äthiopiens kann die regionale Herkunft als identitätsbegründendes Merkmal mitunter wichtiger sein als sprachlich-kulturelle Gemeinsamkeiten. Dies ist insbesondere unter den Amharen und Oromos, den zwei

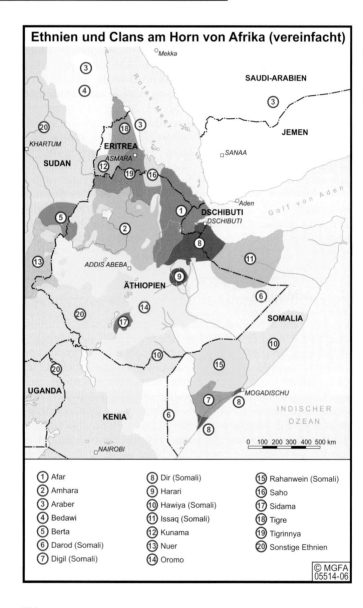

Ethnien und Clans am Horn von Afrika (vereinfacht)

① Afar	⑧ Dir (Somali)	⑮ Rahanwein (Somali)
② Amhara	⑨ Harari	⑯ Saho
③ Araber	⑩ Hawiya (Somali)	⑰ Sidama
④ Bedawi	⑪ Issaq (Somali)	⑱ Tigre
⑤ Berta	⑫ Kunama	⑲ Tigrinnya
⑥ Darod (Somali)	⑬ Nuer	⑳ Sonstige Ethnien
⑦ Digil (Somali)	⑭ Oromo	

© MGFA
05514-06

großen und weit verbreiteten Ethnien, von Bedeutung. Unter den Oromos wird zudem zwischen verschiedenen »Stämmen« (tribes) unterschieden, die sich weiter aufgliedern in Teilgruppen und Untergruppen bis hin zu einzelnen Clans. Diese Stammesteile siedeln weitgehend in separaten Gebieten.

Der Prozess der Eingliederung ethnischer Gruppen (vgl. den Beitrag von Volker Matthies, Staatenbildung) in das äthiopische Kaiserreich prägt das Verhältnis derselben untereinander bis heute. Die Expansion umfasste sowohl eine ethnische Dimension (Amharen und Tigrayer als Siedler gegen Oromos und andere südliche Ethnien als ansässige Bevölkerung) als auch eine religiöse (orthodoxes Christentum gegen Islam). Zwar konnten einzelne Angehörige der gegen Ende des 19. Jahrhunderts unterworfenen Ethnien sozial aufsteigen, aber nur unter weitgehender Aufgabe ihrer Identität. So sind die Oromos als größte Volksgruppe auf nationaler Ebene bislang stets unterrepräsentiert geblieben.

Auch die Diktatur unter Mengistu stützte sich im Kern auf die Vorherrschaft der Amharen. Zwar wurde sie 1991 gestürzt, Äthiopien seither von einer multi-ethnischen Parteienallianz geführt und allen Gruppen formal die Selbstverwaltung (bis hin zur Sezession) zugestanden. In der Praxis aber brachte der dezentralisierte, so genannte ethnische Föderalismus eine verstärkte »Ethnisierung« der Politik mit sich. Politische Parteien und Rebellengruppen organisierten sich entlang ethnischer Linien; die Festlegung der Verwaltungsbezirke, diesen Kriterien folgend, brachte zahlreiche – auch gewalttätige – Konflikte mit sich und in einigen Gegenden kam es sogar zu Vertreibungen. Das Machtzentrum des politischen Systems wird bis heute von der ehemaligen Befreiungsbewegung aus der Tigrayregion kontrolliert. Politische und soziokulturelle Dominanz unter den einzelnen Volksgruppen bestehen weiter.

Eritrea

Die Herausbildung einer übergreifenden eritreischen Identität wurde geschichtlich durch die ethnisch-kulturelle Vielfältigkeit der Gesellschaft erschwert. Im Zuge des Befreiungskampfes von

Äthiopien (vgl. den Beitrag von Andreas Mückusch) konnte dieses Problem aber durch die Beteiligung aller Bevölkerungsgruppen überwunden werden.

Verlässliche Daten über die ethnische Zusammensetzung der eritreischen Gesellschaft sind nicht erhältlich, da das gegenwärtige Regime demographische Angaben zur Absicherung seiner Herrschaft und Erhaltung des nationalen Mythos instrumentalisiert. Diese Politik prägt auch das Verhältnis ethnischer Gruppen untereinander. So werden etwa eher oppositionell gesinnte Ethnien oder Unterethnien wie Jeberti, Kunama, Afar und Beni Amr in ihrer Zahl sowie gesellschaftlichen Position an den Rand gedrängt, um die Position der PFDJ-Regierung (*People's Front for Democracy and Justice*) zu stützen und ihrem Alleinanspruch auf das Erbe des Befreiungskampfes Geltung zu verschaffen.

Die Tigrinier verfügen nach regierungsoffiziellen Angaben über den höchsten Bevölkerungsanteil und stellen zugleich das Rückgrat der Regierung. Mit den Tigrayern Nordäthiopiens sind sie über enge sprachliche und kulturelle Gemeinsamkeiten verbunden, auch wenn dies in Folge des Grenzkrieges beider Länder weniger denn je zum Ausdruck kommt. Mit 31 Prozent bilden die Tigre die nächstgrößte Ethnie. Im Unterschied zu den weitgehend christlich-orthodoxen Tigriniern sind die Tigre überwiegend muslimisch.

Somalia und Somaliland

Zwar ist das zerfallene Somalia ethnisch wie auch in kultureller, sprachlicher und religiöser Hinsicht annähernd homogen besiedelt, was es von vielen anderen afrikanischen Staaten unterscheidet. Die gesellschaftliche Zersplitterung entlang von Clanlinien ist dafür aber umso gravierender, auch wenn durch die vorgestellte Abstammung aller Clanfamilien vom Propheten Mohammed eine theoretische Verwandtschaft aller mit allen besteht. Insgesamt werden sechs große Clanfamilien unterschieden, wobei die Darod, Hawiye, Dir und Issaq herkömmlich als nomadisierende Viehhirten gelten, während die Digil und Rahanwiyn als sesshaft betrachtet werden.

Ein Angehöriger der nomadischen Afar, die im Grenzgebiet zwischen Äthiopien, Eritrea und Dschibuti leben

Außerhalb dieses recht umfassenden Gesellschaftssystems gibt es zahlreiche kleine Minderheitengruppen wie die Bantu, Benadiri, Bravanese, Midgaan, Gaboye, Banjuni, Tomal und Yibir. Diese stehen zum Teil in Lehensverhältnissen zu anerkannten somalischen Clans. Sie bleiben politisch weitgehend ausgeschlossen, sind trotz des Bürgerkrieges nicht militärisch organisiert und vielfach Misshandlungen durch Angehörige des Clansystems schutzlos ausgesetzt.

Zwar versuchte sich der somalische Diktator Siad Barre anfangs im nachholenden nationalen Aufbau (*nationbuilding*), wozu auch der Feldzug zur Eroberung der somalisch besiedelten Ogadenregion Äthiopiens 1977/78 gerechnet wird. Nach seiner Niederlage stützte sich Barres Machterhalt jedoch auf die Bildung einer exklusiven Clanallianz und die Unterdrückung seiner innenpolitischen Gegner, was der »Clanisierung« der somalischen Politik und der Fragmentierung der Gesellschaft weiteren Vorschub leistete. Insbesondere der Issaq-Clan im Nordwesten organisierte daraufhin ab 1981 bewaffneten Widerstand, wogegen Regierungsstreitkräfte ab 1988 mit massivem Staatsterror vorgingen. In Zentralsomalia richtete sich dieser auch gegen den

Hawiye-Clan. Spätestens seit der Staat 1991 im Zuge des somalischen Bürgerkrieges zusammenbrach, bildeten die Clans sowie ihre Unterstrukturen und -institutionen das entscheidende Organisationsprinzip. Das Land zerfiel in Clanparzellen, von denen aus seitdem clanbasierte Bürgerkriegsfraktionen (vor allem Darod-Majerteen und Hawiye) und ihre Anführer erfolglos Anspruch auf die nationale Vorherrschaft erheben. Neben und hinter diesen Gewaltakteuren existiert das System der traditionellen Autoritäten, vor allem die clanbasierten Ältestenräte, fort. Diese haben Unterwanderung und Unterdrückung durch Kolonialverwaltung, Diktatur und Warlords – wenn auch in stark gewandelter Form – überlebt. Sie bilden nicht nur Zweck-Interessen-Verbände bei Konflikten, sondern stellen auch die Bezugsgruppen für das traditionelle Rechtssystem (vgl. den Beitrag von Wolbert G.C. Smidt, Lokaler Frieden).

In Somaliland im Nordwesten des früheren Somalia ist nach 1991 ein eigener Staat entstanden, der bislang noch keine internationale Anerkennung erhalten hat. Durch langwierige Friedenskonferenzen wurde ein neuer Konsens zwischen dem Mehrheitsclan der Issaq und Minderheiten wie den Gadabursi, Issa, Warsangeli und Dulbahante erreicht. Traditionelle Älteste und mit ihnen die Clanstruktur sind in Form eines nationalen Ältestenrats als eigene Parlamentskammer Teil des politischen Systems.

Dschibuti

Der Kleinstaat am Roten Meer ist ethnisch vor allem durch die Aufspaltung in zwei dominante Gruppierungen, die Issa und Afar, gekennzeichnet. Erstere sind ein im Süden und Osten siedelnder Subclan der somalischen Dir, der (in kleiner Zahl) auch im äußersten Westen Somalilands und in seiner Mehrheit im Nordosten Äthiopiens siedelt. Die Afar leben in den nördlichen beiden Dritteln des Landes, sind aber ebenfalls im Süden Eritreas und in ihrer großen Mehrheit in Äthiopien vertreten. Der Rest der Bevölkerung setzt sich aus historisch nicht-einheimischen Gadabursi und Issaq, weiteren Somali sowie einer größeren Zahl zugewanderter Araber und Europäer zusammen.

Bevölkerungsanteile lassen sich nur schwer bestimmen, weil demografische Daten auch hier ein Politikum darstellen. Angaben über die Gesamtbevölkerung schwanken zwischen 400 000 und 600 000 Menschen, wovon die Issa vermutlich etwa ein Drittel, die Afar etwa 20–25 Prozent und Gadabursi und Issaq zusammen ein weiteres Drittel ausmachen.

Die Issa kontrollieren seit der Unabhängigkeit Dschibutis alle formalen Regierungsinstitutionen des Staates, insbesondere das Präsidialamt, die Armee und den Geheimdienst. Zurückdrängung und Unzufriedenheit führten deshalb ab Ende 1991 zu bewaffneter Rebellion der Afar unter dem Banner der *Front for the Restoration of Unity and Democracy* (FRUD).

Ausblick

Die von ständigen Umbrüchen gekennzeichnete politische Umwelt der Region verleiht dem ethnisch bedingten und auf Clandenken beruhendem Selbstverständnis besondere Anziehungskraft: Als Form gesellschaftlicher Organisation vermittelt es den durch Krieg und Staatsverfall entwurzelten Gemeinschaften einen Zusammenhalt. Das Clandenken bietet zugleich eine Plattform, um grundlegende öffentliche Güter wie Sicherheit, Konfliktlösungsmechanismen, Ernährungssicherung, Rechtswesen etc. auf nicht-staatlicher Ebene zu gewährleisten. Verfügungsgewalt über und Zugangsrechte zu Land und anderen lebenswichtigen Ressourcen (Wasserquellen, Weiden, Bodenschätze, etc.) werden ebenfalls über diese Kollektive beansprucht und geregelt. Dies alles geschieht oftmals unter Rückgriff auf gesellschaftlich organisierte, traditionelle Autoritätsstrukturen. Eingebettet in ethnische und clanbasierte Gemeinschaften leben Ältestenräte, Königtümer, Sultanate u.v.m. bis heute in unterschiedlicher, meist modernisierter Ausformung fort. Nicht selten sind diese Strukturen gerade in den Randbereichen staatlichen Einflusses – zuweilen gemeinsam mit anderen gesellschaftlichen Autoritäten (Religion, Kooperativen usw.) – die eigentlichen Träger der öffentlichen Ordnung (siehe Beitrag von Wolbert Smidt, Lokaler Frieden).

Ulf Terlinden

Seit einigen Monaten wird in Deutschland erneut intensiv über die Rolle der Frau in der Gesellschaft debattiert. Dabei geht es auch darum, das überkommene Rollenverständnis aufzubrechen, das den Mann als alleinigen Ernährer der Familie und die Frau als Hüterin derselben definiert. Dies ist eine wichtige Anpassung an die hochtechnisierte Konsumgesellschaft westlichen Zuschnitts. Gänzlich anders stellt sich dieser Sachverhalt am Horn von Afrika dar. Große Teile der Bevölkerung leben von und in der Landwirtschaft. Diese wird zumeist mit archaischen Mitteln betrieben und begünstigt eine klare Rollenverteilung: Der Mann leistet die körperlich harte Arbeit, wohingegen die Frau sich um die häuslichen Belange wie Kindererziehung und Nahrungsmittelaufbereitung kümmert. Trotzdem wandeln sich die Geschlechterrollen auch in diesem Teil der Welt. Die Veränderungen innerhalb traditionsbewusster Gesellschaften sind durch massive Verwerfungen aufgrund der anhaltenden militärischen Konflikte und Dürrekatastrophen fast zwangsläufig entstanden: Verwitwete oder ausgestoßene Frauen müssen ganz plötzlich selbstständig für den Lebensunterhalt ihrer Familien sorgen und schaffen dies oft mit bemerkenswertem Erfolg, etwa in der Anonymität der Großstädte. Das Bild zeigt eine eritreische Diplomatin mit ihrer Tochter anlässlich eines Friedensfestes.

▰▰ Krieger, Händler und Bäuerinnen: Die Geschlechterrollen

Die Gesellschaften am Horn von Afrika sind ausgesprochen traditionell bestimmt. Die Vorstellungen darüber, welche Aufgaben einer Frau zukommen, und welche einem Mann, sind meist recht fest gefügt. Dennoch: Wer genauer hinsieht, wird immer wieder überrascht sein. Es gibt dabei auffällige Unterschiede zwischen den verschiedenen Völkern. Die Geschlechterrollen sind bei keiner der Ethnien in der Region genau so verteilt, wie ein durchschnittlicher Europäer sie sich vorstellen mag. Außerdem gibt es vor allem in den Städten und bei den Anhängern der ehemaligen Befreiungsfronten Eritreas und Äthiopiens zahlreiche Versuche, die Stellung der Frauen aufzuwerten. Und schon in der Vergangenheit traten im konservativen äthiopischen Reich immer wieder mächtige Herrscherinnen in Erscheinung. Einige Völker entwickelten Traditionen, die Frauen eine erstaunlich zentrale gesellschaftliche Stellung einräumen. Die Kunama im südwesteritreischen Tiefland sind beispielsweise matrilinear organisiert, d.h. die Frau steht im Zentrum der Familie. Erben kann man immer nur von der Mutter. Frauen besitzen hier zahlreiche Freiheiten, bis hin zur Wahl des Ehepartners – was bei anderen Völkern auf größte Verwunderung stößt und wilde Gerüchte hervorruft.

picture-alliance/dpa/Landov

Dschibutische Frauen mit althergebrachtem Goldschmuck während eines traditionellen Tanzes, Sommer 2006

Die äthiopische Legende über die Königin von Saba

Zur Einführung lohnt es sich, eine oft erzählte äthiopische Legende, die allerdings historisch verbürgte Wurzeln hat, genauer zu betrachten: Die Geschichte der schönen und klugen Königin von Saba und ihre Liebesaffäre mit dem König von Israel, Salomo. Das Königreich Saba hat es tatsächlich gegeben. Es lag im Jemen, und schon früh haben jemenitische Siedler Gemeinwesen im Gebiet des heutigen Eritrea und Nordäthiopien gegründet, die sich dort mit den altansässigen Völkern verbanden. So kam es, dass diese ursprünglich südarabische Geschichte zur Gründungslegende des äthiopischen Reiches wurde.

Aber nun zur Legende selbst: Die Königin von Saba war der Sage nach die einzige Tochter eines Volkshelden, der einen das Land unterdrückenden Drachen besiegt hatte und König geworden war. Einst hörte sie von einem großen und weisen König im Norden und beschloss, ihn mit ihrem gesamten Hofstaat zu besuchen. Es war der berühmte König Salomo. Dieser, überaus entzückt über die schöne Königin, entschied sich, zu einer List zu greifen. Beide Monarchen schlossen ein Abkommen: Keiner von beiden dürfe sich aneignen, was dem anderen gehöre! Vordergründig handelte es sich hier um einen Freundschafts- und Nichtangriffspakt.

Salomos Hintergedanke wurde erst später offenbar. Er lud die Königin zu einem prächtigen Festmahl. Allerdings hatte er Anweisung gegeben, die Speisen gut zu würzen, jedoch nichts zum Trinken zu reichen. Der orientalischen Höflichkeit entsprechend bat die Königin nicht um Getränke. Nachts aber, von Durst geplagt, schlich sie zum Brunnen des Königs. Der hatte daneben seine Bettstatt aufgestellt und wartete nun auf sie. Als sie trank, sprach er zu ihr: »Nun hast Du genommen, was Dir nicht gehört! Ich werde mir nehmen, was mir nicht gehört!« Damit zog er sie an sich. Die Königin wurde schwanger. Ihr Sohn war der legendäre König Menelik I., der erstgeborene Sohn Salomos und der Begründer der salomonidischen Dynastie Äthiopiens vor angeblich 3000 Jahren.

In dieser Geschichte kommt vielerlei zum Ausdruck: Ein verhältnismäßig unkompliziertes Verhältnis zur Erotik zum Beispiel, denn die pikante Geschichte stellt immerhin den Staatsgründungsmythos Äthiopiens dar. Dabei erscheint die Frau zwar einerseits als dem Mann teilweise unterworfen, andererseits weist sie auch erhebliche Selbständigkeit auf – in diesem Fall sogar als Herrscherin über ein großes Volk. Keinesfalls kann man daraus eine vollkommene Freiheit des Mannes über Frauen zu verfügen ableiten. Salomos Verhalten bleibt ein klarer Regelbruch, wenn auch spitzfindig entschuldigt durch den Verstoß der Königin gegen das Abkommen. Auf Vergewaltigung standen in der Regel empfindliche Strafen.

Die Rolle der Frau im historischen Äthiopien

Im historischen Äthiopien kam es tatsächlich gelegentlich dazu, dass Frauen als Regentinnen an der Spitze des Reiches standen. Besonders bekannt wurde die politisch sehr begabte Königswitwe Mentewwab, die im frühen 18. Jahrhundert zuerst für ihren Sohn und später ihren Enkel die Regentschaft des äthiopischen Reiches in Gondar ausübte. Als im frühen 20. Jahrhundert der alternde Kaiser Menelik II., der das äthiopische Reich durch die Annektierung mehrerer Königreiche, Sultanate und anderer Gebiete verdreifacht hatte, seine Regierungsgeschäfte nicht mehr vollständig ausüben konnte, dachte seine Frau Taytu laut über die Übernahme des Thrones nach. Sie selbst hatte einige Jahre zuvor in einer für Äthiopien besonders entscheidenden Schlacht, der von Adwa gegen die Italiener 1896, ihre Lehnsleute in den Kampf geführt. Besonders interessierte sie sich für die britische Königin Victoria und erkundigte sich bei ihren Beratern danach, ob ihr denn auch die Männer gehorchten, obwohl sie eine Frau sei. Das illustriert die prekäre Lage deutlich: Frauen waren nicht selten dem Thron nahe, doch volle Macht über Männer schien fragwürdig. Taytu, deren Name »Seine Sonne« bedeutet, übernahm tatsächlich für rund ein Jahr 1909/10 die Regentschaft, wurde dann aber gestürzt und musste sich »wie es sich für eine Frau gehört« um ihren kranken Mann kümmern. Nur sechs Jahre später wurde nach einem weiteren Umsturz Meneliks Tochter

Wahrheit und Legende: Die Königin von Saba

Schön und reich soll sie gewesen sein, die Königin von Saba. Einen Namen hat sie allerdings nicht, jedenfalls nicht in der ältesten Überlieferung. In der Bibel wird erzählt, dass sich die arabische Herrscherin mit zahlreichem Gefolge und wertvollen Geschenken aufmachte, den weisen König Salomo in Jerusalem zu besuchen. Salomo erfüllte der Königin jeden ihrer Wünsche und beantwortete die schwierigsten Fragen und Rätsel, die sie sich für ihn ausgedacht hatte. Von seiner Klugheit, dem Glanz seines Hofes und seinem Glauben an Jahwe, den Gott Israels, tief beeindruckt, habe sie ihn mit duftenden Ölen, Gold und unzähligen Edelsteinen beschenkt: »Nie wieder gelangte so viel kostbares Öl nach Jerusalem.« Wenn sich auch die Frauenherrschaft, das Matriarchat, für das südarabische Saba nicht nachweisen lässt und der Besuch der Königin als fiktive Erzählung zum Ruhme Salomos, der im 10. Jahrhundert v.Chr. regierte, zu werten ist, liegt hier vielleicht ein Hinweis auf die Aufnahme von Handelsbeziehungen vor. Die Bibel nennt nämlich auch anderenorts Sabas Reichtum an Weihrauch, Gewürzen, Gold und Edelsteinen, erwähnt sabaische Karawanen und Weihrauchlieferanten. Während die biblischen Zeugnisse

 von der Aufnahme diplomatischer Kontakte über die damals gängige Form der Gastfreundschaft zu berichten wissen, überliefert der Koran in Sure 27, 16–43, eine kriegerische Version der Legende: Salomo, der die Gabe besaß, mit Tieren zu sprechen, hörte vom Wiede-

Die Königin von Saba beim Besuch König Salomos, Gemälde des venezianischen Malers Giambattista Tiepolo (1696–1770)

hopf, dass in Saba eine Frau auf einem prächtigen Thron herrsche. Er forderte sie daraufhin auf, sich ihm zu unterwerfen. Die Königin suchte ihn mit Geschenken zu besänftigen; allerdings wies der mächtige König die Gaben zurück und drohte mit Krieg. Als sie ihn schließlich in Jerusalem aufsuchte, seine Weisheit, seine Macht und seinen unermesslichen Reichtum sah, soll sie sich zu seinem Glauben bekehrt haben. In späteren arabischen Zeugnissen erhält die Königin übrigens den Namen Bilkis, in jüdischen Texten wird sie zur Dämonin Lilith, und in der koptischen Kirche Äthiopiens gilt ihr angeblich mit Salomo gezeugter Sohn Menelik als Stammvater der einstigen Herrscherdynastie. Der Besuch der Königin von Saba bei Salomo hat aber nicht nur religiöse Interpreten interessiert, sondern auch zahlreiche Künstler, Komponisten und Schriftsteller inspiriert. Sogar Hollywood versuchte sich an diesem Sagenstoff: 1959 spielten Yul Brunner und Gina Lollobrigida die Titelrollen im farbenprächtigen Monumentalfilm »Salomo und die Königin von Saba«.   *(ldl)*

offiziell zur Kaiserin gekrönt, deren Macht jedoch beschränkt war. Nach dem Vorbild der Königin von Saba musste sie ohne Mann leben. Der wahre Grund war wohl, dass die Hofbeamten auf diese Weise ihren Einfluss sichern wollten, da ansonsten der Ehemann ein zu starker Machtfaktor hinter dem Thron gewesen wäre. Auch an diesem Beispiel sind die dominierenden Geschlechterrollen gut erkennbar.

Ein Blick in die vom Byzantinischen Reich geprägte äthiopische Kunstgeschichte ist ebenfalls aussagekräftig: Der in Äthiopien auf vielen Darstellungen abgebildete Nationalheilige Georg der Drachentöter (er hatte angeblich die oben erwähnte Schlacht von Adwa durch seine Gegenwart entschieden) auf der einen Seite und die Heilige Maria auf der anderen – diese beiden Persönlichkeiten gehören zu den am häufigsten abgebildeten Heiligen (vgl. Bild einer historischen Bibel im Beitrag Horst Scheffler). Sie sind regelrechte Urbilder der Geschlechterrollen: Der *dynamische* Mann als Verteidiger des Landes und Kämpfer gegen das Böse, die *ruhig harrende* Frau als Mutter und Versorgerin ihres Kindes. Die Allgegenwart der Bilder trägt zum Eindruck bei, dem sich christliche Länder kaum verschließen können: dass nämlich die Rollenverteilung zwischen den Geschlechtern seit jeher feststehe und gottgewollt sei.

Rollenverständnis in der modernen Gesellschaft am Horn von Afrika

Werfen wir nun einen Blick in den Alltag auf dem Land, am Beispiel der Provinz Tigray, das im Hochland Nordäthiopiens liegt: Dürfen Frauen ihre Ehemänner wählen? Welchen Einfluss haben sie in der Familie? Wie ist ihre wirtschaftliche Stellung? In den Städten kommt es tatsächlich immer häufiger vor, dass Frauen über ihre Heirat selbständig entscheiden. Doch auf dem Land ist es anders. Wenn ein Mann heiraten möchte, so wird er – oder noch eher seine Eltern oder ältere Verwandte – mit dem Vater der Auserwählten und anderen älteren Männern ihrer Verwandtschaft sprechen. Es ist sogar häufig so, dass die Familie des Bräutigams eine Frau für ihn aussucht und sich die Partner gar nicht kennen. Besonders junge Männer stehen bis heute häufig hinter dieser Tradition, da, so ihre Meinung, die Familien ja viel erfahrener seien und besser als sie selbst wüssten, welche Frau die richtige sei. Dahinter steht die Tatsache, dass es nicht in erster Linie um die Beziehung zwischen den beiden Betroffenen geht, sondern um die gesellschaftliche Funktion ihrer Verbindung – die Gründung und Versorgung einer Familie. Gleichzeitig heiraten immer beide Familien, und nicht bloß zwei Menschen. So ist das Hochzeitsfest auch ein zentrales gesellschaftliches Ereignis, bei dem die Familien ihre neue Verbindung unter verschwenderischem Aufwand – von dem man sich Segen für die Zukunft erhofft – feiern. So leuchtet auch ein, dass bis in jüngste Vergangenheit Familien, die untereinander Frieden schließen wollten, oder auf Beschluss des Ältestenrates mussten, ihre Kinder untereinander verheirateten. Scheidung wiederum ist offiziell kaum vorgesehen, kommt in Wirklichkeit aber nicht selten vor. Insbesondere Priester sehen es als ihre Aufgabe, Trennungen zu verhindern. Trotzdem können Männer ihre Ehefrauen beispielsweise bei Kinderlosigkeit einfach zurück zu ihrer Familie schicken. Materiell bedeutet die Trennung, dass die Frau ihr in die Ehe eingebrachtes Vermögen, z.B. Landrechte oder Vieh, wieder zurückerhält – oder gar mehr als das, insbesondere, wenn sie sich um Kinder kümmern muss. Die Entscheidung darüber treffen Ältestenräte oder ein Gericht (vgl. den Beitrag von Wolbert G.C. Smidt, Lokaler Frieden). Ihre Versorgung, so sieht es das traditionelle Recht vor, muss sichergestellt sein. Ein geschiedener Mann kann relativ leicht wieder heiraten, bei Frauen gilt dies aber als unstatthaft. Eine geschiedene Frau oder Witwe bleibt in der Regel allein und widmet sich nur noch den Kindern und der weiteren Familie. In einigen Gebieten, z.B. in Eritrea, haben traditionelle Rechtsversammlungen für solche Fälle vorgesehen, dass Frauen eigenes Land zugesprochen bekommen. Dies ist aber in der gesamtgesellschaftlichen Verfasstheit im Grunde nicht vorgesehen, da das Land dem Bauern gehören soll, nicht der Bäuerin.

Der Tagesablauf einer traditionellen Familie steht weitgehend fest. Männer und Frauen leben in prinzipiell verschiedenen Welten. Anders als in Europa ist das Ehepaar nicht in erster Linie aufeinander bezogen. Männer verbringen einen Großteil ihrer Zeit mit anderen Männern, Frauen mit Frauen. Jeder schützt und bewahrt in diesen Netzwerken, in denen tiefe Freundschaften entstehen, seine eigenen Freiheiten, soweit es die harten Feld- und Hausarbeiten zulassen. Dies beginnt in der frühen Jugend. Schon fünfjährige Jungen betätigen sich als Viehhüter, angefangen mit Schafen und Ziegen, und dann schon bald als Kuhhirten. Mädchen werden von ihren Müttern früh zum Wasserholen, Wäschewaschen und als Küchengehilfinnen eingesetzt. Wer durch das Land wandert und zu einer Wasserstelle kommt, wird dort oft auf Frauen treffen, die schwere Wasserbehälter über weite Strecken tragen müssen. Der Mann wiederum arbeitet vor allem auf dem Feld, von heranwachsenden Söhnen assistiert. Der Ablauf der Arbeitstage wird von zahlreichen Festtagen unterbrochen. Auch hierbei setzt sich die Trennung nach Geschlechtern fort: Während Frauen sich um den Küchenplatz versammeln, Fladenbrot backen, Bier brauen und sämtliche Neuigkeiten der Nachbarschaft und Familien austauschen, versammeln sich die Männer im Gästeraum und trinken das traditionelle Bier. Hier werden zukünftige Heiraten besprochen, komplizierte Abstammungs- und Landrechtsfragen geklärt und Lokalpolitik gemacht.

Während Frauen ihre Produkte oft auf örtlichen Märkten anbieten, sind Männer vor allem im überregionalen Handel tätig.

Ein schwieriges Kapitel sind die unter Christen wie Muslimen praktizierten weiblichen Genitalbeschneidungen. Diese Eingriffe wurden in Eritrea erfolglos verboten und gehen auch in Äthiopien praktisch nur in den Städten allmählich zurück, florieren aber sonst allenthalben, wie auch in Somalia. International wird diese äußerst grausame Tradition oft als bloßes Mittel zur Unterdrückung der Frau angesehen. Die betroffenen Menschen selbst empfinden es oft ganz anders – selbst die so sehr frauenbezogenen Kunama praktizieren den Brauch. Jedenfalls ist die Tradition tief in kulturellen Vorstellungen verankert. So wird erzählt, der Mann müsse beschnitten werden, da er auf diese Weise seinen »weiblichen« Aspekt verliere; ebenso verhält es sich mit der Frau, die ihres »männlichen« Aspekts verlustig geht. Besonders traditionsbewusste Frauen auf dem Dorf achten mit großem Eifer darauf, dass Mädchen beschnitten werden, da diese sonst unmöglich heiraten könnten. Da die Heirat im Zentrum des gesellschaftlichen Interesses steht, erscheint der schreckliche Schmerz des Eingriffs den meisten als unverzichtbar. Erst der

picture-alliance/ZB/Thomas Schulze

Frauen befüllen im Herbst 2005 in der nordäthiopischen Provinz Amhara Wasserkanister aus einem Fluss.

blutige Schnitt macht die Betroffene zum wirklichen Menschen und zum vollgültigen Mitglied der Gesellschaft. Beschneidungen gibt es in vielerlei Form. Diese können durch radikale Wegschnitte, wie sie insbesondere bei den Tieflandnomaden vorkommen, tief greifende gesundheitsschädigende Folgen haben. Jedoch scheint ein Wendepunkt gekommen: Erst kürzlich verurteilten – nach den jeweiligen Regierungen – auch muslimische Scheichs aus der ganzen Welt, unter ihnen Repräsentanten der Völker des Horns von Afrika, in Kairo die weibliche Beschneidung als »unislamisch«.

Kriege als Katalysator der Emanzipation

Die Entwicklungen der modernen Gesellschaft bieten alleinstehenden Frauen weitaus mehr berufliche Möglichkeiten als früher. Dies wird insbesondere in Äthiopien deutlich: In den Städten gehören zahlreiche kleinere Geschäfte und auch Hotels Frauen. Regierungs- und internationale Hilfsprogramme fördern Ausbildungsstätten vorzugsweise für Mädchen. Infolgedessen sind an den Schulen und Universitäten heute oft bis zu 50 Prozent der Lernenden weiblich. Die Kriege der Moderne brachten weitere radikale Einschnitte: Besonders jüngere Frauen, deren Familien sie, etwa im Krieg zwischen der Eritreischen Volksbefreiungsfront (EPLF) und der äthiopischen Zentralregierung (1961–1991), nicht mehr ernähren konnten oder auch nach Vergewaltigungen ausgestoßen hatten, schlossen sich der Guerilla an. Gegen Ende des Krieges waren rund ein Drittel der Guerilla weibliche Kämpferinnen. Sie hatten durch den militärischen Einsatz im Busch die traditionelle weibliche Rolle nicht mehr akzeptiert und wurden zu vollgültigen Mitgliedern der Truppe. Seither gibt es in Eritrea Ministerinnen und zahlreiche Frauen in leitenden Positionen. Darüber hinaus sind viele Eritreerinnen in der Folgezeit Lehrerinnen geworden. Ähnliche Entwicklungen vollzogen sich in Äthiopien, wo die Tigrayische Volksbefreiungsfront (TPLF) die Regierung dominiert.

Wolbert G.C. Smidt

Regierungsanhänger demonstrieren während des äthiopischen Wahl-
kampfes 2005 in der Hauptstadt Addis Abeba. Öffentliche Kundgebun-
gen und Diskussionen sind bis heute die Ausnahme im gesellschaftlichen
und politischen Leben am Horn von Afrika. Traditionell ist die Offenbarung persönlicher Meinungen und Einstellungen eher eine Seltenheit.
Gründe hierfür sind die traditionelle Abschottung und das Misstrauen
gegenüber anderen Clans und Ethnien, aber auch die Erfahrungen während der Herrschaft autoritärer Regime wie des Kaiserreichs oder der
darauffolgenden Gewaltherrschaft Mengistus in Äthiopien. Eine »Kultur
des Versteckens« prägt das Verhältnis einzelner Personen, aber auch
gesellschaftlicher und politischer Gruppen untereinander. Misstrauen
und die damit verbundene Neigung, persönliche Einstellungen zweideu-
tig und unklar zu äußern, erschweren die politische Auseinandersetzung
und damit die Etablierung demokratischer, auf Aussprache und Offenheit
basierender politischer Strukturen am Horn von Afrika.

■■■■ Äthiopiens erprobte »Kultur des Versteckens«

Im Norden des äthiopischen Vielvölkerstaates, dem – neben Liberia – einzigen afrikanischen Land, das nicht dauerhaft kolonialisiert wurde, gelten die staatstragenden Volksgruppen der Amharen und Tigray seit Jahrhunderten als Spezialisten für das Uneindeutige und Ungewisse. Völkerkundler sprechen von einer »Kultur des Versteckens«. Insbesondere die amharischsprachigen Regionen des nördlichen Hochlandes gelten seit Jahrhunderten als fruchtbarer Boden für Geheimnisse und Gerüchte jeder Art. Die christlich geprägten Ackerbaugesellschaften des äthiopischen Hochlands waren lange durch eine von Eigensinn und Misstrauen geprägte starke gesellschaftliche Hierarchie und einen damit einhergehenden Mangel an Vertrauen in andere Personen gekennzeichnet. Abweichende Meinungen werden in der Regel nicht offen, sondern verschlüsselt vorgetragen, so dass die Ungewissheit über die wirklichen Absichten des Gegenübers (»hidden agendas«) weit verbreitet ist. Das Bedauern darüber, dass man selbst seinen besten Freunden nicht trauen könne, zählt zu den meistgehörten Klagen äthiopischer Alltagskonversation.

Eine historisch gewachsene Verdachtskultur

Kenner der abessinischen Hochlandkultur haben die überkommene Neigung zu Geheimhaltung und sprachlicher Doppeldeutigkeit als das Ergebnis historischer Erfahrungen beschrieben. Danach hat die – bis heute politikprägende – nordäthiopische Verdachtskultur ihren wesentlichen Ursprung in der Bedrohung christlicher Ackerbauern durch muslimische Tieflandnomaden. Über Jahrhunderte hinweg hat das Beharren der Tigray und der Amharen auf dem orthodoxen Glauben, gekennzeichnet durch Abschließung und Isolierung von der sie umgebenden islamischen Welt, zur Entstehung und Festigung einer spezifisch nordäthiopischen Kultur beigetragen. Im ausgehenden 19. und frühen 20. Jahrhundert kamen dann die territorialen Ambitionen europäischer Kolonialmächte – die äthiopischen Bauernheere besiegten die italienischen Kolonialtruppen 1896 in der Schlacht von Adwa – als weiteres Bedrohungsmoment hinzu. All dies hat, zusammen mit einer stark ausgeprägten sozialen Hierarchie, eine politische Kultur befördert, in der Probleme nicht nach außen getragen, sondern Problemlösungen in geschlossenen Zirkeln gesucht werden. Das Ergebnis ist die grundlegende Indirektheit einer Alltagskultur, die – auch dank eines unerschöpflichen Vorrats an Humor – Sozialkritik in einer Umgebung ermöglicht, die anspruchsvoll auf Etikette hält und offene Kritik bei Bedarf unter Strafe stellt.

Sinnfällig wird diese fundamentale Indirektheit beispielsweise im Bereich der Poesie. Die äthiopische Dichtkunst weist eine Besonderheit auf, die – religiösen und liturgischen Ursprungs – die politische Kultur des Landes bis in unsere Tage grundlegend von der benachbarter Regionen und Staaten unterscheidet und das Kommunikationsverhalten nachhaltig prägt. So erlernen äthiopische Oberschüler noch heute die Beherrschung poetischer Figuren, deren Kenntnis historisch für den Unterschied zwischen wahrer Poesie und gewöhnlichen Versen stand. Bei diesen, als *Wachs und Gold* bekannten Reimen handelt es sich in der Regel um Verspaare, deren Doppeldeutigkeit sich nur dem Eingeweihten erschließt. Das Prinzip ist einfach: Eine auf den ersten Blick unverfängliche, herrschaftliche Gebote wahrende Höflichkeit *(Wachs)* erhält durch eine nur geringfügig veränderte Betonung eine zweite, stets mitgedachte, aber niemals offen ausgesprochene Bedeutung *(Gold)*. Das Bild entstammt der Arbeitswelt des Goldschmieds, der eine Lehmform brennt und wachsgefüllte Hohlräume auskratzt, um sie anschließend mit flüssigem Gold zu füllen. *Wachs und Gold*-Verse basieren gerne auf dem Vergleich zweier Substantive, die über ein gemeinsames Verb verfügen. Dessen Bedeutung verändert sich je nach Aussprache.

So ist etwa der Vers »*Ya-min tiqem talla ya-min tiquem tajji. Tallat sishanu bunna adergew enji*«, nur vordergründig freundlich. Zunächst heißt er: »*Was ist der Nutzen von talla (Hirsebier), was ist der Nutzen von tajji (Honigwein). Wenn du einen Feind verabschiedest, serviere ihm Kaffee.*« Was beim ersten Hören unverfänglich respektvoll klingt, erhält durch eine nur leicht veränderte Aussprache eine gänzlich andere Bedeutung. Ersetzt man *bunna adergew* durch *bun adargew*, dann wird aus der höflichen Aufforderung, Kaffee zu servieren, der finstere Rat, den arglosen Feind zu verbrennen, ihn »zu Asche zu reduzieren«.

Ein anderes Beispiel – es handelt vom inneren Feind – macht ebenfalls deutlich, wie unziemliche Kritik gefahrlos mit höfischer Respektsbezeugung verbunden werden kann: »*Ennanta makuannentotch ba-min wat balatchu? Ennam ba-shirowatchen ennantam basatchu*« heißt einerseits soviel wie »*Welche Soße, meine Herren, fand sich auf Ihrem Teller? Wir hatten Erbsen – und Sie aßen Fisch.*« Aber das freundliche Kompliment an die kultivierte Küche des Adels lässt sich auch anders lesen. *Basatchu* kann ebenso verstanden werden als: »Sie nahmen mehr als Ihnen zusteht.«

Die poetische Verschlüsselung von abweichender Meinung erfordert im Alltag – aber auch in politischen Zusammenhängen – das ständige Mitdenken auf einer zweiten, unausgesprochenen Ebene und begünstigt verschwörungstheoretische Neigungen. Anders als in westlichen Gesellschaften prägt ein vormodernes Öffentlichkeitsverständnis die private und öffentliche Kommunikation. Auf dem Markt, bei Gerichtsverhandlungen, Ratsversammlungen oder kirchlichen Festen – aber auch im Bereich des privaten Haushalts – richten alle Anwesenden ihr Verhalten respektvoll an der Bedeutung der jeweils obersten anwesenden Autoritätsperson aus.

Der Kaiser beispielsweise repräsentiert einen größeren, klar festgelegten Sinnzusammenhang. Er ist Teil der Machtrepräsentation – und nur die zählt. Niemand wäre unter solchen Bedingungen auf die Idee gekommen, nach den persönlichen Motiven oder dem Menschen Haile Selassie zu fragen. Persönliche Motive wurden ausgeklammert, entzogen sich dem Denken weitgehend. Herrschaftliche Repräsentation nutzte christliche Symbole und war zudem fest in einer Erinnerungskultur verwurzelt, deren Bild sich aus Analogien zwischen Gegenwart und Antike speiste. Teil höfischer Inszenierungen war immer die öffentliche Person. Wichtig war dabei der Status. Der Kaiser präsentierte sich nicht vor dem Volk, sondern für das Volk. Er war das Land, er vertrat es nicht. Wahrheit und persönliche Motive spielten ebenso wenig eine Rolle wie individuelles Befinden (vgl. den Kasten über Haile Selassie).

Vor diesem Hintergrund waren Verschwörungstheorien die natürliche Kehrseite einer höfisch strukturierten Öffentlichkeit

picture-alliance/dpa

Kaiser Haile Selassie von Äthiopien und sein Gefolge am 3. November 1955 auf dem Weg zur St. Georgs-Kathedrale in Addis Abeba

und politischen Entscheidungspraxis. Sie bescherte dem Kaiser, der jeden erfolgreichen Universitätsabsolventen – der ihm dabei nicht ins Gesicht sehen durfte – persönlich beglückwünschte und sich das Recht auf Beförderungen ausdrücklich vorbehielt, ein uneingeschränktes Entscheidungsrecht, während der denkbare Unmut über konkrete Beschlüsse auf den »Minister der Feder« umgelenkt werden konnte. Dessen Rolle und die Atmosphäre bei Hof hat der polnische Publizist Ryszard Kapuściński in seinem Buch »König der Könige. Eine Parabel der Macht« anschaulich geschildert:

»Der Minister war der engste Vertraute des Kaisers, und er besaß große Macht. Aus der geheimnisvollen Kabbala des kaiserlichen Gemurmels konnte er beliebige Entscheidungen ableiten. Wenn alle von der Trefflichkeit und Weisheit der höchsten Verfügungen in Erstaunen versetzt wurden, dann war dies nur ein weiterer Beweis der Unfehlbarkeit des Gotterwählten. Drang aber aus der Luft oder aus irgendeinem Winkel des Reiches auch nur ein Wispern der Unzufriedenheit an das Ohr des Monarchen, dann konnte er alles auf die Dummheit des Ministers schieben. Dieser war somit der meistgehasste Mann am Hof, denn die öffentliche Meinung war von der Weisheit und Güte unseres huldreichen Herrn überzeugt und machte für alle schlechten und gedankenlosen Entscheidungen, von denen es viele gab, den Minister verantwortlich. Die Dienerschaft flüsterte zwar, weshalb Haile Selassie nicht den Minister wechsele, aber im Palast durften immer nur von oben nach unten Fragen gestellt werden, nie umgekehrt. Als dann zum ersten Mal laut und vernehmlich in die umgekehrte Richtung gefragt wurde, war dies ein Signal für den Ausbruch der Revolution.«

Als Haile Selassie im September 1974 durch einen radikalen, von Unteroffizieren dominierten Militärrat entmachtet wurde, und ein Offizier das Schreiben verlas, das ihn für abgesetzt erklärte, reagierte der Kaiser ein letztes Mal als öffentliche Person. Es stand reglos da, bedankte sich bei allen und erklärte, die Armee habe ihn niemals enttäuscht. Der Monarch fügte hinzu, wenn die Revolution gut sei für das Volk, dann sei auch er, Kaiser Haile Selassie, für diese Revolution.

Ein versteckter überregionaler Konflikt: Die Afar und Issa-Somali

Seit den 1940er Jahren schwelt im östlichen Äthiopien ein international wenig wahrgenommener Konflikt, der in den vergangenen Jahren jedoch zunehmend überregionale Dimensionen angenommen hat. Vordergründig handelt es sich um einen lokalen Konflikt um einige hundert Quadratkilometer Weideland zwischen rivalisierenden Nomadengruppen, der Somali-Gruppe der Issa (Untergruppe des Dir-Clans) und den Afar. Inzwischen wurde aber mehrfach berichtet, dass auch Staatsangehörige der Nachbarstaaten an Vorstößen einzelner Gruppen beteiligt gewesen sind.

Die Afar und die Somali sind weitgehend nomadische Völker, die kuschitische Sprachen sprechen und durch mehrere Staatsgrenzen geteilt sind: Die Afar leben in Eritrea, Dschibuti und Äthiopien, die Somali in Dschibuti, Somalia, Äthiopien und Kenia. Beide Völker haben innerhalb des Föderalstaates Äthiopien ihre eigenen Regionalstaaten, mit Verfassung und Parlament. Ihr historisches Zentrum haben die Afar im Awsa-Sultanat, in dem aufgrund des Awasch-Flusses und einiger Seen mehrere fruchtbare Gebiete inmitten einer von Wüsten geprägten Landschaft liegen. Dürren lösten eine Westwanderung der Issa aus, die in Dschibuti und in Äthiopien als direkte Nachbarn der Afar leben. Vor rund sechzig Jahren noch Afar-dominierte Gebiete nahe der äthiopischen Stadt Dirre Dawa sind inzwischen somalisch. Seither gab es zahlreiche Konflikte zwischen beiden Volksgruppen. Vermittlungsversuche der äthiopischen Regierung führten zu kein endgültiges Ergebnis. Inzwischen häufen sich Angriffe somalischer Gruppen auf das Afar-dominierte Oasen-Gebiet von Awasch. Die unter der Dürre leidenden Issa erheben Anrecht auf das Land, mit dem sie sich und ihr Vieh ernähren könnten, während die Afar ihre historischen Siedlungsgebiete bedroht sehen. Die staatliche und internationale Verflechtung beider Volksgruppen bringt es mit sich, dass auch in verschiedenen Armeen ausgebildete Soldaten beteiligt sind, so z.B. Issa, die zur Armee Dschibutis gehören oder gehörten. Wie andere äthiopische Somali-Gruppen haben sich auch die Issa bereits in den 1970er Jahren am somalisch-äthiopischen Krieg beteiligt. Andererseits unterstützten die Afar bewaffnete Widerstandsgruppen, wie z.B. die gegen Eritrea agierenden Ugugumo und die gegen die Regierung Dschibutis in den 1990er Jahren kämpfenden FRUD. Diese Situation hat zu einer erheblichen Einfuhr von Waffen in die Region geführt, und in der Folge dazu, dass aus einem bloßen Hirtenkonflikt um Weideland ein überregionaler konventioneller Krieg mit größeren Gefechten, Angriffen auf Dörfer und Zerstörung der ohnehin schwachen Infrastruktur mit zunehmenden Folgen für die Nachbarstaaten entstanden ist. *(ws)*

Die Aura des Geheimen

Dunkle Ahnungen, verborgene Motive und zahllose, nie enden wollende Gerüchte prägten die politische Kultur Äthiopiens auch unter der sich anschließenden Herrschaft der Militärs (1974–1991). Trotz anhaltender Pressezensur zeigte sich das äthiopische Publikum, das von der Existenz des Eritreakrieges in der Regierungspresse erstmals erfuhr, als dieser angeblich gewonnen war, über neuere politische Entwicklungen erstaunlich gut und schnell informiert. Die Nachricht von einem Schusswechsel innerhalb des Militärrats, in dessen Verlauf sich dessen stellvertretender Vorsitzender, Mengistu Haile Mariam, 1977 genötigt sah, stundenlang in einem Panzerwagen auszuharren, war binnen Stunden landesweit verbreitet. Und während die mit dem Auslandsnachrichtendienst der DDR zusammenarbeitenden Militärs die Mitarbeiter der Ministerien anhielten, Konterrevolutionäre anzuzeigen, wurden bei den zahlreichen Revolutionsfeierlichkeiten streunende Hunde erschossen, die mit den Initialen einer verbotenen Untergrundpartei bemalt waren.

Die Wachsamkeit der Regierenden hielt an. In den späten siebziger Jahren wurde in Addis Abeba der populäre Sänger Tilahun Gessese verhaftet. Die Staatsgewalt bezichtigte ihn des Hochverrats. Tilahun hatte in einem vielgehörten Schlager die drei aufeinander folgenden Liebesaffären eines jungen Mannes besungen, der sich außerhalb des Dorfs mit drei Schönen gleichen Namens (Almaz = die Liebliche) traf. Die Zensurbehörde interpretierte das Lied politisch: Wenn auf die Liebschaft mit einer ersten Almaz (Kaiser Haile Selassie) eine zweite (der herrschende Militärrat) und eine dritte folgte, lag für die Zensoren die Vermutung nahe, Tilahun singe von einer Zeit nach dem Militär ...

An der immerwährenden Bereitschaft zur Unterstellung verborgener Motive hat sich auch unter der jüngsten, seit 1991 im Amt befindlichen Regierung wenig geändert. Eine nur in Ansätzen entwickelte Diskussionskultur prägt nach wie vor Inhalte und Art politischer Auseinandersetzungen. So ist es kein Zufall, dass die stark zersplitterte Opposition und die staatlich überwachten Medien programmatisch-inhaltliche Zwistigkeiten nur selten und bruchstückhaft zum Thema ihrer Diskussionen machen. Stattdessen herrscht, von internationalen Wahlbeobachtern als strukturelles Demokratiehindernis identifiziert, ein nach wie vor allgegenwärtiges Misstrauen vor, das gruppengebundenen Eigensinn und eine starrsinnige Rechthaberei befördert. Da sich sämtliche politischen Gruppierungen und Parteien durch die geheimen Motive anderer bedroht und in Frage gestellt sehen, erscheinen – in einer Art Selbstimmunisierung gegen Kritik – die jeweils eigenen Zielsetzungen im Lichte reiner Wahrheit und heroischer Selbstbehauptung.

Stefan Brüne

Auch wenn heute der größte Teil der Bewohner Nordostafrikas den beiden Weltreligionen Islam und Christentum angehören, unterscheiden sich die Ausprägungen der Glaubensrichtungen doch erheblich von den jeweiligen Ursprüngen in Arabien oder Europa. Sowohl Islam wie auch Christentum wurden durch Eroberer beziehungsweise Missionare auf den afrikanischen Kontinent gebracht, wo sich die Lehren mit einheimischen Kulten und Riten vermischten und sich so bis heute eigene Deutungen erhalten haben. Während der größte Teil Nordafrikas seit dem 7. und 8. Jahrhundert den Lehren des Islam folgt, konnte sich in Äthiopien seit dem 4. Jahrhundert der christlich-orthodoxe Glaube behaupten. Damit nimmt der Vielvölkerstaat Äthiopien (und zum Teil Eritrea) auch auf religiösem Gebiet eine Sonderrolle am Horn von Afrika ein. Die dortige, ursprünglich recht große jüdische Gemeinde (die so genannten Falascha) hat sich durch Auswanderungen nach Israel weitgehend aufgelöst.

Die oben abgebildete Dreifaltigkeitskirche in Addis Abeba ist eine der größten christlichen Kirchen in Nordostafrika und ein Zentrum des äthiopisch-orthodoxen Christentums.

Islam und Christentum in Afrika

Dem durchschnittlich gebildeten Europäer kommt beim Nachdenken über den Islam neben dem Gottesnamen Allah der muslimische »Heilige Krieg«, der Dschihad, in den Sinn. Hinsichtlich des Christentums in Afrika erinnert er sich an den »Nickneger«, der früher den Opferstock katholischer Kirchen zierte, in dem für die Mission in Afrika gesammelt wurde. Der Schwarze nickte zum Dank für die Spende jedes Mal, wenn eine Münze eingeworfen worden war. Obwohl die Reduzierung des Islam auf den Dschihad und der symbolische Nickneger für Fehldeutungen der Leistungen des Islams und des Christentums in Afrika zeugen, belegen sie die Sichtweise der Europäer auf die vermeintlich rückständige Religiosität und Kultur der Afrikaner seit der Kolonialzeit. Oftmals hat man nicht erkannt, dass Afrika keineswegs ein geschichtsloser Kontinent ist, sondern in einer Vielfalt eigenständiger Religionen und Kulturen lebt.

Traditionelle afrikanische Religionen

Religiosität hat im Leben der Afrikaner eine zentrale Bedeutung und durchdringt alle Lebensbereiche. In der traditionellen afrikanischen Religiosität versteht sich der einzelne Mensch stets in Verbindung zu seiner familiären und ethnischen Gruppe und zu den Ahnen. Hier entstehen starke Bindungen, die verpflichten, den Entscheidungen der Ältesten zu gehorchen, den Zusammenhalt der Gemeinschaft zu wahren und sie zu ehren. Besondere Bedeutung hat die Verehrung der Ahnen, die zwischen Gott bzw. den Göttern und den Menschen zu vermitteln haben, selbst jedoch keine Götter sind. Afrikanische Religiosität will dem Menschen einen Halt geben zwischen den Polen des Lebens und des Todes. Von seinem höchsten Gott empfängt der afrikanische Mensch seine Lebenskraft, die weitergegeben wird durch Götter, Ahnen und die Menschen der eigenen Familie und Gruppe. Dank dieser Kraft steht alles in der Welt in Beziehung zueinander und kann somit dazu beitragen, die Lebenskraft des

Äthiopisch-Orthodoxe Kirche

Die älteste christliche Kirche Afrikas ist die Äthiopisch-Orthodoxe Kirche. Sie hat ihren Ursprung im spätantiken Reich von Aksum. Diese bereits in vorchristlicher Zeit gegründete und im heutigen Norden Äthiopiens gelegene Stadt war ab Mitte des 4. Jahrhunderts eine der damaligen christlichen Hauptstädte, nachdem sich König Ezana zum Christentum bekehrte. Zwei syrische Sklaven aus Tyros im Libanon, Frumentios und Aidesios, die am Königshof als Erzieher wirkten, hatten ihm die christliche Botschaft verkündet. Frumentios wurde danach von Athanasius von Alexandria zum ersten äthiopischen Bischof geweiht. König Ezana erklärte das Christentum zur Staatsreligion. Das Königreich Aksum, dem damals Teile des heutigen Nordäthiopiens und Eritreas sowie zeitweilig auch Regionen Südarabiens zugehörten, hatte seine Blütezeit bis ins 6. Jahrhundert, als König Kaleb die bedrängten Christen Südarabiens militärisch unterstützte. Die Vorherrschaft des Reiches Aksum wurde zum Ende des 6. Jahrhunderts zunächst durch die Eroberungen der Perser und sodann mit dem Vordringen der muslimischen Araber beendet. Nachdem König Kaleb seine Krone abgelegt hatte und abdankte, trat er als Mönch in ein Kloster ein. Er wird als der größte Heilige der äthiopisch-orthodoxen Kirche verehrt. Die Stadt Aksum gilt den äthiopisch-orthodoxen Christen als heilige Stadt. Bis zur Zeit des

Foto: Wolbert Smidt

Äthiopische Prunkbibel aus Aksum, ca. 17. Jahrhundert

letzten Kaisers Haile Selassie im 20. Jahrhundert war sie die Stätte der Krönungen der äthiopischen Könige. Heute gehört knapp die Hälfte der Bevölkerung Äthiopiens der Äthiopisch-Orthodoxen Kirche an. Ihre selbstbewusste Frömmigkeit ist auch geprägt von der Legende, dass der im Alten Testament nicht genannte Sohn Menelik aus der Beziehung König Salomos mit der Königin von Saba das Herrschergeschlecht der äthiopischen Könige gegründet habe. Menelik soll seinen Vater in Jerusalem besucht und die Bundeslade mit den Zehn Geboten nach Äthiopien entführt haben. Nach äthiopischer Überlieferung wird diese in der Aksumer Kirche Maria Zion aufbewahrt. *(hs)*

Einzelnen und der Gemeinschaft zu fördern und zu schützen. Kultus und Ritus, Initiationen aller Art, sakrale Mahlzeiten und Amulette können diese Lebenskraft fördern, zugleich auch böse Mächte abwehren, die gelingendes und erfülltes Leben verhindern wollen.

Unter den Riten haben Initiations- sowie Trauer- und Bestattungsriten die höchste Bedeutung. Initiationsriten markieren den Übergang in verschiedene Lebensphasen, etwa in den Ehestand, in eine andere Berufsgruppe und einen neuen sozialen Status. Als Passageriten symbolisieren sie jeweils Tod und Neugeburt mitten im Leben. Trauer- und Bestattungsriten begleiten die Verstorbenen in die Sphäre der Ahnen, damit sie weiter in Verbindung zu ihren Familien bleiben.

Heutige Religionen in Afrika

Heute gehören die meisten Afrikaner den beiden großen Weltreligionen Islam und Christentum an. Die verschiedenen traditionellen afrikanischen Religionen werden außer in Nordafrika, oft auch vermengt mit Islam und Christentum, aber noch auf dem gesamten Kontinent praktiziert. Sie entsprechen der Vielfalt der etwa 2000 Gesellschaften Afrikas, obwohl sie seit der Kolonialzeit einen gewaltigen Verlust an Anhängern zu verzeichnen haben. Nominell gehören nur noch ca. 15 Prozent der Afrikaner zu ihnen, was aber immerhin noch rund 70 Millionen Menschen ausmacht. In drei Staaten Westafrikas, in Benin, Liberia und Sierra Leone, bekennt sich sogar die Bevölkerungsmehrheit zu den traditionellen Religionen.

Zum Islam und zum Christentum sind 285 bzw. 341 Millionen Menschen zu rechnen. Zu beachten ist jedoch, dass diese beiden Religionen häufig nicht nach ihren ursprünglichen Lehren praktiziert werden, sondern in synkretistischen Vermischungen mit den traditionellen Religionen. Je mehr Verschmelzung Islam und Christentum zuließen, umso mehr konnten sie sich in den einzelnen Phasen ihrer Ausbreitung auf dem Kontinent durchsetzen. Die muslimischen und christlichen Missionare der reinen Lehre scheiterten dagegen immer wieder.

Etwa die Hälfte der Muslime lebt in den Staaten Nordafrikas. Der muslimische Anteil der Bevölkerung beträgt in Westsahara 100 Prozent, in Algerien 99 Prozent, in Libyen 98 Prozent, in Marokko 95 Prozent, in Tunesien und in Ägypten jeweils 92 Prozent. Südlich der der Sahara gibt es eine muslimische Bevölkerungsmehrheit in Somalia (98 Prozent), in Mauretanien (96 Prozent), in Dschibuti (94 Prozent), in Gambia und im Senegal (je 90 Prozent), im Niger (85 Prozent), in Mali und in Guinea (je 70 Prozent). In Äthiopien ist etwas mehr als die Hälfte der Bevölkerung (52 Prozent) muslimisch, in Eritrea und in Gambia und auf den Komoren die Hälfte. Eine christliche Bevölkerungsmehrheit besteht in den meisten zentral- und südafrikanischen Staaten, jeweils zur einen Hälfte protestantisch, vorrangig evangelikal oder pfingstkirchlich, und zur anderen Hälfte römisch-katholisch. Die älteste afrikanische christliche Kirche ist die Äthiopisch-Orthodoxe Kirche.

Zum Hinduismus zählen 1,4 Millionen Menschen (0,29 Prozent). Sie stellen die indische Bevölkerung in Süd- und Ostafrika und leben als Mehrheit auf Mauritius. Zum Judentum sind noch 0,02 Prozent der afrikanischen Bevölkerung zu rechnen. Dies sind etwa 90 000 Menschen. Sie leben vorwiegend in Südafrika und – soweit nicht nach Israel ausgewandert – in Äthiopien.

Die Ausbreitung von Islam und Christentum in Afrika

Islam und Christentum folgten grundsätzlich zwei unterschiedlichen Wegen, ihren Herrschaftsanspruch durchzusetzen. Während das Christentum sich innerhalb einer bestehenden politischen Ordnung verbreitete, sie schließlich übernahm und seiner Deutung unterwarf, schuf sich der Islam zunächst sein Herrschaftsgebiet mit Waffengewalt und bildete dann aus der unterworfenen Bevölkerung eine muslimisch dominierte Gruppe. In Afrika geschah dies erfolgreich im 7. Jahrhundert, als der Islam sich von Medina aus über Ägypten in Nordafrika behauptete und im 8. Jahrhundert auch Spanien erreichte. Zu dieser Zeit kamen die ersten Muslime nach Ostafrika, allerdings hier nicht als militärische Eroberer, sondern als Kaufleute, die sich in den Handelsstädten an der Küste niederließen. Hier wurde die Ausbreitung des Islams begünstigt durch die Monsunwinde des Indischen Ozeans. Sie ermöglichten einen regen Handelsverkehr muslimischer Kaufleute zwischen den damals schon vom Islam geprägten Ländern Arabien, Persien und Indien nach Ostafrika. In das Landesinnere gelangte der Islam von der ostafrikanischen Küste aus durch Nomaden, die ihn ihrerseits durch Handel in den Küstenstädten kennen gelernt hatten.

Auf seinem Eroberungszug in Nordafrika traf der arabische Islam auf eine Bevölkerung, die seit der Antike im römisch und hellenistisch geprägten Mittelmeerraum integriert war. So wie sich das Christentum im Römischen Reich als Staatsreligion durchsetzte, erreichte es auch die Menschen Nordafrikas. Aus ihnen gingen bedeutende christliche Theologen, die lateinischen Kirchenväter, hervor. Der bis heute für die Theologie der christlichen Kirchen einflussreichste war Augustinus (354–430). Mit seinem grundlegenden Buch »De Civitate Dei« (»Über den Gottesstaat«) beschrieb er, wie Christen das Verhältnis des Politischen und des Religiösen als zwei grundsätzlich zu unterscheidende Bereiche verstehen. In Anlehnung an die römische Rechtsphilosophie Ciceros entwickelte er die christliche Lehre des Gerechten Krieges (*bellum iustum*), nicht als Kriegstheologie, sondern als Konzeption zur Begrenzung und Überwindung von Kriegen.

Der Islam am Horn von Afrika

Der Islam am Horn von Afrika blickt auf eine fast 1400 Jahre lange Geschichte zurück. Bereits 615 n.Chr. kamen Anhänger des Propheten Mohammed über das Meer ans Horn. In Mekka wurden sie noch wegen ihres neuen Glaubens verfolgt, während ihnen der König von Aksum großzügig Asyl gewährte. Die Muslime kehrten schon bald wieder in ihre Heimat zurück. Handel und Migration führten allerdings dazu, dass sich zwischen dem 7. und dem 11. Jahrhundert islamische Kaufleute, Gelehrte und Handwerker an den Küsten des Horns niederließen. Der Islam fasste hier auf friedliche Art und Weise Fuß und breitete sich entlang der Karawanenstraßen ins Landesinnere aus. Zwischen dem 10. und dem 13. Jahrhundert etablierten sich erste islamische Stadtstaaten als Sultanate, so z.B. in Mogadischu, Zeyla und auf dem Plateau von Harar, später freilich immer wieder begleitet von militärischen Auseinandersetzungen zwischen Muslimen und den christlichen Herrschern des Hochlandes.

Bis Ende des 19. Jahrhunderts gingen die islamischen Reiche auf dem Gebiet des heutigen Äthiopien im militärisch expandierenden christlich-abessinischen Reich auf. Seit der zweiten Hälfte des 19. Jahrhunderts dominiert dort die christliche Elite die Politik des Landes. Dasselbe gilt für Eritrea, dessen Bevölkerung zur Hälfte muslimisch ist, während die andere verschiedenen Ausrichtungen des Christentums anhängt. In Äthiopien sind heute etwa die Hälfte der Bevölkerung Muslime, und nur 35 bis 40 Prozent Christen – vornehmlich äthiopisch-orthodoxer Ausrichtung. Die restliche Bevölkerung wird afrikanischen Religionen zugerechnet. In Somalia bekennen sich 100 Prozent und in Dschibuti 94 Prozent der Menschen zum Islam.

Die Moslems am Horn sind überwiegend Sunniten und gehören der schafiitischen Rechtsschule an. Vor allem die Somalis hängen dem so genannten Sufismus an. Sufis sind islamische Mystiker, deren Glaubensgrundlage neben Koran (dem Wort Gottes) und Hadith (den mündlichen Überlieferungen der Worte und Taten des Propheten Mohammed) die persönliche Suche nach Gott umfasst. Sufis organisieren sich in verschiedenen Orden. Ihre Religion kennt Trancetänze, Heiligenverehrung und Wunderhandlungen herausragender Mystiker. Sie gilt als tolerant gegenüber anderen Religionen. Dies erleichterte die Verbreitung am Horn und förderte die Koexistenz von Islam und Christentum.

Trotzdem verbanden sich wiederholt religiöse und politische Reformbewegungen. Um 1895 verbreitete der somalische Scheich Mohammed Abdullah Hassan (»Mad Mullah«) die Lehren des Salihiya-Ordens in Nordsomalia. Es gelang ihm, eine Anhängerschaft über die Grenzen verschiedener Clans hinweg aufzubauen. Zunächst predigte er gegen Fremdeinflüsse der christlichen Kolonialherren und die Verfälschung des Islam durch andere Sufi-Orden. Im Jahr 1899 begannen er und seine »Derwische« genannten Anhänger einen Aufstand gegen die Kolonialmächte (Großbritannien, Italien, und, aus somalischer Sicht, Äthiopien) auf der Somalihalbinsel, der erst 1920 durch einen massiven Militäreinsatz der Briten niedergeschlagen werden konnte.

Der zeitweise sozialistisch orientierte Diktator Siad Barre (1969–1991) bemühte sich, islamische Kräfte aus der Politik fernzuhalten. Im somalischen Bürgerkrieg seit 1991 spielten diese jedoch wieder eine Rolle. Islamische Institutionen und Individuen sind zivilgesellschaftlich aktiv und betreiben u.a. Schulen, Waisenhäuser und private Banken. Die als fundamentalistisch geltende al-Ittihat al-Islamiya (AIAI) und jüngst die Union of Islamic Courts (UIC) griffen zeitweise mit eigenen Milizen in das politische und militärische Geschehen ein. Dennoch ist das von der äthiopischen Regierung und vom »Westen« aufgebaute Drohbild des fundamentalistischen Islam am Horn stark verkürzt. Die Masse der Muslime dort sind fromme aber friedliche Menschen, deren Glauben wesentlich zum kulturellen Reichtum der Region beiträg.

(mvh)

Ihre Kriterien, zuallererst das der *ultima ratio* (Krieg als letzte Möglichkeit), prägen heute noch das Kriegsvölkerrecht.

Mit der Kolonialisierung Afrikas im 19. Jahrhundert entwickelten die europäischen Kirchen über ihre Missionsgesellschaften eine rege Missionsarbeit. Allerdings wurde nicht immer deutlich unterschieden zwischen Kolonisierung aus staatlichen und wirtschaftlichen Interessen und Mission im kirchlichen Auftrag. Die Missionare und die Kolonialherren verband eine gemeinsame europäische Sichtweise im Hinblick auf die als Ungebildete und als Wilde betrachteten Afrikaner, die erst noch geformt werden müssten und dafür dankbar sein sollten. Hier hat die Figur des »Nicknegers« ihren geschichtlichen Ort. Mission und

Kolonialisierung strebten danach, jeweils für ihre Aufgaben und Zuständigkeitsbereiche europäische Normen und Standards durchzusetzen. Erfolgreich war die Mission mit ihrem Bildungs- und Schulungssystem sowie bei der Bekämpfung der Sklaverei. Über die Schulen wurden viele Afrikaner für das Christentum gewonnen, die bildungshungrig und bereit waren, sich für schulische Erfolge und die damit einhergehenden Aufstiegschancen auch religiös anzupassen. In ihrem Herzen blieben sie jedoch ihrer afrikanischen Religiosität verbunden und praktizierten einen religiösen Synkretismus.

Mit dem Ende der Kolonialherrschaft nach dem Zweiten Weltkrieg und auf Grund des zum Teil auch vom Islam her begründeten afrikanischen Nationalismus verloren die von Europa aus geprägten Missionskirchen an Einfluss. Als Protestbewegung gegen diese entstanden afrikanische unabhängige Kirchen. Sie sind charismatisch (von besonderer Ausstrahlung), evangelikal und pfingstlerisch geprägt. In ihnen können Ausdrucksformen afrikanischer Religiosität wie prophetisches Reden, rituelle Heilungen, Geistergriffenheit, Tranceerlebnisse und Zungenreden praktiziert werden. Mit ihrem enormen Zulauf repräsentieren sie ein dynamisches und sich ausbreitendes Christentum und übernehmen heute in vielen Staaten Afrikas auch zentrale gesellschaftlicheFunktionen vor allem in den Bereichen Bildung und Gesundheit.

Dschihad und Frieden

Auch wenn der Islam die Bereiche des Religiösen und des Politischen nicht unterscheidet, sondern als eine vom Glauben aus zu lenkende Einheit versteht, muss Dschihad nicht unbedingt Krieg bedeuten, schon gar nicht Terror. Dschihad heißt »sich im Glauben anstrengen« und bedeutet die größtmögliche Anstrengung des Moslems für seine Religion. Einige islamische Theologen vertreten heute die Auffassung, der eigentliche Dschihad bestünde im inneren Kampf, im Alltag nach den Geboten des Islam zu leben. Sie interpretieren Dschihad spirituell und mystisch, als den Dschihad des Herzens, der Zunge und der Hände. Der kriegerische Dschihad des Schwertes verliert dann an Bedeutung.

Der Dschihad

Der Dschihad (arab. *jihad*, wörtlich aus dem Arabischen: sich bemühen) bildet neben den fünf klassischen Säulen (Glaubensbekenntnis, Gebet, Fasten, Almosen, Pilgerfahrt) ein weiteres wichtiges Prinzip des Islam. Die klassische juristisch-moralische Lehre des Islam unterscheidet zwei Formen des Dschihad. Der »große Dschihad« meint das Streben, die eigenen Schwächen und Laster zu überwinden, ein gottgefälliges Leben zu führen und den islamischen Glauben durch Wort und vorbildhaftes Verhalten zu verbreiten. Der »kleine Dschihad« verlangt von den Gläubigen das Gebiet des Islam zu verteidigen und auszudehnen, wenn nicht anders, dann auch durch Gewaltanwendung innerhalb der von den muslimischen Juristen gesetzten Grenzen. Ein Koranvers, der oft als Grundlage der kriegerischen Form des Dschihad herangezogen wird lautet: »Kämpft gegen diejenigen, die nicht an Allah und an den Jüngsten Tag glauben, und die das nicht für verboten erklären, was Allah und Sein Gesandter für verboten erklärt haben, und die nicht dem wahren Glauben folgen – von denen, die die Schrift erhalten haben, bis sie eigenhändig den Tribut in voller Unterwerfung entrichten.« (Sure 9, 29)   *(bc)*

Dieses Verständnis des Dschihad setzt sich deutlich ab vom politischen Islam mit dem islamistischen Konzept des Krieges und des Terrors. Es bietet einen Ansatz zum Dialog und zur Kooperation zwischen Islam und Christentum. Damit sollen beide Religionen ihre konstruktiven Kräfte aufbieten zur Entwicklung und Förderung einer Kultur des Friedens und der Gerechtigkeit in der globalisierten Welt, in der die Menschen Afrikas ihren legitimen Platz einnehmen möchten. Um dies zu erreichen, müssten allerdings Islam und Christentum die in beiden Religionen sich ausbreitenden fundamentalistischen Glaubenshaltungen überwinden.

Horst Scheffler

Foto: Wolbert Smidt

Die Musik – auf dem Foto spielt ein junger Äthiopier in einem Musiklokal in der äthiopischen Stadt Gondar auf dem traditionellen Masinqo – hat in den afrikanischen Kulturen eine herausragende Bedeutung. Klang und Rhythmus vermitteln uraltes Lebensgefühl, die Tradition eines Volkes, aber auch einer Religionsgemeinschaft. Häufig ergibt sich hieraus eine für Europäer überraschende Mischung, etwa in der in Äthiopien sehr populären Rastafari-Bewegung (vgl. Kasten Rastafari).

Im Gegensatz zu anderen Teilen des afrikanischen Kontinents setzte die Schriftlichkeit am Horn von Afrika bereits mit der Christianisierung des Königreichs von Aksum im 4. Jahrhundert ein. Zunächst entstand hauptsächlich Lyrik in Form religiöser Gedichte und Huldigungen für den jeweiligen Herrscher. Später folgten Herrschaftschroniken und religiös motivierte Kampfschriften. Literarische Gattungen wie Roman oder Novelle entwickelten sich hingegen erst seit Beginn des 20. Jahrhunderts.

■■■■ Eigenständige Traditionen in Literatur und Musik

Wie kaum ein anderer südlich der Sahara gelegener Kulturraum erfuhr das alte Abessinien die Aufmerksamkeit abendländischer Literaten und Gelehrter. Zu den bekanntesten zählten der griechische Philosoph Herodot, der phönizisch-syrische Autor Heliodor, der Orientalist Job Ludolf und der bedeutende Aufklärer Adolph Freiherr Knigge. Freilich spiegeln ihre Werke hauptsächlich die Phantasien der Autoren, nicht jedoch die realen Verhältnisse in der Region wider.

Im Gegensatz zu anderen afrikanischen Regionen, in denen die Sprachen der Kolonialmächte wesentlichen Einfluss auf die Ausbildung der Literatur nahmen, spielte dieser Faktor in Äthiopien nur eine untergeordnete Rolle. Dies gibt Anlass, nach den regionalen Traditionen von Literatur und Musik am Horn von Afrika zu fragen. Die dortige kulturelle Vielfalt auf wenigen Seiten in ausreichender Breite zu erfassen, macht allerdings erhebliche Beschränkungen und Vereinfachungen notwendig. Aufgrund seiner sprachlichen und ethnischen Vielfalt gilt schon alleine Äthiopien, etwa im Gegensatz zum ethnisch relativ homogenen Somalia, völkerkundlich als »kleines Afrika«. Eritrea wiederum ist ein eigenständiger Staat, der in Vielem Äthiopien nahesteht, in manchem aber einen ganz eigenen Charakter aufweist. Dschibuti wird vornehmlich von den verfeindeten Afar und Issa bewohnt. Die hier kurz angedeutete Multikulturalität hat in Jahrhunderten einen großen musikalischen und literarischen Reichtum hervorgebracht.

Musikalische Traditionen

Musik ist in Ton gegossenes Gefühl. Sie ist ein Spiegel der Lebenswirklichkeit des Menschen und somit seiner kulturellen und ethnischen Verwurzelung. Dies gilt im besonderen Maße für Afrika. Klang und Rhythmus transportieren uraltes Lebensgefühl, die Geschichte einer Volksgruppe oder einer Religion. Die Musiktradition der äthiopischen Völker speist sich aus zahlrei-

chen Quellen. Liturgische Musik löste die in Vorzeiten dominierenden mystischen Rhythmen der einzelnen Stämme ab. Kop-
tische Mönche brachten im 4. Jahrhundert das Christentum in
die Region, die christliche Religion gelangte jedoch erst seit dem
13. Jahrhundert zu voller Entfaltung (vgl. den Beitrag von Horst
Scheffler). Als Schöpfer des musikalisch-kirchlichen Zeremoni-
ells, das nach wie vor nach strengen Regeln zelebriert wird, gilt
der im 6. Jahrhundert wirkende äthiopisch-orthodoxe Mönch
Yared. Zeitgleich mit seinen Gesangsordnungen zeichnete er bereits Noten auf.

Einerseits griff die Musik christliche, islamische und jüdische Klangmuster auf. Andererseits strahlte sie selbst in andere
Regionen aus. Schon in der Antike existierte ein starker äthiopischer Einfluss auf das Alte Ägypten. Darstellungen äthiopischer
Soldaten zeigen diese oft als Trommel- und Kastagnettenspieler
und den vom »Horn« stammenden, im Niltal angesiedelten Gott
Bes mit Handpauken und Glocken.

Musikinstrumente und Gesang spielten eine wichtige Rolle
im kirchlichen, ebenso wie im öffentlichen und privaten Raum.
Der langsame Verlauf der Christianisierung ließ ältere Musikinstrumente in der kirchlichen Musik überleben. Zu den typisch
äthiopischen Instrumenten, die bei kirchlichen Feierlichkeiten
Anwendung finden, zählt die Begena. Ein mit zehn Saiten be-
spannter hölzerner Klangkörper – ähnlich einer Leier – erzeugt
dessen typischen, dem europäischen Ohr fremd klingenden so-
noren Summton. Begleitinstrumente sind häufig Trommeln und
Rasseln. Auch zur Untermalung von Gesangsstücken und Volks-
liedern kommt die Begena zum Einsatz.

Bestimmte Instrumente galten in Äthiopien als Herrscherin-
signien. Hierzu zählt die Negarit, eine mit Schlägeln versehene
Trommel. Der Monarch nutzte sie in silberner Fassung, höhere
Beamte in kupferner Ausfertigung und niedere Staatsdiener in
hölzerner Version. In der Volksmusik der Hochlandvölker Tigray und Amharen stimmen Flöten, Kniegeigen und Leiern (Krar)
in den Gesang mit ein. Die neuerdings mit Stahlsaiten bespann-
ten Krar wird ebenso wie die einsaitige Masinqo und Bambus-
flöten auch als Soloinstrument genutzt, bisweilen von Trommeln
begleitet.

Wesentliche Träger der verschiedenen Kulturen waren von jeher frei vorgetragene Volkslieder. Von hoher Bedeutung sind Klagelieder und Kriegstänze. Die bekannten Liedformen zeigen einen ausgeprägten Hang zur Improvisation, greifen allerdings ebenso auf einen Bestand traditioneller Melodien zurück. Eine weitere Einschränkung bringt die Formstrenge liturgischer Musik mit sich.

Im Gegensatz zu den Völkern des äthiopischen Hochlandes nutzten die Somali bis ins 20. Jahrhundert nur sehr wenige Instrumente, vor allem Trommeln und Flöten. Zentrale Bedeutung für die Musik hat stattdessen die menschliche Stimme. Eine wesentliche Ursache für die geringere Verbreitung von Musikinstrumenten scheint das Fehlen regionaler Herrscher sowie einer feudalen Gesellschaftsstruktur wie jener in Äthiopien zu sein. Die jüngere somalische Musik unterscheidet sich von westlichen Kompositionen übrigens grundsätzlich durch die Verwendung einer Fünftonskala. Die europäische Tonleiter umfasst hingegen bekanntlich zwölf in Halbtonschritten voneinander getrennte Töne.

Seit den 1920er Jahren gewannen auch am Horn von Afrika westliche Musikformen an Einfluss. Neben militärischer Marschmusik entstanden nun auch klassische Kompositionen. Zu deren wichtigsten Urhebern zählen Tsegayie Debalkie und Ashenafi Kebede. Tsegayie zeichnete Ende der 1960er Jahre bei »Radio Ethiopia« für Musik verantwortlich. Als beachtlich vielseitiger Komponist schuf er mehr als 80 Lieder westlichen und traditionell-äthiopischen Stiles sowie 13 größere Tondichtungen.

Schriftlichkeit in Äthiopien und Somalia

So wie sich Europa in unterschiedliche Sprachräume gliedert, lässt sich auch die ethnische Vielfalt des Hornes in Sprachverwandtschaften unterteilen und ordnen. Wie etwa Franzosen, Rumänen und Spanier den romanischen Völkern zugehören oder Deutsche, Schweden, Isländer den germanischen, zerfällt Äthiopien in die Sprachräume der Semiten, Hamiten, Omotisch- und Nilotischsprachigen.

Die Rastafari

Die Rastafari bilden eine religiöse Gemeinschaft, die in den 30er Jahren des vergangenen Jahrhunderts in der Karibik entstand und dort auch heute noch verbreitet ist. Die Lehre der Rastafari basiert auf einer Prophezeiung des Journalisten Marcus Mosiah Garvey. Er sagte 1927 die Krönung eines schwarzen Königs in Afrika voraus, der als neuer Messias die schwarze Bevölkerung Amerikas in die Heimat nach Afrika führen werde (»Back-to-Africa-Bewegung«).

Mit der Krönung des äthiopischen Regenten Ras Tafari Makonnen zum »Negus« von Äthiopien 1928 sahen die Anhänger dieser Bewegung die Prophezeiung als erfüllt an. Die selbstgewählte Bezeichnung Rastafari geht auf diesen König zurück, der 1930 unter dem Thronnamen Haile Selassie I. zum Kaiser Äthiopiens gekrönt wurde.

Die Überzeugung der Rastafari basiert auf dem Neuen Testament und hier vor allem auf der Offenbarung des Johannes. Es handelt sich um eine reine Heilserwartungsbewegung. Der neue Messias (Haile Selassie) wird als Gott verehrt und soll seine schwarzen Kinder, die Nachfahren der Sklaven aus der gesamten Welt, in die Heimat, die gleichzeitig das Paradies darstellt, heimführen. Für die Rastafari ist das Paradies gleichbedeutend mit Äthiopien als Land, wo man frei von Sklaverei leben kann. Aus diesem Grund bilden auch die Farben der äthiopischen Flagge, rot, gold und grün, die Symbolfarben der Rastafari.

Die Lehre der Rastafari hat Auswirkungen auf alle Lebensbereiche. Gleichberechtigung der Frau oder Homosexualität lehnen die

picture-alliance/dpa/lpol Kwame Brathwaite

Einer der bekanntesten Anhänger der Rastafari: Reggae-Legende Bob Marley

Rastafari als nicht gottgewollt ab. Ihre Ernährung setzt sich aus Früchten und Kräutern zusammen. Tierische Produkte sowie Alkohol und Tabak sind verpönt. Eine Ausnahme bildet der Konsum von Marihuana, der beim Meditieren und der Auseinandersetzung mit ihrem Gott Jah (»Tscha«) eine wichtige Rolle spielt.

In Europa wurde die Rastafari-Bewegung vor allem in den 1970er Jahren durch Reggae-Musik und Dreadlocks bekannt. Die bekanntesten Vertreter der Rastafari-Reggae-Szene waren Bob Marley und Peter Tosh. *(am)*

Die Entstehung der Schriftkultur bestimmten über Jahrhunderte hinweg die semitischen Völker der Amharen und Tigray. Auch die jüdischen Falascha verfügen über eine lange Tradition religiösen Schrifttums. Dagegen gewann das größte äthiopische Volk der Oromo (Galla) erst im Laufe des 20. Jahrhunderts an Bedeutung für das überregionale kulturelle Leben. Um nochmals den Vergleich mit Europa heranzuziehen, existierte mit Latein bzw. Geez in beiden geographischen Räumen über Jahrhunderte eine verbindende Kultursprache. Die überwiegend christlich inspirierte Literatur Äthiopiens wurde ab dem 4. Jahrhundert in Geez aufgezeichnet, im 20. Jahrhundert setzte sich Amharisch durch. In Somalia wurde erst 1972 eine eigene Schriftsprache verbindlich. Zuvor schrieben somalische Gelehrte und Dichter Arabisch.

Die ersten literarischen Äußerungen am Horn von Afrika sind der Gattung der Lyrik zuzurechnen. So unterscheiden die Somalis mehrere Gedichtarten nach Länge, Stil und metrischem Maß. Weite Teile der schriftlichen Ausdrucksformen einzelner Stämme sind bislang – wie in der Musik auch – kaum dokumentiert und erforscht. Kultische Texte existieren häufig in schriftlicher Form, während Sagen und Märchen, sofern sie nicht von Fremden Aufzeichnung erfuhren, bis heute hauptsächlich durch mündliche Überlieferung weitergegeben werden.

Als erste Schriftzeugnisse in der Region gelten ein bis zwei Meter lange Zauberrollen, die seit ältesten Zeiten von Priestern angefertigt werden. Die hier versammelten Bilder und Worte dienten als Amulett. Die älteste bekannte äthiopische Handschrift ist das Evangelienbuch des Negus Amde Tseyon, das aus dem 14. Jahrhundert stammt. Seit der Zeit der Niederschrift bis zur erste Hälfte des 16. Jahrhunderts erlebte Äthiopien eine kulturelle Blüte. Neben umfangreicher religiöser Literatur schufen äthiopische Autoren, darunter Kaiser Zer'a Ya'qob (1434–1468) oder Na'od (1494–1508), Herrscherchroniken und poetische Texte. Die bedeutendste Form zeitgenössischer Poesie stellen die *Selams* dar, religiöse Gedichte, die grundsätzlich mit dem Wort *Selam* (»Ruhm«) beginnen. Einem ausufernden Personenkult dienen die *Melks* (»Bilder«). Sie »sezieren« mit jeder Strophe den Körper eines Heiligen von den Zehen bis zum Kopf. Aus gleicher Zeit stammt die umfassende Liedersammlung »Deggwa«, deren Gedichte jeden Tag des Jahres betrachten und später mit Noten versehen wurden.

Ab der zweiten Hälfte des 16. Jahrhunderts bestimmten religiös motivierte Auseinandersetzungen das äthiopische Schrifttum. Vor allem das Vordringen des Islam und die Ankunft von Jesuiten riefen Schriften wie »Das Glaubensbekenntnis des Gelawdewos«, »Haymanote Abbau« (Glaube der Väter) und das islamkritische »Anqetse Amin« (Pforten des Glauben) des zum Christentum konvertierten Moslems Ech'ege Enbaqom hervor. Im 17. und beginnenden 18. Jahrhundert zeigten äthiopische Literaten wieder einen ausgesprochenen Hang zur Hofgeschichtsschreibung. Erwähnenswert ist die Schaffung einer äthiopischen Grammatik durch den 1726 verstorbenen Dichter und Komponisten Azzaz Sinoda. Das 19. Jahrhundert stellte für die äthiopische Literatur eine Phase des Niederganges dar. Zudem löste das Amharische das Ge'ez als Schriftsprache ab.

Anders als in Europa kennen die äthiopische und auch die somalische Literatur die literarischen Gattungen des Romans und der Novelle erst seit jüngster Zeit. In den 1880er Jahren entstanden erste Druckereien im heutigen Eritrea, 1911 in Addis Abeba, sodass nun literarische Erzeugnisse schnellere Verbreitung erfuhren. Zu den bemerkenswerten Werken dieser Zeit zählt eine poetische Biographie Kaiser Johannes IV. (1667–1682) von Heruy Welde Sellase. Im Laufe des 20. Jahrhunderts befruchtete der kulturelle Austausch mit dem Westen die Literatur am Horn von Afrika. Seit 1913 erschienen erste Romane und Theaterstücke ebenso wie populärwissenschaftliche Werke und das erste Lehrbuch der Arithmetik (1921). Seit der Revolution von 1974 wächst der äthiopische Buchmarkt unablässig. Einige Bücher, wie die Novellen Haddis Alemayyehus, erreichen Auflagenhöhen von mehr als 50 000 Exemplaren. Dennoch können zahlreiche regionale Talente aufgrund der politischen und ökonomischen Situation nicht publizieren. 1987 erschien, übrigens in Deutschland, das erste in amharischer Sprache verfasste Werk eines Auslandsäthiopiers.

Ausblick

Wer sich die Kultur eines Landes erschließen will, dem bieten Musik, Sprache und Literatur einen hervorragenden Zugang. Für das Horn von Afrika wird diese Auseinandersetzung dadurch erschwert, dass die vorhandene kulturelle Vielfalt – insbesondere was die schriftlosen Zeugnisse angeht – bislang nur unzureichend dokumentiert und fassbar ist. Dies verstärkt die für den afrikanischen Kontinent verbreitete Vorstellung von einem geschichtslosen Raum, in dem die Europäer als Licht bringende Kulturträger in Erscheinung getreten seien. Insbesondere für die reiche kulturelle Tradition Äthiopiens verkehrt dies die Tatsachen. Dem Horn von Afrika ist zu wünschen, dass politische und ökonomische Stabilität die Rahmenbedingungen für Aufblühen und Fortentwicklung von Musik und Literatur verbessern können. Dies würde in den Ländern außerhalb Afrikas das Bewusstsein stärken, dass afrikanische Ausformungen von Kultur einen eigenständigen und darum umso wertvolleren Beitrag zum Weltkulturerbe bedeuten.

Martin Meier

Der »Mercato« in Addis Abeba ist einer der bestbesuchten Märkte der äthiopischen Hauptstadt und zugleich Sinnbild für die Wirtschaft am Horn von Afrika. Bauern aus der näheren Umgebung bieten im Ackerbau hergestellte Produkte an. Der Kunde kann aber auch (Trink-)Wasser, abgefüllt in riesigen Kanistern, erwerben. Wenige Stände weiter stehen Benzin und Diesel in ähnlichen Behältnissen zum Verkauf. Für den Betrachter aus der westlichen Welt sind die Armut und die fehlende volkswirtschaftliche Organisation auf Schritt und Tritt greifbar.

Aufkeimende Hoffnungen auf eine Verbesserung der miserablen ökonomischen Situation am Horn von Afrika werden immer wieder durch Kriege und Dürrekatastrophen zerstört. Die Folge ist eine kleinteilige Landwirtschaft, die meist kaum mehr als den Lebensunterhalt sichert. Industrie, Rohstoffgewinnung und Handel, denen zumindest in Äthiopien und Eritrea eine gewisse Bedeutung zukommt, sind kaum entwickelt. Positive wirtschaftliche Entwicklungen hat es in den vergangenen Jahren einzig in den beiden somalischen Teilstaaten Somaliland und Puntland gegeben.

■■■ Subsistenzwirtschaft und Kaffeebohnen: Wirtschaft am Horn von Afrika

Das Horn von Afrika ist eine der wirtschaftlich am schwächsten entwickelten Regionen der Welt. Selbst im »Armenhaus der Dritten Welt« Afrika gilt die nordöstliche Spitze des Kontinents als besonders mittellos. So müssen die meisten Menschen mit einem Einkommen unterhalb der Armutsgrenze der Weltbank von einem US-Dollar pro Tag auskommen. Ökonomische Prozesse laufen vor allem subsistenzwirtschaftlich ab, also durch bäuerliche Produktion für den Eigenbedarf. Besonders verdeutlicht wird diese Wirtschaftsform – die hauptsächlich auf Tauschhandel basiert – am Beispiel der minimalen Exportquoten der betroffenen Länder: Mit knapp über einer Milliarde Euro beträgt die Gesamtsumme aller Ausfuhren der afrikanischen Staaten am Horn von Afrika ungefähr sieben Promille der Exporte Deutschlands. Gut zwei Drittel dieses bescheidenen Außenhandelsvolumens wird mit Kaffeebohnen insbesondere aus Äthiopien erzielt. Die katastrophale Lage der Volkswirtschaften am Horn wird zusätzlich verschärft durch militärische Auseinandersetzungen (vgl. den Beitrag von Andreas Mückusch), die in regelmäßigen Abständen wiederkehrenden Dürrekatastrophen (u.a. 1973, 1984/85 und Anfang der 1990er Jahre) sowie die Rohstoffarmut in der Region.

Landwirtschaft

Alle Länder am Horn von Afrika sind hauptsächlich von den Erträgen aus der Landwirtschaft abhängig. Auch wenn die messbaren Anteile am Bruttoinlandsprodukt (BIP) sich unterscheiden, so sind überall weit über 70 Prozent der Bevölkerung in diesem Sektor beschäftigt. Dabei beschränkt sich der klassische Ackerbau weitgehend auf das Hochland in Äthiopien und Eritrea. In den übrigen Gegenden, vor allem in den Trockengebieten Somalias und Dschibutis, lässt sich nur Weidewirtschaft betreiben. Die gesamte Region ist aufgrund der extremen klimatischen Bedingungen in außerordentlicher Weise von immer wiederkehrenden

Dürreperioden betroffen, die in Verbindung mit Bodendegradation (Veränderung des Bodenprofils), militärischen Konflikten und verfehlter Landwirtschaftspolitik zu Hungerkrisen führen.

In Äthiopien sind von der Landwirtschaft fast die Hälfte des BIP, 60 Prozent der Exporte und rund 80 Prozent der Arbeitsplätze abhängig. Ähnlich stellt sich die Lage in den Nachbarstaaten Eritrea und Somalia dar: Diese einseitige ökonomische Ausrichtung führt zu einer hohen Abhängigkeit von der qualitativen und quantitativen Entwicklung dieser Branche sowie von schwankenden Weltmarktpreisen. Besonders dramatisch hat sich für Äthiopien in den vergangenen zwei Jahrzehnten der Preisverfall für Kaffeebohnen ausgewirkt. Bedingt durch die immer weiter steigende Nachfrage der Industrienationen, waren im Laufe der 1970er Jahre weite Teile der äthiopischen Landwirtschaft – insbesondere im sehr fruchtbaren abessinischen Hochland – auf diesen damals sehr lukrativen Rohstoff umgestellt worden. Gleichzeitig intensivierten aber auch die Kaffeebauern in Ostafrika, Südostasien, Mittel- und Südamerika ihre Produktion. Die Folge war zunächst ein harter Kampf um die Absatzmärkte und wenig später ein ruinöser Preisverfall von über 75 Prozent. Unter diesem Wettbewerb litten insbesondere die nordostafrikanischen Kaffeebauern, die auf ihren kargen Böden nicht die Erträge und Qualitäten ihrer internationalen Konkurrenten erzielen konnten. Die äthiopische Volkswirtschaft befindet sich seitdem im freien Fall. Viele Bauern haben ihre Produktion auf die Anpflanzung der wesentlich lukrativeren Khat-Pflanze (auch: Abessinischer Tee), einer sehr beliebten Kaudroge, umgestellt. Parallelen mit der Lage der Landwirte in Afghanistan sind hierbei unübersehbar. (Anstelle von Gerste und Weizen wird dort intensiv Mohn zur Herstellung von Opium angebaut, mit dem wesentlich höhere Gewinne erzielt werden können.)

Neben dem Kaffee- und Khatanbau existieren außerdem noch andere landwirtschaftliche Erwerbsformen in Äthiopien. Das traditionelle Nomadentum (Pastoralismus) ist in den tiefer gelegenen Wüsten und Halbwüsten des Landes verbreitet. Meistens treiben die Familien saisonal bedingt ihre Viehherden zwischen verschiedenen Weidegebieten hin und her. Dies gestaltet sich immer schwieriger, weil die Zahl der Weideflächen stetig abnimmt. Konflikte sind auch hierdurch vorprogrammiert

Geografie und Klima

Die Landschaft am Horn von Afrika ist geprägt von dem Gegensatz zwischen Hochland und Tiefland. Das zentraläthiopische Hochland liegt auf 1500 Meter NN und darüber. Im Norden, an seinem Scheitelpunkt, dem Ras Dashan, erhebt es sich auf 4620 Meter. Die wichtigsten Flüsse der Region entspringen in verschiedenen Teilen des Hochlands. Der Abbay (Blauer Nil), einer der Zuflüsse des Nil, fließt aus dem Tanasee südlich des Ras Dashan in einem großen Bogen nach Westen. Im südlichen Hochland liegt die Quelle des Gibe, der zum Omo-Fluss wird. Dieser ist der Hauptzufluss für den Rudolf- bzw. Turkanasee an der Grenze zwischen Äthiopien und Kenia. Im Osten haben die Flüsse Juba und Shabelle ihren Ursprung, die sich bis nach Südsomalia hinziehen, wo der Shabelle versandet und der Juba in den Indischen Ozean mündet. Das Hochland wird von dem mächtigen Rift Valley durchschnitten, das in Kenia und Tansania endet. Die nordwestlichen Ausläufer des Hochlandes reichen bis Eritrea. Im Osten befindet sich das Plateau von Harar. Zu den Küsten hin sowie im Süden und Westen fällt das Land ab.

Obwohl das Horn von Afrika nur wenige Breitengrade nördlich des Äquators liegt, ist das Klima nicht typisch tropisch, sondern heiß und trocken im Tiefland und deutlich kühler im Hochland. Es gibt in dieser Region zwei Regen- und zwei Trockenzeiten. Die Regenperioden sind aufgrund des kargen und ausgemergelten Bodens für Mensch, Tier und Umwelt überlebenswichtig. Von Juni bis September dauert die Hauptregenzeit in Süd- und Zentraläthiopien. Richtung Norden und Osten nehmen in dieser Zeit die Niederschläge ab. Zwischen März und Mai bringt der Monsun regenschwangere Wolken vom Indischen Ozean über das afrikanische Festland. Am intensivsten sind die Niederschläge in Somalia. Richtung Westen werden sie deutlich weniger. Die immerhin 500 bis 1800 mm Niederschlag pro Jahr (Deutschland durchschnittlich 700 mm p.a.) reichen aufgrund der extremen klimatischen Bedingungen nicht aus, die landwirtschaftlich genutzten Flächen am Horn von Afrika ausreichend zu bewässern.   *(mvh)*

(vgl. den Kasten zum Afar-Issa-Konflikt, S. 195 f.). Aufgrund der stetig anwachsenden Bevölkerung werden zudem immer mehr Farmen für den Ackerbau benötigt. Diesen betreibt man häufig noch in jahrhundertealten, zum Teil traditionellen Formen wie zum Beispiel dem Pflugbau.

Die wirtschaftlichen Probleme werden zusätzlich durch häufig lang anhaltende Dürreperioden, die veralteten Anbaumethoden und die immer wieder aufflammenden kriegerischen Konflikte verschärft. Insbesondere die militärischen Auseinandersetzungen haben in Eritrea seit der Unabhängigkeit von Äthiopien 1993 wichtige Entwicklungen verhindert. Immer wieder fanden in der ertragreichsten Region des Landes massive Kampfhandlungen statt. Viele Felder konnten auch deshalb nicht bestellt werden, weil die Bauern über Jahre hinweg Militärdienst leisten mussten oder in den Kämpfen umkamen. Heute sind dennoch gut 80 Prozent der erwerbstätigen Bevölkerung in der Landwirtschaft beschäftigt, mithin ist das volkswirtschaftliche Wachstum von der Entwicklung dieses Sektors besonders abhängig. Die Hauptanbaugebiete Eritreas sind das westliche Tiefland und das Hochland im Landesinneren. Dort werden Getreide, Kaffee, Baumwolle, Zuckerrohr, Mais, Gemüse

picture-alliance/dpa/Peter Smolka

Traditioneller Pfluganbau in Äthopien

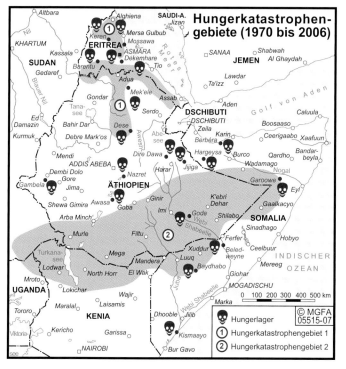

und verschiedene Sorten Obst vorwiegend zur Selbstversorgung angepflanzt.

Noch problematischer stellt sich die Situation der drei somalischen Gebiete Puntland, Somaliland und »Rest«-Somalia dar. Durch den Bürgerkrieg und die Zerstörung der staatlichen Strukturen wird die Landwirtschaft dort grundsätzlich als Subsistenzwirtschaft betrieben. Schätzungsweise 71 Prozent der Bevölkerung leben vom Agrarsektor, und fast zwei Drittel des BIP werden hier erwirtschaftet. Viele Somali gehen nomadischer Viehwirtschaft nach und halten je nach Gegend und Gelände Kamele, Schafe, Ziegen und Rinder. In den Flusstälern des Südens ernährt man sich auch vom Ackerbau. Entlang der Küste gibt es viele Fischerdörfer, intensiver Fischfang wird aber nur sporadisch in der Nähe der größeren Hafenstädte ausgeübt. Vieh,

Fisch und Bananen stellen die wichtigsten Agrarexportgüter dar, ihr Umfang bewegt sich allerdings in mehr als bescheidenen Maßen.

In Dschibuti ist aufgrund der geografischen Beschaffenheit des Landes sowie der herrschenden klimatischen Bedingungen Landwirtschaft nur begrenzt möglich. Die Halbwüste im Landesinneren kann als Weideland für Viehherden genutzt werden. An der Küste ist intensiver Fischfang anzutreffen.

Trotz der herausragenden Bedeutung der Landwirtschaft für die Volkswirtschaften der Staaten am Horn von Afrika reicht die Produktion nicht aus, die Bevölkerung angemessen zu ernähren. Mit hohen finanziellen Aufwendungen, die in der Vergangenheit wiederholt das eigene Exportvolumen überschritten, müssen darum Lebensmittel eingeführt werden. Seit einigen Jahren versucht das »World Food Program« der Vereinten Nationen die betreffenden Länder zu beraten und dabei zu unterstützen, für die Landwirtschaft mittelfristige Konzepte zu entwickeln und die geschilderten Probleme beherrschbar zu machen.

Auch die meisten Jemeniten arbeiten in der Landwirtschaft, die aber nur rund ein Achtel zum BIP und weniger als fünf Prozent zum Exportvolumen – vor allem Kaffee sowie Fisch aus dem Golf von Aden – beiträgt. Die wichtigsten Anbauprodukte sind Kaffee, Hirse, Gerste und andere Getreidesorten sowie verschiedene regionale Früchte, Baumwolle und Tabak. Im Jemen wird ebenso der Khatstrauch gezogen. Im letzten Jahrzehnt nahmen die Anbauflächen des Khat so stark zu, dass ein Teil der Ernte mittlerweile in den Export geht.

Handel und Industrie

Handel und Industrie, die in der westlichen Welt und in Schwellenländern die Basis wirtschaftlichen Wohlstands bilden, sind am Horn von Afrika nur schwach ausgeprägt. Einzig im Jemen, bedingt durch die Erdölvorkommen, und in Dschibuti – dort aufgrund der kaum vorhandenen Landwirtschaft – tragen sie wesentlich zur volkswirtschaftlichen Entwicklung bei. In den übrigen Staaten der Region liegen ihre Anteile am BIP nur zwischen zehn und 25 Prozent.

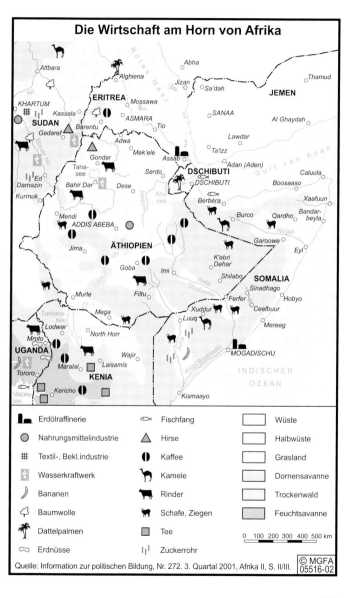

Die Wirtschaft am Horn von Afrika

	Erdölraffinerie		Fischfang		Wüste
	Nahrungsmittelindustrie		Hirse		Halbwüste
#	Textil-, Bekl.industrie		Kaffee		Grasland
	Wasserkraftwerk		Kamele		Dornensavanne
	Bananen		Rinder		Trockenwald
	Baumwolle		Schafe, Ziegen		Feuchtsavanne
	Dattelpalmen		Tee		
	Erdnüsse		Zuckerrohr		0 100 200 300 400 500 km

Quelle: Information zur politischen Bildung, Nr. 272. 3. Quartal 2001, Afrika II, S. II/III.

© MGFA
05516-02

223

Wirtschafts-daten	BIP in Mrd. Euro	BIP pro Kopf in Euro	%-Anteil Landwirt-schaft	Exporte in Mrd. Euro	Außenhandels-saldo in Mrd. Euro	Inflations-rate in %
Äthiopien	7,052	119	47,5	0,689	– 2,411	11,6
Dschibuti	0,625	754	17,9	0,031	– 0,579	3,0
Eritrea	0,888	162	10,2	0,009	– 0,499	15,0
Somalia	0,612	116	65,0	0,186	– 0,259	150,0
Jemen	9,924	454	13,5	5,153	1,703	11,8
Deutschland	2007,610	27 957	0,9	757,441	160,550	1,7

Quelle: IWF 2006, CIA Worldbook of Facts 2005

Die äthiopische Industrie und der Handel des Landes sind größtenteils mit dem Agrarsektor verbunden. Die Weiterverarbeitung landwirtschaftlicher Rohstoffe und – auch internationale – Vermarktung derselben bilden den Schwerpunkt. Darüber hinaus gibt es kleinere Industriebetriebe für Textilien, Chemikalien, Metallverarbeitung und Zement, deren Produkte hauptsächlich im Inland verbraucht werden. Seit der sozialistischen Phase der Landesgeschichte (vgl. den Beitrag von Andreas Mückusch) befinden sich die meisten Betriebe in staatlicher Hand; sie sind mithin oftmals international nicht konkurrenzfähig. Die weit verbreitete Korruption im Lande verschärft diese Situation und bewirkt zudem einen erheblichen Vertrauensverlust der Bevölkerung in die Politik.

Im Gegensatz zu seinen Nachbarn verfügt Eritrea – wenn auch in geringen Mengen – über Bodenschätze wie Gold, Kupfer und Zink. Zudem gibt es kleinere Vorkommen von Erdöl und Erdgas. Die Industrie des Landes besteht zum größten Teil aus Klein- und Kleinstunternehmen. Seit einigen Jahren produziert in Dekemhare ein eritreisches Unternehmen Nutzfahrzeuge auch für den Export. Die Häfen Asab und Massawa werden als Hoffnungsträger für einen wirtschaftlichen Aufschwung und die Anhebung des Lebensstandards wahrgenommen. In den vergangenen Jahren sind dort mit internationaler Unterstützung große Docks entstanden, in denen zukünftig auch Hochseeschiffe repariert werden können.

Somalias bescheidene Industrie – vor allem Lebensmittel verarbeitende Betriebe – wurde im Verlauf der Bürgerkriege fast vollständig zerstört; Warlords verkauften deren Anlagen als Altmetall. Der Handel hingegen floriert heute wieder und entwickelt merkwürdige Blüten: So gehören die somalischen Teilgebiete zu den am besten mit drahtloser Telekommunikation ausgestatteten Regionen Afrikas.

Aufgrund der desolaten wirtschaftlichen Lage ist ein Großteil der Bevölkerung auf Geldüberweisungen von Verwandten aus dem Ausland angewiesen. Dies hat eine große Zahl zum Teil dubioser Geldinstitute aus dem Boden schießen lassen. Da praktisch keine staatliche Regulierung vorhanden ist, entwickeln sich darüber hinaus illegale Aktivitäten wie Geldfälschung oder Produktpiraterie weitgehend ungestört.

Abgesehen von einigen Mineralien (insbesondere Salz) verfügt Dschibuti über keine nennenswerten Bodenschätze, ebenso wenig über industrielle Produktion. Infolgedessen ist das Land vom Handel mit seinen Nachbarländern abhängig. Durch den Bürgerkrieg in Somalia kam dieser fast ganz zum Erliegen, seit der eritreischen Unabhängigkeit wird jedoch zumindest rund 85 Prozent des äthiopischen Außenhandels über den Hafen von Dschibuti abgewickelt. Mit neuen Kaianlagen in Doralé werden

picture-alliance/dpa/Bernd Thissen

Der Versorger »Freiburg« legt im Mai 2002 im Hafen von Dschibuti an.

»Schwarzes Gold« auf der Arabischen Halbinsel

Moderne Industriegesellschaften sind abhängig vom Erdöl, das vor allem als Treibstoff, bei der Erzeugung von Elektrizität sowie bei der Herstellung von Chemieprodukten und Kunststoffen Verwendung findet. Erdöl war als Dichtungs- und Brennmaterial, Schmiermittel und Kriegswaffe schon in der Antike bekannt. Die systematische Förderung begann im 19. Jahrhundert unter anderem in den USA und in Deutschland. Seine heutige Bedeutung erlangte das Erdöl mit der Entwicklung massenhaft produzierter Automobile, und seit sich Benzin und Diesel als Kraftstoffe durchgesetzt haben.

Angesichts der absehbar begrenzten Reserven an Öl und Gas weltweit bestimmen die Bemühungen der alten und aufstrebenden neuen Industrieländer, ihre Rohstoffversorgung zu sichern, in starkem Maße die Geopolitik. Ölhäfen und -pipelines sowie die Kontrolle der Schifffahrtsrouten sind weltweit von strategischem Interesse. Entsprechend groß sind die Verdienstmöglichkeiten Öl exportierender Staaten. Der dominierende Einfluss des »Schwarzen Goldes« auf die staatlichen und gesellschaftlichen Strukturen der Förderländer wirkt sich insbesondere auf der Arabischen Halbinsel und den ihr vorgelagerten Inseln aus. Saudi-Arabien, Jemen, Oman, Irak, Vereinigte Arabische Emirate, Bahrain, Katar und Kuwait verfügen über teils bedeutende

Saudische Männer vor ihrer amerikanischen Luxuslimousine.
Aufnahme von 1990

Erdölvorkommen und entsprechende verarbeitende Industrien. Vielfach handelt es sich um die einzige wesentliche Einnahmequelle in weithin unfruchtbaren Gebieten. In den genannten Staaten, die durch den Ölboom oft mit einem Schlag vom Mittelalter in die Neuzeit katapultiert wurden, waren mit Reichtum und Modernisierung allerdings meist auch gravierende Entwicklungs- und Einwanderungsprobleme verbunden.

Der größte Erdölproduzent weltweit ist Saudi-Arabien, dessen verstaatlichte Fördergesellschaft mehr als zwölf Prozent des globalen Bedarfes abdeckt. Auch im Jemen, dessen Bruttoinlandsprodukt zu einem Drittel auf Ölexporten beruht, und in Oman befinden sich bedeutende Lagerstätten. Ein weiteres wichtiges Förderland und Gründungsmitglied der einflussreichen Organisation der Erdöl exportierenden Länder (*Organization of the Petroleum Exporting Countries,* OPEC) ist Irak, wo die Ölförderung nach dem letzten Golfkrieg allerdings nach wie vor unter amerikanischer und britischer Kontrolle steht. Seit dem Zweiten Weltkrieg exportieren auch Katar und Kuwait Öl in erheblichem Umfang.

Heute stellt sich für die Arabische Halbinsel die Frage, wie es nach der Erschöpfung der vorhandenen Rohstoffressourcen weitergehen soll. Das Haupteinkommen der Vereinigten Arabischen Emirate erwirtschaftet das Emirat Abu Dhabi durch seine Öl- und Gasexporte. Gleichzeitig sind die Vereinigten Arabischen Emirate – insbesondere die Stadt Dubai – ein Beispiel für die erfolgreiche Entwicklung zukunftsträchtiger Branchen, etwa Tourismus, für das Nach-Ölzeitalter. Ebenso hat Bahrain in den vergangenen Jahren erfolgreich versucht, durch die Umstrukturierung seiner Wirtschaft die Abhängigkeit vom Erdöl zu verringern, das freilich noch auf absehbare Zeit zu den strategischen Ressourcen der Weltwirtschaft zählen wird. *(bc)*

ehrgeizige Ausbauprojekte in Zusammenarbeit mit verschiedenen arabischen Investoren verfolgt. Die erste Ausbaustufe hat im Herbst 2005 ihren Betrieb aufgenommen. Insgesamt erwirtschaftet der Dienstleistungssektor nahezu drei Viertel des BIP. Von zentraler Bedeutung sind hierbei neben dem Hafen auch der Flughafen, die Eisenbahnlinie Dschibuti–Addis Abeba sowie der Bankensektor und Dienstleistungen für europäische Soldaten und Zivilisten.

Deutlich positiver als am Horn von Afrika stellt sich die Lage an der arabischen Gegenküste dar. Das BIP des Jemen – dem ärmsten Land auf der Arabischen Halbinsel – ist in etwa so groß wie jenes aller afrikanischen Staaten am Horn zusammengerechnet. Dies liegt hauptsächlich an der jemenitischen Erdölindustrie, die die Hälfte des BIP und rund zwei Drittel der staatlichen Einnahmen erwirtschaftet. Neben der Förderung des »Schwarzen Goldes« gibt es nur wenige Industrie- oder Dienstleistungsunternehmen, die eine stärkere Diversifikation der Volkswirtschaft fördern könnten. Hieraus resultiert ein erhebliches Problem für die Zeit nach dem Versiegen der Ölvorräte, was nach Expertenmeinung schon im Jahr 2016 eintreten könnte. Erwirtschaftete Mittel flossen bisher nicht in zukunftsträchtige Branchen. Dem Jemen droht in weniger als einem Jahrzehnt der wirtschaftliche Kollaps, sollte nicht ein zugkräftiger Reformplan zur Erschließung und sinnvollen Nutzung neuer Finanzquellen erarbeitet werden. Schon deshalb verbindet die jemenitische Regierung mit dem Ausbau des Containerterminals Aden ebenso große Hoffnungen wie Dschibuti mit dem Betrieb seiner Hafenanlagen.

Ein Ausblick

Aufgrund der schwierigen politischen und volkswirtschaftlichen Lage ist es sehr unwahrscheinlich, dass die Länder am Horn von Afrika ihre tiefgreifenden strukturellen wirtschaftlichen Probleme in naher Zukunft selbständig lösen können. Entscheidend für die weitere Entwicklung der Region wird daher sein, dass die Regierungen bereit sind, mit internationalen Organisationen wie der Weltbank, dem Internationalen Währungsfonds oder der Afrikanischen und der Europäischen Union zielgerichtet zusammenzuarbeiten.

Kurz-, mittel- und langfristige Strategien müssen in kleinen Schritten eine Basis schaffen, von der aus langfristig gesunde, selbständig funktionierende Volkswirtschaften entstehen können. Diesem Zweck sollen zum Beispiel die »Poverty Reduction Strategy Papers« (PRSP) der Weltbank und des Internationalen Währungsfonds dienen. Sie sind als finanzwirtschaftliche Steuerungsinstrumente im Kampf gegen die Armut in den 70 ärmsten

Ländern der Welt 1999 eingeführt worden und haben seitdem zum Teil sehr gute Ergebnisse erzielt. Kurzfristig helfen aber nur Maßnahmen wie das »World Food Program« (WFP) der Vereinten Nationen, welches die Folgen immer wiederkehrender Dürreperioden auffangen soll. Dabei müssen insbesondere die »G 8«-Staaten zur Kenntnis nehmen, dass der afrikanische Kontinent nicht an den Normen westlicher Volkswirtschaften gemessen werden kann. Ebenso wie die kulturellen und religiösen Besonderheiten dieses Erdteils bei Verhandlungen mit afrikanischen Regierungen in Betracht gezogen werden sollten, gilt dies auch für das wirtschaftlichen Handeln. Ziel muss es sein, die Abhängigkeit von internationaler Unterstützung in Hilfe zur Selbsthilfe zu verwandeln.

Zeichen der Hoffnung sind groß angelegte Bewässerungsprojekte (u.a. Meerwasserentsalzungsanlagen und Versorgungspipelines), die die Menschen am Horn in die Lage versetzen, ihre Haupterwerbsquelle – die Landwirtschaft – weiter auszubauen und zu stärken. Mittelfristig könnte auf diese Weise zumindest eine Eigenversorgung mit Nahrungsmitteln – weitgehend unabhängig von klimatischen Einflüssen – sichergestellt werden. Zur Verwirklichung derlei wirksamer, aber auch kostenträchtiger Maßnahmen fordern die Vereinten Nationen und die OECD seit Ende der 1980er Jahre von den Ländern, die sie unterstützen wollen, *good governance*: den Aufbau arbeitsfähiger staatlicher Institutionen und Strukturen, die eine zielgerichtete Verwendung der Hilfen garantieren. Aufgrund der geschilderten Verwerfungen in den vergangenen Jahrzehnten sind alle Staaten am Horn von Afrika davon aber noch weit entfernt.

Der Teufelskreis von Kriegen, Dürrekatastrophen, Unterentwicklung, fehlender Bildung und Rückständigkeit kann einzig durch die Schaffung einer breiten, gesicherten wirtschaftlichen und institutionellen Basis durchbrochen werden. Hierin läge die Hoffnung begründet, dass sich souveräne Staatswesen entwickeln. Gelingen kann dies nur auf der Grundlage der bisher vorhandenen und funktionierenden Wirtschaftszweige: Landwirtschaft, Fischerei, Dienstleistungen, Rohstoffabbau, Nahrungsmittelproduktion und Hafenwirtschaft.

Dieter H. Kollmer

Ein Großteil der Waren, die täglich den Hamburger Containerhafen erreichen, gelangen auf dem Seeweg durch den Suezkanal nach Deutschland. Allein im Jahr 2005 wurden mehr als 570 Millionen Tonnen verschiedenster Güter per Schiff über diese Route in alle Welt transportiert. Der Suezkanal stellt die kürzeste Verbindung zwischen den Industriezentren in Europa und Asien da. Das Horn von Afrika liegt somit an einer der wichtigsten Handelsverbindungen im internationalen Seeverkehr. Verschiedene Häfen der Region wie etwa Dschibuti können von dieser geografischen Lage profitieren und entwickeln sich zu modernen Umschlagplätzen.

Das hohe Aufkommen an Schiffen und Waren macht das Seegebiet am Horn von Afrika aber auch für Piraten attraktiv. Die unübersichtliche Sicherheitslage in Somalia fördert diese Entwicklung zusätzlich. Gerade Deutschland als führende Exportnation mit einer Handelsflotte von mehr als 900 Schiffen ist aber auf die Sicherheit der Seeverkehrswege angewiesen. Die Bekämpfung der Piraterie wird dementsprechend in den kommenden Jahren von besonderer Bedeutung für die deutsche Wirtschaft sein.

Seehandel und Piraterie

Der Welthandel wird vorwiegend auf dem Seeweg abgewickelt. Rohstoffe, Verbrauchsgüter, Maschinen: Vom deutschen Bier in Containern über Fabrikanlagen auf Schwergutschiffen bis hin zu 75 000 Tonnen Getreide, Rohöl oder Eisenerz auf Massengutfrachtern ist alles dabei. Luftfracht rechnet sich meist nur für hochwertige Artikel oder Güter, die schnell ankommen müssen. Der Warentransport mit Eisenbahn und LKW ist geografisch oft unmöglich oder zu teuer. Erst die Schifffahrt, an der deutsche Unternehmen global marktführend beteiligt sind, ermöglicht den Welthandel.

Die kürzeste Strecke zwischen den wichtigen Handelszentren in Fernost und Europa führt entlang des Horns von Afrika durch den Suezkanal. Somit liegt das Horn an einem der wichtigsten Handelswege der Welt. Zugleich gilt das Gebiet als eine gefährliche Region für die Schifffahrt: das Auswärtige Amt warnt regelmäßig vor Piraterie an den Küsten Somalias.

Im Folgenden sollen die Bedeutung der Region Horn von Afrika für die internationale Handelsschifffahrt verdeutlicht, die Handelsflotten und wichtigsten Häfen beschrieben und die von Piraten ausgehende Gefahr analysiert werden.

Seeverkehr durch das Rote Meer und den Golf von Aden

Am einfachsten lässt sich die wirtschaftliche Bedeutung des Seewegpunktes Horn von Afrika am südlichen Ende des Roten Meeres durch eine für die Gebührenberechnung erhobene Statistik des Suezkanals illustrieren. Im Jahr 2005 wurden rund 575 Millionen Tonnen Ladung durch den Kanal transportiert. Die Tendenz ist steigend; in den 1990er Jahren lag der Transportumfang noch bei ungefähr 300 Millionen. Mit Abstand den größten Anteil des Suezkanalverkehrs bestreiten Containerschiffe mit gut einem Drittel der 18 247 Durchfahrten im Jahr 2005, gefolgt von Massengutschiffen und Tankern mit jeweils einem Fünftel.

»Seefahrt ist not«: Der Schriftsteller Gorch Fock

Das deutsche Segelschulschiff »Gorch Fock« ist bei vielen Menschen, auch abseits der See, bekannt. Fast jeder hat es schon einmal mit seinen stolzen Segeln bei einer Windjammerparade gesehen, und etwas Ältere können sich auch noch an den Zehnmarkschein erinnern, auf dessen Rückseite das Schiff abgebildet war.

Doch wer oder was war »Gorch Fock«? Gorch Fock war das Pseudonym des Hamburger Schriftstellers und Dichters Johann Kinau. Am 22. August 1880 in Finkenwerder geboren, arbeitete er in verschiedenen kaufmännischen Berufen, ab 1907 schließlich in Hamburg bei der Hamburg-Amerika-Linie. Seine Leidenschaft jedoch war die Schriftstellerei.

Bereits früh begann Kinau Gedichte und kurze Geschichten auf Plattdeutsch zu verfassen. Später schrieb er auch in Hochdeutsch. Seine Hauptthemen waren hierbei stets das Leben an und mit der See. Besonders die Hamburger Hochseefischer, zu denen sein Vater gehört hatte, hatten es ihm angetan. Mit diesem Thema beschäftigt sich auch sein wohl bekanntestes Werk, der Roman »Seefahrt ist not«, der 1913 veröffentlicht wurde. Hierin beschreibt er in heroischer Art und Weise das harte, aber stets ehrliche Leben der Finkenwerder Fischer.

Der Ausbruch des Ersten Weltkriegs beendete sein literarisches Wirken. Zunächst wurde Gorch Fock als Infanterist an der Ost- und Westfront eingesetzt. Von dem ewigen Wunsch zur See zu fahren getrieben, ließ er sich 1915 auf den Kleinen Kreuzer »Wiesbaden« versetzen. Am 31. Mai 1916 fiel Gorch Fock bei der Schlacht vom Skagerrak beim Untergang seines Schiffes. Seine Leiche wurde in Schweden an Land gespült. Gorch Fock wurde auf der kleinen Insel Stensholmen, nördlich von Göteborg, bestattet.

Die Werke Gorch Focks sind bis heute besonders in Norddeutschland sehr beliebt. Als Ehrung für den Dichter war bereits 1933 ein Schulschiff der Marine nach ihm benannt worden. Nach der Auslieferung der »Gorch Fock (I)« an die Sowjetunion 1949 wurde im Auftrag der Bundesmarine 1958 ein Schwesterschiff gebaut. Auf der zweiten »Gorch Fock« absolvieren noch heute Offizier- und Unteroffizieranwärter der Deutschen Marine getreu dem Motto »Seefahrt ist not!« ihre seemännische Ausbildung.   *(am)*

Für Handel und Industrie ist der Weg entlang des Horns von Afrika unerlässlich. Der Suezkanal bildet ein lebenswichtiges Bindeglied zwischen dem europäischen Wirtschaftsraum und Fernost. Etwa 60 Prozent des Suezverkehrs entstammt nord- und südeuropäischen Häfen oder ist für diese Häfen bestimmt. Am anderen Ende der Strecken liegen Häfen in China, Japan und Korea, also Staaten, die zu den wichtigsten Handelspartnern Deutschlands zählen und mit denen der Warenhandel in den letzten Jahren stark zugenommen hat. Weitere Seewege, die am Horn von Afrika vorbeiführen, verbinden den Persischen Golf und Ostafrika mit Europa.

Auch das für die Weltwirtschaft notwendige Erdöl muss das Horn passieren. Gut 60 Prozent der sicher gewinnbaren Welterdölvorräte und etwa 40 Prozent der Welterdgasvorräte liegen in den Golfstaaten. 90 Prozent der Ölexporte aus dem Persischen Golf (etwa 15 Millionen Barrel am Tag) werden per Schiff abtransportiert. Die Tanker, die Öl und Gas nach Europa sowie nach Nord- und Südamerika bringen, umschiffen dabei das Horn von Afrika. Sie passieren es in nördlicher Richtung, wenn es zum Suezkanal oder zur Sumed Ölpipeline, die ebenfalls das Rote Meer und das Mittelmeer verbindet, geht; in südlicher Richtung, wenn das Kap der Guten Hoffnung umrundet werden soll.

Die Passagierschifffahrt am Horn macht im Vergleich nur einen winzigen Anteil des Verkehrs aus. Im Roten Meer gibt es einige Fährverbindungen, beispielsweise zwischen Saudi-Arabien und Ägypten. Kreuzfahrtunternehmen bieten Fahrten von Ägypten durch das Rote Meer zu den arabischen Hochburgen am Persischen Golf oder auch Reisen zu den Seychellen, Komoren oder nach Madagaskar an. Doch das Schiffsaufkommen ist relativ gering: im Jahr 2005 durchfuhren nur 50 Passagierschiffe den Suezkanal. Ihre Zahl läge sicherlich höher, wenn die Sicherheitslage in der Region besser wäre. Denn gerade Kreuzfahrtschiffe erregen auch viel unerwünschte Aufmerksamkeit (siehe Piraterie). Dies veranlasst Reiseveranstalter, die Region zu meiden.

Regionale Handelsflotten

Die regionalen Handelsflotten sind – mit Ausnahme jener Saudi-Arabiens und Ägyptens – eher unbedeutend und bestehen aus kleinen Einheiten unterschiedlichen Typs. Unter der Flagge des Jemen verkehren zwar immerhin 48 Schiffe, doch der überwiegende Anteil besteht aus Schleppern und Bugsierschiffen sowie Fischereifahrzeugen. Eine ähnliche Schiffstypenstruktur weisen die kleineren Flotten Omans und Somalias auf. Dschibutis Schiffsregister umfasst rund ein Dutzend Einheiten, das von Äthiopien und Eritrea jeweils noch weniger. Bei diesen Schiffen handelt es sich um kleine Stückgutfrachter,

picture-alliance/dpa/dpaweb

Amerikanisches Boarding-Team überprüft ein mutmaßliches Piratenschiff im Indischen Ozean.

Frachtfähren oder auch kleine Tanker. Die Durchschnittsgröße liegt bei einer Bruttoraumzahl (BRZ) von 1000 oder darunter. Die Handelsflotten von Saudi-Arabien und Ägypten hingegen sind mit 300 bzw. 344 Einheiten um ein Vielfaches umfangreicher. Zum Vergleich: Deutsche Register erfassen derzeit knapp 900 Schiffe aller Art. Die größten Containerschiffe der Welt haben eine BRZ in der Größenordnung von 170 000.

Häfen in der Region

Die Häfen am Horn von Afrika variieren hinsichtlich ihrer Ausstattung und Leistungsfähigkeit stark. In Somalia ist die Infrastruktur minimal, und Ladung muss mit schiffseigenem Gerät bewegt werden. Das gilt für Berbera ebenso wie für den Hafen Mogadischu, der nach mehreren Jahren Schließung im August 2006 von den Machthabern wieder für den internationalen Seeverkehr geöffnet wurde. Ein sehr moderner Hafen hingegen ist Salalah in Oman, der über einen modernen Containerterminal, Liegeplätze für Stückgutfrachter und eine Ölpier verfügt. Der Hafen wird vom international agierenden dänischen Unternehmen APM Terminals geführt.

Früher einer der geschäftigsten Orte an der Strecke von Europa nach Indien und Fernost, versucht der Haupthafen Jemens, Aden, wieder an alte Zeiten anzuknüpfen. Der Komplex soll modernisiert werden. Er verfügt bereits über gute Containeranlagen ebenso wie über einen Öl- und einen Fischereihafen. Auch für die Bebunkerung (das Betanken) von Schiffen wird er benutzt. Jedoch behindert die starke Konkurrenz in Saudi-Arabien und Oman das Wachstum dort. In jüngerer Zeit haben die Anschläge auf das U.S.-Kriegsschiff »USS Cole« im Jahr 2000 und auf den Tanker »Limburg« 2003 Reeder davon abgeschreckt, Aden anzulaufen.

Ein wichtiger Stützpunkt für Handelsschifffahrt und Marine ist der Freihafen Dschibuti. Dieser interessante Containerumladeplatz und Proviantierungsstandort wird von dem global tätigen Umschlagsunternehmen Dubai Ports International betrieben. Für den Staat Dschibuti selbst stellt er eines der wichtigsten Wirtschaftsstandbeine dar. Für das benachbarte, landumschlos-

Der Küstenverkehr am Horn von Afrika

Der Seeverkehr am Horn von Afrika teilt sich im Wesentlichen in den Transitverkehr großer, stählerner Seeschiffe und den sehr traditionell betriebenen Küstenverkehr auf. Die Schiffstypen im Transitverkehr sind Tanker, große Containerschiffe, Schütt- und Stückgutschiffe sowie spezialisierte Fahrzeuge wie Kühl- und Kreuzfahrtschiffe. Sie passieren das Seegebiet am Horn von Afrika auf ihren langen Reisen, weil sie den Umweg um Afrika herum vermeiden wollen. Mit den Konflikten in der Region haben sie nur reaktiv zu tun. Ihre Kurse und Geschwindigkeiten sind über Stunden und Tage sehr konstant, jeder Hafenaufenthalt wird im Sinne der entstehenden Kosten optimiert.

Im Gegensatz dazu hat der regionale Küstenverkehr generell Abgangs- und Zielhäfen, die innerhalb des Einsatzgebietes des Koalitionsverbandes liegen, der seit Frühjahr 2002 am »Horn« patrouilliert (»Task Force 150«). Die hölzerne Dhau mit zwei Decks ist der am häufigsten anzutreffende Schiffstyp. Sie wird in dieser Gegend seit Jahrhunderten genutzt, ist breit gebaut, 15 bis 60 Meter lang und mit einem »Lateiner« – einem dreieckigen Gaffelsegel – getakelt. Heute verfügen die meisten Dhaus zudem noch über einen Dieselantrieb. Sie werden als Fischerboote, Frachter oder Fähren eingesetzt. Dabei fahren sie

Dhaus in der Lagune von Sur, Oman

4–10 Knoten langsam, oft scheinbar ziellos und kreuzen regelmäßig die Kurse der Transitschiffe. Kapitän und Seeleute sind zumeist bitterarme, aber ehrliche Muslime, die sich ihren Lebensunterhalt so verdienen, wie es ihre Vorfahren seit Jahrhunderten getan haben. Als Fracht führen die Dhaus grundsätzlich alles mit, was handel- und transportierbar ist: Kleinbusse aus Saudi-Arabien, Matratzen aus Pakistan, Gewürze aus Oman, Vieh aus Somalia, oder Weihrauch und Khat aus dem Jemen. In letzter Zeit werden aber auch immer wieder Flüchtlinge aus Afrika auf ihrem Weg nach Arabien auf den Schiffen gefunden.

 Die sozialen, hygienischen, nautischen und technischen Bedingungen an Bord sind für Mitteleuropäer unvorstellbar: Die Seeleute und ihre Passagiere laufen barfuß herum. Größtenteils haben sie keine feste Koje. Der Proviant wird ungekühlt auf dem Oberdeck mitgeführt und dort am offenen Feuer zubereitet. Toiletten sind vorwiegend unbekannt, manchmal ragen Plumpsklos über den Achtersteven. Dort sind außerdem jedoch bisweilen auch Leinen angebracht, an denen die Wäsche der Besatzung im Kielwasser »gewaschen« wird. Zahlreiche Seeleute kauen Khat, um ihren Hunger und Durst zu betäuben. An nautischer Ausrüstung sind normalerweise nur ein Magnetkompass vorhanden, eine veraltete Seekarte und nur selten brauchbare Handbücher. Über Radar verfügen einige dieser Schiffe, über Funk und GPS sowie Rettungs- und Signalmittel jedoch nur wenige. Die Kenntnis westlicher Sprachen ist meist nur rudimentär ausgeprägt, entsprechend schwierig gestaltet sich die Kommunikation mit Kriegsschiffen der Koalition. *(ck)*

sene Äthiopien, mit Dschibuti per Eisenbahn verbunden, ist er besonders zu Krisenzeiten, in denen Eritrea seine Häfen für äthiopische Ladung schließt, lebenswichtig.

 Eritrea verfügt über größere Häfen, Massawa und Asab. Massawa hält mehrere Liegeplätze bereit, an denen vor allem Stückgut, trockenes Massengut und lebende Tiere verladen werden. Im Jahr 2003 wurde hier eine Freihandelszone ausgewiesen. Doch der Mangel an Arbeitskräften und die unsichere Elektrizitätsversorgung behindern den wirtschaftlichen Fortschritt. Asab

Der französische Tanker »Limburg« wurde am 6. Oktober 2002 vor Aden durch ein mit Sprengstoff beladenes Speedboat schwer beschädigt.

liegt 450 km südöstlich und verfügt zusätzlich über Ölumschlageinrichtungen.

Wichtigster Hafen des Sudan ist Port Sudan, wo auch eine von China Ende der 1990er Jahre in Betrieb genommene, 1600 Kilometer lange Ölpipeline, die Port Sudan mit den Ölfeldern im Süden des Landes verbindet, endet. Zudem weist der Sudan, flächenmäßig größter Staat Afrikas, reiche Bodenschätze auf. Insgesamt jedoch beschränkt die angespannte innenpolitische Lage den Außenhandel und somit die Bedeutung Port Sudans für die internationale Schifffahrt.

Einer der größten Häfen im Nahen Osten ist Jeddah. Dort wird ein Großteil der Im- und Exporte Saudi-Arabiens abgewickelt. Jeddah ist zugleich wichtiger Umschlagplatz für die Bündelung von Ladung zwischen Europa und Asien. Das Terminal ist modern ausgestattet und verfügt über umfassende Werftanlagen. Der Bau eines dritten Containerumschlagplatzes wurde 2006 in Auftrag gegeben.

Zusammenfassend ist festzustellen, dass die Häfen in der Region entweder kleine Regionalhäfen oder Umlade- und Pro-

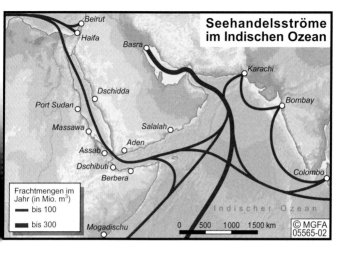

viantierungsstandorte entlang der wichtigen Strecke zwischen Europa und dem Fernen Osten sind. Im eher dünn besiedelten Hinterland sind keine großen Wirtschaftsräume vorzufinden, die einen intensiven Güterverkehr auslösen. Innenpolitische Probleme schränken mancherorts die technische Weiterentwicklung der Häfen und den wirtschaftlichen Fortschritt insgesamt zusätzlich ein.

Piraterie

Das internationale Seevölkerrecht definiert »Piraterie« bzw. »Seeräuberei« als eine rechtswidrige Gewalttat gegen ein Schiff, die sich auf hoher See bzw. an einem Ort außerhalb der Jurisdiktion eines Küstenstaates abspielt. Ein Raubüberfall auf ein Schiff, das in unmittelbarer Küstennähe vor Anker oder in den Hoheitsgewässern eines Staates liegt, gilt also aus rechtlicher Sicht nicht als Piraterie. Im Augenblick des Überfalls mögen solche Feinheiten belanglos sein. Jedoch ergibt sich aus ihnen auch, welche Sicherheitsdienste aus welchem Staat Hilfe leisten müssen. Zur Definition ist weiter anzumerken, dass sie Delikte aller Art umfasst – vom einfachen Diebstahl von Ausrüstungsgegenständen bis hin zur Kaperung und Entführung von Schiff, Besatzung und Ladung.

Eine Ursache für die Verbreitung räuberischer Aktivitäten auf See waren schon immer die sozialen und wirtschaftlichen Bedingungen an Land. Diese spiegeln sich bisweilen auch im Zustand von Polizeidiensten eines Staates wider. Unzureichende Ausrüstung, Korruption und Erpressung können dazu führen, dass hoheitliche Aufgaben gar nicht oder nur mangelhaft wahrgenommen werden. In Sonderfällen, wie in Kriegs- und Bürgerkriegsgebieten, kommt es vor, dass die rechtsstaatliche Ordnung gänzlich aufgehoben wird (vgl. die aktuelle Lage in Somalia).

Für Seeleute sind Diebstähle und insbesondere Raubüberfälle traumatisch und manchmal lebensgefährlich. Dennoch besteht die überwiegende Zahl der Übergriffe und Beraubungen aus Gelegenheitsstraftaten ohne hohe kriminelle Energie. Das Organisierte Verbrechen spielt nur in Einzelfällen eine Rolle. Zeitungsüberschriften wie »Seeräuber erobern die Weltmeere« verzerren die Wirklichkeit: 2005 wurden bei einer Welthandelsflotte von etwa 92 000 Schiffen nur 276 Überfälle oder versuchte Überfälle gemeldet, darunter fielen auch einfache Diebstähle von Ausrüstungsgegenständen.

Gleichwohl gibt es Regionen, in denen sich Zwischenfälle ballen. Das Horn von Afrika zählt dazu. Im Jahr 2005 wurden in diesem Seegebiet, einschließlich des Roten Meeres, 46 Fälle der genannten 276 gemeldet – allerdings nahezu ausnahmslos Versuche von Überfällen. Das Auswärtige Amt ebenso wie etwa das IMB *Piracy Reporting Centre* (PRC) in Kuala Lumpur empfiehlt, nach Möglichkeit mindestens 200 Seemeilen Abstand zur Küste zu wahren. Für Schiffe, die beispielsweise nach Ostafrika unterwegs sind, bedeutet die Berücksichtigung dieser Empfehlung einen zusätzlichen Reisetag. Für den Betreiber von Liniendiensten können Zusatztage jedoch den Einsatz zusätzlicher Schiffe – mit allen damit verbundenen Kosten – erfordern, um wöchentliche Abfahrten eines Liniendienstes gewährleisten zu können.

Verstärktes Sicherheitsbewusstsein ebenso wie die Präsenz internationaler Seestreitkräfte in der Region und die intensivierte Zusammenarbeit zwischen Handelsschifffahrt und »den Grauen«, den Marineeinheiten, zeigen offenbar Erfolg: Im Jahr 2006 ist ein deutlicher Rückgang von Überfallsversuchen zu verzeichnen. Das Anlaufen somalischer Häfen und Küstengewässer ist allerdings nach wie vor mit hohen Risiken verbunden.

Das Horn von Afrika liegt in strategischer Lage an einem der bedeutsamsten Verkehrswege des Welthandels. Der regionale Verkehr ist dabei eher begrenzt, obgleich einige Häfen eine wichtige Rolle bei der Bündelung der Warenströme und der Proviantierung der Schiffe einnehmen. Problematisch ist die instabile Sicherheitslage in Somalia, die sich auch in Überfällen auf die Schifffahrt ausdrückt. Doch dank der Präsenz internationaler Streitkräfte, etwa auch der Deutschen Marine, ist die Gefährdung der Schifffahrt insgesamt als eher gering einzustufen. Davon profitieren alle Beteiligten: Besatzungen, Reeder, Handel, Industrie und Verbraucher – und zwar auf der ganzen Welt.

L. Daniel Hosseus

	Äthiopische Herrschaft
Afrika/ Nachbarstaaten	um 3000 v.Chr.: Vereinigung von Ober- und Unterägypten
Politische Ereignisse am »Horn von Afrika«	ab 2400 v. Chr: Während der 5. Dynastie beziehen die Ägypter aus einem Land namens Punt (heutige Somali-Küste) Weihrauch und Myrrhen
Kultur, Religion, Gesellschft am »Horn von Afrika«	2500–1170 v. Chr.: Schiffsexpeditionen von Ägypten nach Punt

146 v. Chr.: Herrschaft der Römer in der nordafrikanischen Provinz »Africa proconsularis«	30 v. Chr.: Ägypten wird römische Provinz	24 v. Chr.: Römer scheitern bei dem Versuch, Arabien (Reich der Sabäer) zu erobern
		1. Jh n. Chr.: Somalis wandern von Nordkenia in den Nordosten des Horns von Afrika ein

	6. Jh.: »Arabia felix« wird Teil des persischen Sassanidenreiches	
Mitte des 4. Jh.: Der aksumitische König Ezana nimmt den christlichen Glauben an	6. Jh.: Beginn der äthiopischen Kirchenmusik durch den Mönch (und späteren Heiligen) Yared	615: Anhänger Mohammeds fliehen nach Aksum
		ab 615: Der Islam beginnt seine Ausbreitung in Afrika, insbesondere entlang der Küstenregionen

ab 1000 v. Chr.: Südlich von Ägypten gründen die Nubier ihren Königsstaat Kusch	ab ca. 800–500 v. Chr.: Wanderung von Bantuvölkern nach Zentral- und Ostafrika	um 500 v. Chr.: Südwestarabien (heute: Jemen) erhält die Bezeichnung »Arabia felix«
		247–221 v. Chr.: Ptolemäus III. Euergetes errichtet Steinmonument in Adulis

		2. Jh. n. Chr.: Aksumitische Eroberungen in Südarabien
1.–6. Jh. n.Chr.: An der Somaliküste befinden sich kleine Marktplätze, die keiner Zentralmacht unterworfen sind	1.–8./10. Jh. n.Chr.: Aksumitisches Zeitalter: antiker Stadtstaat Aksum	2. Jh. n.Chr.: aksumitische Feldzüge über das Rote Meer nach Südarabien
		290: Beginn der aksumitischen Münzprägung (bis 650)

▶

622–800: Mohammed und seine Nachfolger wirken in Nord- und Nordostafrika (Trennung Afrikas in islamisch-arabisch geprägtes Nordafrika und »Schwarzafrika« südlich der Sahara, dort Mischung aus christlichen und traditionell afrikanischen Religionen)

um 700: Verlust der Kontrolle über die Rotmeerküste	7.–10. Jh.: Arabische und persische Händler etablieren große Siedlungen entlang der somalischen Küste
	8. Jh.: In einer chinesischen Quelle (Autor: Tuan-ch'eng-shih) wird ein Land Po-pa-li beschrieben, das wahrscheinlich die östliche Somaliküste ist

	Äthiopische Herrschaft
Afrika/ Nachbarstaaten	9.–11. Jh.: Migrationsbewegungen aus Arabien nach Ostafrika; Ursprung der Swahili-Kultur
Politische Ereignisse am »Horn von Afrika«	Mitte 10. Jh.: Revolte in und Zerstörung von Aksum
Kultur, Religion, Gesellschft am »Horn von Afrika«	um 900: Gründung von Mogadischu

13. Jh.: Das Sultanat Ifat entsteht, in dem alle islamische Herrschaften am Horn zusammengefasst werden	1270: Beginn der salomomischen Dynastie (Vorläufer Äthiopiens)	1299/1300: Erster belegter Krieg zwischen dem christlichen äthiopischen Reich und muslimischen Rivalen

1497/98: Entdeckung des Seewegs nach Ostafrika und Indien durch Vasco da Gama	1499: Vasco da Gama beschießt Mogadischu	16. Jh.: Portugiesen etablieren sich in Indien

1439:
Teilnahme Äthiopiens
am Konzil von Florenz

ab 1250: Mameluken-Reich in Ägypten	bis Ende 13. Jh.: gesamte Küstenregion des Indischen Ozeans islamisch

seit 12. Jh.: Die Somali erweitern ihr Territorium immer weiter nach Westen und Süden

11.–13. Jh.: Ausgedehnte Ausbreitung des Islam auch im Landesinneren am Horn von Afrika	ab 1200: Bau der elf monolithischen Felsenkirchen von Lalibela (Neu-Jerusalem), die heute zum Weltkulturerbe der UNESCO gehören

1404–1433: Ankunft chinesischer Handelsschiffe an der Küste Ostafrikas

1320–1422: »Hundertjähriger Krieg« zwischen dem christlich-äthiopischen Reich und dem muslimischen Sultanat Ifat (1415 entscheidende Niederlage Ifats)	1416: Begründung eines neuen islam. Staates, des Sultanats Adal mit der Hauptstadt Harar	1434–1468: Kaiser Zara Jakob, Allianz mit den Europäern gegen den Islam

ca. 1415: Abfassung der Hymne »Kebra Nagast« (»Ruhm der Könige«), die die salomonische Abstammung der äthiopischen Könige festschreibt

▶

16.–18. Jh.: Zeitalter der großen Handelskompanien aus Europa und der Piraten im Indischen Ozean	1507: Portugiesen errichten auf der Insel Sokorta im Golf von Aden einen militärischen Stützpunkt und werden von den Ägyptern angegriffen	ab 1517: Ägypten und Arabien werden Teil des Osmanischen Reichs

	Äthiopische Herrschaft
Afrika/ Nachbarstaaten	1538: Osmanen erobern Aden
Politische Ereignisse am »Horn von Afrika«	1529–1559: Dreißigjähriger »Heiliger Krieg« des Muslim Ahmed Gurey von Adal gegen Äthiopien; Sieg der Äthiopier mit Hilfe der christlichen Portugiesen
Kultur, Religion, Gesellschft am »Horn von Afrika«	ab 1550: Zurückdrängung des Islam aus dem Landesinneren am Horn von Afrika 1555: Jesuiten kommen nach Äthiopien

1670: Osmanen werden die Herrscher von Zeila und Teilen Nordwestsomalias	1683–1717: preußische Kolonie entlang ghanaischer Küste	1756–1763: Siebenjähriger Krieg führt zur britischen Dominanz im Indischen Ozean

1681: Die erste Ausgabe der »Historia Aethiopica« erscheint in Frankfurt am Main	1702: Geheime Verhandlungen des Kaisers Jyasu I. von Äthiopien mit den Franziskanern wegen eines Unionsvertrages mit der katholischen Kirche

1833: Abschaffung des Sklavenhandels im britischen Empire

1827: Britische East India Company schließt mit Somali-Häuptlingen zur Sicherung des Seewegs nach Indien Verträge über Hafenrechte an der Somaliküste ab (Golf von Aden)	1839: Aden wird von den Briten im Sturm erobert	1853/55–1868: Einigung des äthiopischen Reiches unter Tewodros II. und Aufbau enger Kontakte mit Europa
	1844–1924: Emily Ruete, Prinzessin von Sansibar	

16./17. Jh.:
Kriegerische Oromo-
Einfälle und deren
Abwehr besonders im
Süden des äthiopischen
Reiches

1635: Jemenitische
Fürsten erkämpfen
ihre Unabhängigkeit

1636: Gondar
wird zur
äthiopischen
Hauptstadt

Um 1660 erobern
omanische Truppen
ausgedehnte Gebiete
entlang der ostafrika-
nischen Küste und
errichten einen
florierenden Sklaven-
handel um das
legendäre Sultanat
Sansibar

1626: Äthiopien wird
offiziell katholisch

1633: Vertreibung
der Jesuiten

ab 1765: Begründung des ersten
Wahhabitenreiches in Arabien
durch die Dynastie der Saud

1786: Gründung des
ersten saudischen Staates
(Vorläufer Saudi-Arabiens)

1769: Ermordung des äthiopischen Königs Iyoas und in der Folge
1770–1855 »Zeit der Prinzen« (Zeit des Reichszerfalls und der
Hegemonialkriege zwischen verschiedenen Regionalfürsten
(»Prinzen«)

1769/70: Forschungsreise des schottischen
Forschungsreisenden James Bruce

ab Beginn 19. Jh.: deutsche
Forschungsreisen an das
Horn von Afrika

1862: Frankreich
setzt sich in Obock
im Golf von Tadjoura
fest (Grundlage für
den heutigen Staat
Dschibuti)

1867/68:
Äthiopisch-
britischer
Krieg

1869: Eröffnung
des Suezkanals

1868–1872: Hegemonialkämpfe
in Äthiopien, in denen sich der
spätere Kaiser Yohannes IV.
(von Tigray) durchsetzt

1867/68: Britische Strafexpedition
unter Lord Napier gegen Kaiser
Theodoros II. in Magdala

247

	Äthiopische Herrschaft	
Afrika/ Nachbarstaaten		
Politische Ereignisse am »Horn von Afrika«	1872: Ras Kassa von Tigray wird als Yohannes IV. zum Kaiser Äthiopiens gekrönt	1875–1877: Äthiopisch-ägyptischer Krieg
Kultur, Religion, Gesellschft am »Horn von Afrika«		

Äthiopische Herrschaft/Kolonialzeitalter (Ende 19. Jh–1960)		
1884/85: Berliner Kongo-Konferenz, Einteilung Afrikas in Einflusssphären zwischen den europäischen Großmächten	1884/85: Deutsches Reich wird Kolonialmacht in Afrika, Asien und Ozeanien	1885: König Leopold II. von Belgien erklärt sich zum Eigentümer des Kongos, fortan Kongo-Freistaat
1884–1887: Briten setzen sich in Zeyla/Somalia fest	1885–1888: Italien besetzt die Küste zwischen Assab und Massawa	

1889–1898: Cecil Rhodes erwirbt weite Teile des heutigen Simbabwe unter dem Namen »Süd-Rhodesien«, der späteren englischen Kronkolonie

1889: Eritrea wird italienische Kolonie (bis 1941)	1894: britisch-italienischer Vertrag zur Festlegung der Grenzen zwischen Britisch-Somaliland und Italienisch-Somaliland (5.5.)	1895/96: Zweiter äthiopisch-italienischer Krieg (verheerende Niederlage der Italiener bei Adua 1.3. 1896)
1889: Kaiserkrönung des Äthiopiers Menelik II.		
	1894: Münzsystem und Postdienst in Äthiopien	

1875–1898: Expansion Shoas unter Sahle Mariam (dem späteren Kaiser Menelik II.) nach Süden, Westen und Osten; das Staatsgebiet des heutigen Äthiopiens entsteht

um 1880: Grenzkonflikte der Äthiopier mit islamischen Mahdisten an der Grenze zum Sudan

1888–1894: Bushiri-Aufstand in Deutsch-Ostafrika (heute: Tansania, Burundi und Ruanda)

1887:
Gründung der Stadt Dschibuti durch Franzosen

1887–1889:
erster äthiopisch-italienischer Krieg (Sieg der Äthiopier bei Dogali 1887)

1888/89:
Krieg zwischen dem äthiopischen Reich und den sudanesischen Mahdisten

1888–1892:
Hungerkatastrophe in Äthiopien

1898: Britisch-französische Faschodakrise um den Sudan

1896:
Etablierung der Kolonie »Französische Somaliküste« mit der Hauptstadt Dschibuti

Ende 19. Jh.:
Beginn der Kolonisierung der Somaligebiete durch Äthiopien, Großbritannien, Frankreich und Italien

1899–1902: Unterwerfung der südafrikanischen Burenstaaten durch die Briten

1899–1920: Rebellion des Mohammed Abdullah Hassan (»Mad Mullah«) gegen die Fremdherrschaft in den Somaliländern

1898: erste telegrafische Verbindung nach Äthiopien

Afrika/ Nachbarstaaten Politische Ereignisse am »Horn von Afrika« Kultur, Religion, Gesellschft am »Horn von Afrika«	1904/05: Hereroaufstand in Deutsch-Südwestafrika (heute: Namibia) mit vermutlich 25 000 ge- töteten Einheimischen	1905–1907: Maji-Maji- Aufstand in Deutsch- Ostafrika mit vermutlich über 100 000 getöteten Ein- heimischen

---

1919: Erster Panafrikanischer
Kongress in Paris

1919: Die deutschen
Kolonien erhalten zunächst
Völkerbundsmandate,
später werden sie unter den
Siegermächten aufgeteilt.

ab 1929: wachsendes Elend in
den afrikanischen Kolonien durch
verstärkte Ausbeutung infolge der
Weltwirtschaftskrise

1923: Aufnahme
Äthiopiens in den
Völkerbund, Verbot
der Sklaverei

1930:
Kaiserkrönung
von Ras Tafari
Makonnen unter
dem Namen
Haile Selassie I.

1915–1915: Bau der Eisenbahnlinie
von Addis Abeba nach Dschibuti

1941/42: Vertreibung der Italiener aus Nordostafrika mit Unterstützung der Briten im Zuge des
Zweiten Weltkrieges

1943:
Niederschlagung
einer Rebellion in
Tigray durch die
britische Luftwaffe
und kaiserlich-
äthiopische Truppen

1941–1949: Nach der
Kapitulation Italiens
(8.9.1943) im Zweiten
Weltkrieg übernimmt
Großbritannien die
Verwaltung Somalias

1942–1944: Rückkehr
Haile Selassies aus dem
Exil und Wiedererrich-
tung der kaiserlichen
Herrschaft in Äthiopien

bis 1908: Während der belgischen Kolonialherrschaft sterben rund 10 Mio. Einheimische (»Kongogräuel«)

1912: Gründung des afrikanischen Nationalkongresses (ANC)

1914–1918: Erster Weltkrieg; schwere Kämpfe in Deutsch-Ost- und Südwestafrika

1915: Italien scheidet aus dem Dreibund mit Deutschland und Österreich-Ungarn aus und tritt der Entente bei

1909–1930: dynastische Konflikte und lokale Erhebungen in Äthiopien

1908: Gründung erster moderner Schulen in Addis Abeba

1939–1945: Zweiter Weltkrieg (hauptsächlich Nordafrika betroffen)

1931: Proklamation einer Verfassung und Aufbau eines Parlaments, Gründung der Bank von Äthiopien

1935/36: Dritter äthiopisch-italienisch Krieg. Nach der Niederlage wird Äthiopien besetzt. Italien beherrscht bis 1942 fast das ganze Horn von Afrika

1935–1941: Partisanenkrieg der äthiopischen »Patrioten« gegen die italienische Besetzung

1937: Loslösung der äthiopischen Kirche vom Patriarchat in Alexandrien

---

1946–1956: Dekolonisierung Nordafrikas

1948–1990: Apartheidsregime in Südafrika

1952–1956: Mau-Mau- Aufstand in Kenia

1946: Dschibuti erhält den Status eines französischen »Territoire d'Outre Mer«

1949: Mit Zustimmung der UN wird Südsomalia zur Vorbereitung der Unab- hängigkeit wieder der italienischen Verwaltung (Treuhandverwaltung) unterstellt (21.11.)

1952: Eritrea wird auf UN-Beschluss als autonomes Gebiet unter die Verwaltung Äthiopiens gestellt.

Afrika/ Nachbarstaaten	
Politische Ereignisse am »Horn von Afrika«	1953: Abkommen Äthiopiens mit den USA über militärische Zusammenarbeit (Mai)
Kultur, Religion, Gesellschft am »Horn von Afrika«	1951: Baselyos wird als erster Äthiopier Abuna, Oberhaupt der äthiopischen Kirche
	1951: Arabisch wird offizielle Sprache in Somalia

Bürgerkriege und staatliche Souveränität (1960–1993) ——→

1960: »Jahr Afrikas«: Unabhängigkeit der meisten französischen Kolonien	1961–1975: Befreiungskriege in den portugiesischen Kolonien Angola, Guinea und Mosambik
	1961–1991: Eritreischer Unabhängigkeitskampf
1960: Vereinigung der Kolonien Britisch- und Italienisch-Somaliland zur unabhängigen »Republik Somalia«	1961: Neue somalische Verfassung verankert Forderung nach allen von Somali bewohnten Territorien (Französisch-Somaliland, Northern Frontier District Kenyas, Ogaden-Gebiet Äthiopiens) (20.6.)

1967–1970: Bürgerkrieg in Nigeria (Biafrakrieg)		
1967: Abdi Rashid Shermarke wird neuer Staatspräsident Somalias, prowestliche Regierung (1.7.)	1969: unblutiger Putsch der Armee unter Mohammed Siad Barre und Umbenennung Somalias in »Demokratische Republik Somalia« (Okt.)	1970: Abspaltung und Formierung der späteren »Eritreischen Volksbefreiungsfront« (ELF/EPLF)

1968/69: Studentenunruhen aufgrund prekärer wirtschaftlicher und politischer Lage in Äthiopien

1954–1962: Algerienkrieg mit vermutlich einer Mio. getöteter Einheimischer, anschließend Unabhängigkeit von Frankreich

1957: Die britische Kolonie Goldküste wird in die Unabhängigkeit entlassen. Die nachfolgende Gründung Ghanas gilt als Beginn der »Befreiung Schwarzafrikas« von den Kolonialmächten

1963: Gründung der »Organization for African Unity« (OAU) und erste Konferenz der afrikanischen Länder in Addis Abeba

1962: offizielle Annektion Eritreas als Provinz Äthiopies

1963: Beginn der Aufrüstung Somalias durch die UdSSR

1963/64: Erhebung von Somali im Ogaden gegen die äthiopische Zentralregierung

1963–1967: »Shifta-Krieg« der Somali im Grenzgebiet zu Kenia gegen die dortige Zentralregierung

1964: Grenzkrieg zwischen Republik Somalia und Äthiopien

1972/73: Vereinigung von drei eritreischen Widerstandstruppen, Formierung der Oromo-Befreiungsfront (OLF)

1972: Einführung einer somalischen Schriftsprache

1972/73: Schwere Hungerkatastrophe in Äthiopien

1974: Beitritt Somalias zur Arabischen Liga, Freundschafts- und Kooperationsvertrag mit der UdSSR (Juli)

1974: Bildung des »Koordinierungskomitees der Streitkräfte, Polizei und Territorialarmee« (Derg)

1974/75: Verheerende Dürre in Somalia

1974–1978: Revolutionswirren und Fraktionskämpfe in Äthiopien (»Roter Terror«)

Afrika/ Nachbarstaaten	1975: Konvention von Lomé zwischen EG und AKP (Afrika, Karibik, Pazifik)
Politische Ereignisse am »Horn von Afrika«	1974: Sturz Haile Selassies durch den Derg (12.9.)
	1974–1991: Krieg in Tigray: »Tigrai People´s Liberation Front« (TLPF) gegen die äthiopische Zentralregierung
Kultur, Religion, Gesellschft am »Horn von Afrika«	1975: Tod Haile Selassies im Hausarrest (27.8.)

1977: Machtergreifung Mengistu Haile Mariams in Äthiopien, Bruch mit den USA (Feb.)	1978: Freundschafts- und Kooperationsvertrag zwischen Äthiopien und der UdSSR
1977: Unabhängigkeit der »Republik Dschibuti« (27.6.)	
1977: Entführung des Lufthansa-Flugzeugs »Landshut« nach Mogadischu (13.–19.10.)	
1977: Bruch Somalias mit der UdSSR (Okt.)	

ab 1985: Beginn der Demokratisierungsbewegung in zahlreichen Staaten Afrikas	
1987: Neue Verfassung der kommunistischen »Volksrepublik Äthiopien«	1988: Erklärung der Versöhnung Äthiopiens und Somalias (4.4.)
seit 1987/88: TPLF und EPLF erringen spektakuläre militärische Siege gegen die äthiopische Zentralregierung	1988: offener Ausbruch des Bürgerkriegs in Nordsomalia (Mai)
1985/1991: Aussiedlung nahezu aller Falascha (äthiopische Juden) aus Äthiopien nach Israel, Operation »Moses und Salomo«	

1975/76–1993: Krieg der Oromo (OLF) gegen die äthiopische Zentralregierung

1975–1984: Ogadenkrieg; Krieg der Somali im Ogaden gegen die äthiopische Zentralregierung im Kontext des äthiopisch-somalischen Grenzkonfliktes; Intervention der UdSSR und Kubas zugunsten Äthiopiens, Niederlage Somalias (1977/78)

1976: äthiopisch-sowjetisches Militärabkommen

1976: Verhaftung des äthiopischen Patriarchen Theophilos (ermordet 1979)

1980: Rücktritt der »weißen« Regierung unter Ian Smith in Rhodesien, Gründung Simbabwes und Wahl Robert Mugabes zum Präsidenten (ZANU-Partei)

1983–1987: Revolution in Obervolta (seit 1984: Burkina Faso, »Land der aufrechten Menschen«)

seit 1980: Hinwendung Somalias zum Westen, im August Abkommen mit den USA über militärische Zusammenarbeit

seit 1981: Bildung verschiedener bewaffneter Oppositionsgruppen in Somalia

ab 1983: Trockenheit und Hunger in Teilen Äthiopiens, Zwangsumsiedlungen

1989/90: Ausweitung des Bürgerkriegs auf andere Teile Somalias

1990/91: Sturz des Barre-Regimes, Bildung einer Übergangsregierung in Mogadischu; anhaltende Bürgerkriegswirren und instabile Gesamtsituation

1991–1994: Bürgerkrieg in Dschibuti

1991: Niederlagen des äthiopischen Heeres, Sturz des Derg-Militärregimes in Äthiopien (Mai), provisorische Regierung in Eritrea (de facto Unabhängigkeit)

Afrika/ Nachbarstaaten	1991: Einseitige Unabhängigkeitserklärung Nordsomalias als »Republik Somaliland« (20.5.)
Politische Ereignisse am »Horn von Afrika«	1991: Ende der kommunistischen Herrschaft in Äthiopien; rund 1 Mio. Menschen im Bürgerkrieg und durch Hinrichtungen umgekommen; Einführung der parlamentarischen Demokratie; Hinwendung zum Westen
Kultur, Religion, Gesellschft am »Horn von Afrika«	

Anhaltender Krisenherd und Internationaler Kampf gegen den

1991/92/94/95: Kämpfe zwischen rivalisierenden Fraktionen in Somaliland (»Hargeisa-Krieg«)

1992/93: Bildung eines Oppositionsbündnisses (FUOD) gegen die Regierung von Dschibuti in Paris (Juni), Abzug französischer Beobachtertruppen aus den Konfliktgebieten (Nov.)

1993: Übernahme der Operation UNOSOM I (Beendigung einer Hungersnot) durch UNOSOM II (Beendigung eines Bürgerkrieges); Deutschland entsendet 1600 Soldaten (April–Mai)

1994: Hutus töten in Ruanda innerhalb von drei Monaten rund 800 000 Tutsi und andere »Feinde«	1995: neue Verfassung in Äthiopien, Proklamation der »Demokratischen Bundesrepublik Äthiopien« (22.8.)
1994: Unterzeichnung eines Friedensabkommens in Ab´a (Dschibuti) zwischen Regierung und FRUD (12.6.)	1995: Operation »United Shield«: Abzug der letzten UN-Truppen aus Somalia (27.2.–3.3.)
1994: Überschwemmungskatastrophe in der Hauptstadt Dschibuti (21.11.)	1995: Unruhen in Addis Abeba nach einer Schießerei in der Großen Anwar-Moschee (21.2.)

1992–1996: Boutros Boutros-Ghali aus Ägypten erster afrikanischer
Generalsekretär der Vereinten Nationen

1991: Ausbruch eines bewaffneten Aufstandes im Norden Dschibutis (Nov.)	1992–1995: »Restore Hope«: UNOSOM I und II versuchen vergeblich, politisch stabile Verhältnisse in Somalia herzustellen; Abzug ab Mitte 1994	1993: offizielle Unabhängigkeit Eritreas 1993: »Battle of Mogdischu«: US- und UN-Truppen scheitern bei dem Versuch, Clanführer zu verhaften. (3./4.10.)

Terrorismus (seit 1993) ⟶

1994: gewaltfreie Aufhebung der Apartheid in Südafrika

1994: Gründung des »Common Market for Eastern and Southern Africa«
(COMESA) mit dem Ziel eines gemeinsamen Handelsmarktes mit Sitz im
sambischen Lusaka

1994: Bekenntnis zum bewaffneten Kampf und Sturz der Regierung in
Dschibuti (Jan.)

1994: Abzug der letzten U.S.-amerikanischen und deutschen Truppen aus
Somalia (25.3.)

1994: Beginn der Repatriierung von Flüchtlingen in Eritrea aus dem Sudan

1996: Die afrikanischen Staaten zahlen mehr Schulden zurück als
sie Entwicklungshilfe erhalten (»Schuldenfalle«)

1995–1997: Nach Abzug der UN-Truppen verstärken sich in Somalia die
Kämpfe zwischen den rivalisierenden Clans und ihrer Milizen

1995: gemeinsame Militärmanöver von Dschibuti und Frankreich (17.–23.3.)

1995/96: Krieg zwischen Eritrea und dem Jemen um den Hanish-Archipel
im Roten Meer

1996: Das UN-Welternährungsprogramm (WFP) weist auf
drohende Hungersnot in Nordäthiopien hin

Afrika/ Nachbarstaaten	1996: Gründung der Intergovernmental Agency for Development (IGAD), Sitz: Addis Abeba
Politische Ereignisse am »Horn von Afrika«	1996: Unterzeichnung eines Abkommens zwischen Eritrea und dem Jemen über eine friedliche Lösung des Konflikts um die Große Hanish-Insel (Hanish al-Kabir) in Paris (21.5.)
Kultur, Religion, Gesellschft am »Horn von Afrika«	1996: Nach Angaben des UNHCR hielten sich bis Mai des Jahres noch 420 000 eritreische Flüchtlinge im Sudan auf

2000: Seit 1990 sterben im südlichen Afrika rund 12 Mio. Menschen an AIDS, die Infektionsrate liegt bei 25 Prozent der Gesamtbevölkerung

2000: erster EU-Afrika-Gipfel in Kairo (3.4.)

2000–2000: (»Grenz«-)Krieg zwischen Äthiopien und Eritrea

2000: Die Regierung von Dschibuti unterzeichnet in Paris ein Friedensabkommen mit einer militanten Splittergruppe der FRUD (seit 1996 legale Partei, 7.2.)

2000: Laut UN sind in Äthiopien bis zu 8 Mio. Menschen vom Hungertod bedroht

2001: Angriff auf das World Trade Center in New York (11.9.)

2001: Operation »Enduring Freedom« (OEF), um den islamischen Terrorismus weltweit zu bekämpfen (Okt.)

seit 2001: Als mögliches Rückzugsgebiet geflohener al-Qaida-Kämpfer wird das Horn von Afrika in die Antiterror-Planungen der USA einbezogen

2002: die Fregatte »Emden« läuft als erstes deutsche Schiff im Rahmen von OEF in den Indischen Ozean aus (2.1.)

2002: Kenia führt eine Versöhnungskonferenz für Somalia durch, auf der ein Waffenstillstandsabkommen erzielt wird (27.10.)

1999: Gründung der Eastern African Community (EAC) für wirtschaftliche Zusammenarbeit, Sitz: Arusha/Tansania

1996: Grenzüberschreitende Offensive äthiopischer Truppen gegen von Somalia aus operierende Milizen der Organisation »al-Ittihad al-Islam«

1997: »Erklärung von Kairo«, Waffenstillstand der beiden wichtigsten Clanchefs in Somalia (22.12.)

1998: Unabhängigkeitserklärung der Region Puntland an der Nordostspitze Somalias

1998–2000: Der äthiopisch-eritreische Grenzkrieg fordert 100 000 Tote, rd. 1,2 Mio. Menschen müssen fliehen

2000: Versöhnungskonferenz (Arta-Konferenz) für Somalia in Dschibuti (Mai), Oppositionsparteien erkennen die neue Regierung unter Ali Khalif Gallayd nicht an

2000: »USS Cole« wird im Hafen von Aden von einem mit Sprengstoff beladenen Speedboat gerammt (12.10.)

2000: Abschluss eines Friedensvertrages zwischen Eritrea und Äthiopien (12.12.)

2001: Eröffnung der Pufferzone durch die UN-Mission in Äthiopien (UNMEE) (18.3.)

2001: allgemeine Studentenunruhen in Gesamt-Äthiopien (Apr.)

2002: OAU wandelt sich zur Afrikanischen Union (AU/9.7.)

2003: Äthiopien stellt die Entscheidung der äthiopisch-eritreischen Grenzkommission in Frage und droht mit Rückzug aus dem Demarkationsprozess

2004: Afrikanischer Friedens- und Sicherheitsrat (PSC) nimmt Arbeit auf (März)

2004: Gründung einer Übergangsregierung für Somalia in Nairobi, die wenig später unter internationalem Druck in Mogadischu installiert wird

2004: Seebeben im Indischen Ozean, an der Küste Somalias kommen 298 Menschen ums Leben (»Tsunami-Katastrophe«/Dez.)

	▶ Anhaltender Krisenherd (seit 1993)
Afrika/ Nachbarstaaten	2004: erstmals landesweite Verteilung von AIDS-hemmenden Medikamenten in Südafrika
	2004: Friedensnobelpreis an die kenianische Öko- und Frauenrechtsaktivistin Wangari Maathai
Politische Ereignisse am »Horn von Afrika«	
Kultur, Religion, Gesellschft am »Horn von Afrika«	2005: Wahlen zum Bundesparlament und zu den Länderparlamenten in Äthiopien (15.5.)

2006: Einsatz von »EUFOR DR Congo« zur Sicherung der ersten freien Wahlen in der Demokratischen Republik Kongo seit 40 Jahren

2006: Initiative der USA zur Lösung des Grenzkonfliktes zwischen Äthiopien und Eritrea (Jan.)

2006: Erklärung von Aden, Wiedereinberufung des somalischen Parlaments (26.2.)

2006: UN Resolution 1725, Entsendung einer afrikanischen Friedensmission in Somalia (6.12.)

2006/2007: schwere Kämpfe zwischen einer »Allianz für die Wiederherstellung des Friedens und gegen Terrorismus« und der »Union der islamischen Gerichtshöfe«

Erinnerungstage – Festtage – Feiertage

Erinnerungstage (politisch, ethnisch, religiös), Festtage, Feiertage (jeweils staatlich, katholisch/protestantisch, äthiopisch-orthodox, muslimisch)

Schwarz: Feier- bzw. Gedenktage nach dem Sonnenkalender (365 Tage).
Blau: Der äthiopische Kalender weicht stark vom gregorianischen, in Europa gebräuchlichen Kalender ab. Einträge folgen hier dem gregorianischen Kalender.
Grün: Feiertage nach dem islamischen Mondkalender (354 Tage). Die angegebenen Daten gelten für 2007 und verschieben sich pro Jahr um etwa zehn Tage nach vorn.
Die Angaben in eckigen Klammern bezeichnen Daten für die Jahre 2008/09.

Januar ....
1./2.	Neujahr
7.	Ledet – Weihnachten
19.	Timket – Heilige Drei Könige
20.	El am Hejir – islamisches Neujahr
29.	Aschura – Gedenktag der Schiiten an das Martyrium des Imam Hussein
29.	Eroberung Mogadischus durch Rebellengruppen, Flucht Barres (1991)

März...
2.	Siegestag der Schlacht von Adwa (1. März 1896, Äthiopien, Eritrea)
8.	Internationaler Tag der Frau (Eritrea)
31.	Geburtstag des Propheten – Geburts- und Todestag des Propheten Mohammed

April ....
6.	Befreiungstag (Äthiopien, Eritrea)
6.	Karfreitag [21.3.]
8.	Ostersonntag/Fasika [23.3.]

Mai..
1.	Maifeiertag
12.	Erste Kämpfe zwischen Eritrea und Äthiopien (1998)
17.	Christi Himmelfahrt [1.]
21.	Flucht Mengistus (1991)
24.	Eritreischer Unabhängigkeitstag (1993)
27./28.	Pfingsten [11./12.]
28.	Äthiopischer Nationalfeiertag

Juni ....
5.	Ermordung 24 pakistanischer UN-Soldaten (1993)
7.	Fronleichnam [22.5.]

12.   Ende des Bürgerkriegs in Dschibuti (1994)
20.   Tag der Märtyrer (Eritrea)
21.   Gründung Asmaras
26.   Unabhängigkeitstag in Somalia (1960)
27./28. Unabhängigkeitstag in Dschibuti (1977)
30.   Angriff somalischer Truppen auf Äthiopien (1977)

Juli ....
1.   Nationalfeiertag in Somalia (1960)
9.   Gründung der Afrikanischen Union (AU; 2002)

August ....
15.   Mariä Himmelfahrt

September ....
1.   Beginn des bewaffneten Kampfes (Eritrea; 1961)
11.   Enkutatash – Neujahrsfest
12.   Sturz Kaiser Haile Selassies I. (1974)
13.   Erster Tag des Monats Ramadan – Beginn der Fastenzeit
27.   Maskalfest – Kreuzerhöhung

Oktober ....
3.   Einmarsch italienischer Truppen in Äthiopien (1935)
3./4.   Schlacht um Mogadischu (1993)
8.   Nacht der Bestimmung: Beginn der Verkündung des Korans
13.   Id al-Fitr (Fastenbrechensfest) – das dreitägige Fest beginnt am letz-
        ten Abend des Ramadan (Ende der Fastenzeit)
17./18. Befreiung der »Landshut«-Geiseln auf dem Flughafen von Mogadi-
        schu (1977)
19.   Erklärung Dschibutis zum Einparteienstaat (1981)
24.   Debra Damo – Fest des Hl. Aregawi
21.   Putsch und Machtübernahme Barres (Somalia; 1969)
31.   Reformationsfeiertag

November ....
1.   Allerheiligen
14.   Offizielle Inkorporierung Eritreas als Provinz in den äthiopischen
        Staat (1962)
30.   Aksum Mariam Tsion – Fest der Hl. Maria von Zion

Dezember ....
20.   Id al-Adha (Opferfest) – Gedenken an das biblische Opfer
24.–26. Weihnachten
28.   Kulibi – Fest des Hl. Gabriel

Erinnerungsorte
(siehe hierzu Klappkarte am Ende des Buches)

1. Addis Abeba (Äthiopien) ....

Addis Abeba ist die bevölkerungsreichste und die Hauptstadt Äthiopiens. Aufgrund der letzten großen Hungersnot 2002/03 in den ländlichen Regionen und der daraus resultierenden Landflucht wuchs die Bevölkerung bis heute auf über vier Millionen Menschen an. Addis Abeba wurde vermutlich 1886 gegründet. Über dieses Ereignis kursieren unterschiedliche Überlieferungen. Eine von ihnen bezieht sich auf Kaiser Menelik II. (1844–1913), der seit 1881 am Fuße des Berges Entoto in der Nähe des heutigen Addis Abeba residierte. Im November 1886, als Menelik II. sich in weit entfernten Regionen des Landes aufhielt, verlegte seine Frau Taytu Betul das Lager von den Hügeln hinunter ins Tal. 1889 wurde hier der erste Palast für den Kaiser errichtet, die erste Wasserleitung des Landes verlegt und später in einer Rundhütte, einem Tukull, das erste Telegrafenamt eingeführt. Addis Abeba, die »Neue Blume«, wie die Stadt in der Landessprache heißt, wurde 1892 neue Hauptstadt Äthiopiens. Am 5. Mai 1936 eroberten italienische Truppen unter dem Kommando von Marschall Pietro Badoglio Addis Abeba. Während der italienischen Besatzung (1936–1941) unterzog man die Stadt einem massiven Modernisierungsprogramm. Addis Abeba wurde 1958 Hauptsitz der UN-Wirtschaftskommission für Afrika und 1963 Hauptsitz der Organisation für Afrikanische Einheit (seit 2002 Afrikanische Union). Der Sitz des Erzbistums Addis Abeba ist auch das Zentrum der mit der römisch-katholischen Kirche unierten äthiopisch-katholischen Kirche.

2. Adigrat (Äthiopien) ....

Die Stadt liegt in Nordäthiopien nahe der Grenze zu Eritrea und ist für Äthiopien ein wichtiges Tor zum Roten Meer. Sie war zwischen 1769 und 1855 Residenz. Westlich von Adigrat befindet sich das Kloster Debre Damo aus dem 6. Jahrhundert, das von einem der »Neun Heiligen«, Abuna Aregawi, auf dem gleichnamigen Berg gegründet wurde. Die Neun Heiligen waren eine Gruppe von Missionaren, die im 5. Jahrhundert n.Chr. wesentlich die Verbreitung des Christentums im heutigen Äthiopien und Eritrea bewirkten. Zum Kloster Debre Damo gehört eine der ersten Kirchen, die in Äthiopien gestiftet wurden, hier befinden sich wertvollste aksumitische Manuskriptsammlungen. Aufgrund seiner schwierigen Zugänglichkeit diente das Kloster jahrhundertelang als königliches Gefängnis für die männlichen Mitglieder der altäthiopischen Königsfamilie. Inhaftierungen verfolgten das Ziel, von vornherein eine mögliche Konspiration innerhalb der eigenen Familie gegen den herrschenden Monarchen auszuschließen.

3. Adwa (Äthiopien) ....
Über Jahrhunderte galt Adwa als ein bedeutendes Handelszentrum im Norden Äthiopiens, welches das äthiopische Hochland mit dem Roten Meer verband. Portugiesische Jesuiten gründeten im 16. Jahrhundert hier ihren Hauptsitz für die Region. Im Jahr 1884 unterzeichnete Kaiser Johannes IV. (1831–1889) den Hewett-Vertrag in Adwa. Dieser war ein trilateraler Vertrag, der die über 40-jährige Feindschaft (1832–1876) zwischen Äthiopien und Ägypten beendete und eine Normalisierung der Beziehungen zu Großbritannien und Ägypten zum Ziel hatte. Die Äthiopier verbinden Adwa insbesondere mit der gleichnamigen Schlacht vom 1. März 1896, als äthiopische Truppen unter Kaiser Menelek II. eine überlegene italienische Armee in die Flucht schlagen konnten. Durch diesen Sieg scheiterte der Versuch Italiens, sich Äthiopien als Kolonie einzuverleiben. Die vernichtende Niederlage der größten europäischen Streitmacht, die bis zu diesem Zeitpunkt in Afrika aufmarschiert war, durch afrikanisches Militär erregte große Verblüffung bei den europäischen Kolonialämtern und Ministerien. Während des äthiopischen Bürgerkriegs (1974–1991) war Adwa häufig Ziel von Angriffen der Befreiungsfront von Tigray, bis die Stadt 1988 unter deren Kontrolle geriet. Adwa ist der Geburtsort des derzeitigen Premierministers Meles Zenawi (seit 1995).

4. Agordat (Eritrea) ....
Agordat war einst eine italienische Kolonialstadt. Um 1890 wurde am Ort der heutigen Stadt eine italienische Festung für den Kampf gegen die sudanesischen Mahdisten errichtet. Nach

einer blutigen Schlacht zwischen den beiden Parteien am 21. Dezember 1893 wurde die Festung zur Stadt ausgebaut. Anfang der 1960er Jahre kontrollierte die »Eritreische Befreiungsbewegung« (ELF) Agordat. Am 12. Juli 1962 verübte die ELF ein Attentat, bei dem vier hohe Repräsentanten des äthiopischen Staates ums Leben kamen. 1974/75 erhöhte die ELF die Anzahl ihrer Anschläge. Einem daraufhin verübten Vergeltungsmassaker der äthiopischen Regierungstruppen fielen am 9. März 1975 208 Menschen zum Opfer. Nach Fortsetzung der Kämpfe durch die »Eritreische Volksbefreiungsfront« (EPLF) und deren abschließendem Sieg in der Schlacht von Afabet geriet Agordat am 2. April 1988 schließlich unter die Kontrolle dieser Bewegung.

5. Aksum (Äthiopien) ....
Historiker datieren die Gründung der Stadt Aksum auf das Jahr 300 v.Chr. In der Mitte des 4. Jahrhunderts n.Chr. wurde Aksum als Folge des Übertritts König Ezanas zum Christentum eine der ersten christlichen Hauptstädte der Welt. Mit dem Zusammenbruch des aksumitischen Reichs verlor die Stadt an politischer Bedeutung, konnte sich jedoch als religiöses Zentrum behaupten. Aksum blieb zudem der traditionelle Krönungsort der äthiopischen Könige bis zum letzten König Haile Selassie (1892–1975). Die Stadt ist heute die wichtigste Pilgerstätte der äthiopisch-orthodoxen Christen, da diese glauben, dass sich in Aksum die israelitische Bundeslade befindet. Sie soll einer äthiopischen Schrift aus dem 13. Jahrhundert zufolge von Menelik (um 950), dem Sohn König Salomos und der Königin von Saba, ins Land geholt worden sein. Ein auf Lebenszeit erwählter Mönch ist noch heute mit der Bewachung der Bundeslade beauftragt. Diese Aufgabe wird jeweils kurz vor dem Tod des Wächters an einen Nachfolger übertragen. Aus vorchristlicher Zeit hingegen stammen die imposanten monolithischen Stelen, die rituellen Zwecken dienten. Eine 25 m hohe Säule wurde während der italienischen Besatzung 1937 entwendet, in Rom aufgebaut und trotz jahrzehntelanger äthiopischer Proteste erst im April 2005 wieder zurückgegeben. Politisch ist Aksum heute eine kleine Distrikthauptstadt, die 1980 wegen ihrer jahrtausendealten Ruinen und ihrer außerordentlichen Geschichte in die Liste des Weltkulturerbes der UNESCO aufgenommen wurde.

6. Asmara (Eritrea) ....

Die Gründung der heutigen Hauptstadt Eritreas geht auf einen Mythos zurück. Seit dem 9. und 10. Jahrhundert sollen sich an gleicher Stelle vier christliche Dörfer befunden haben, die sich untereinander bekämpften. Die Frauen der Dörfer ergriffen die Initiative, die andauernden Auseinandersetzungen zu beenden. Schließlich brachten sie ihre Männer dazu, Frieden zu schließen und die vier Dörfer zu einer Stadt zu vereinen. Dieser Stadt wurde der Name Arbate Asmara gegeben, was wörtlich übersetzt soviel wie »Die vier Dörfer, in denen die Frauen Harmonie stifteten« bedeutet. Der Überlieferung nach fand der Zusammenschluss am 21. Juni 1515 statt. Seitdem wird jährlich in einer Messe in der Kirche zur »Heiligen Maria« im Stadtzentrum von Asmara dieses Ereignisses gedacht.

Im August 1889 eroberten die Italiener Asmara und bauten es zum politischen und wirtschaftlichen Zentrum der Kolonie Eritrea (bis 1941) aus. Eritrea gehörte zwar zunächst zu Äthiopien, doch gab es eine sehr aktive eritreische Unabhängigkeitsbewegung, die insbesondere in der Umgebung von Asmara aktiv war. Mit der Machtübernahme durch die marxistischen »Derg« in Addis Abeba 1974 brachen in Asmara erneut schwere Kämpfe aus, die mit Massakern an der Zivilbevölkerung verbunden waren. Die Ausschreitungen richteten sich gezielt gegen die Ausländer in der Stadt, die daraufhin Asmara verließen. Während des eritreischen Unabhängigkeitskampfes (1961–1991) kam dem Flughafen der Stadt eine besondere Bedeutung zu, da über ihn die Versorgung mit Waffen und Ausrüstung für äthiopische Regierungstruppen abgewickelt wurde. Asmara wurde nach einer 16-monatigen Belagerung am 24. Mai 1991 von der Eritreischen Befreiungsarmee erobert.

7. Baidoa (Somalia) ....

Die Stadt Baidoa wurde in den Jahren 1991/92 weltweit bekannt, als einer Hungersnot in der Region 500 000 Menschen zum Opfer fielen und sie sich das Synonym »Stadt des Todes« einhandelte. In der Anfangsphase des somalischen Bürgerkrieges war Baidoa im Nordosten von den Milizen des Clanführers Mohammed Farah Aidid (1934–1995), im Südwesten von Truppen Said Barres und im Süden von den Truppen Morgans (dem Schwiegersohn Barres) umkämpft. Die somalische Übergangsregierung unter Staatspräsident Abdullahi Yusuf Ahmed (*1934) hatte hier ihren lediglich provisorischen Regierungssitz, da sich die Landeshauptstadt Mogadischu seit 1991 unter der Kontrolle rivalisierender Clans und Kriegsherren befand und seit Mitte 2006 von der »Union der islamischen Gerichtshöfe« (UIC) kontrolliert wurde.

8. Dirre Dawa (Äthiopien) ....
Dirre Dawa ist die zweitgrößte Stadt Äthiopiens. Die Gründung der Stadt steht in Verbindung mit dem Bau der Eisenbahnlinie von Addis Abeba nach Dschibuti zwischen 1897 und 1915. Da die Kosten für den Bau der Strecke unkalkulierbar in die Höhe schnellten, fiel die Entscheidung, die Trasse nicht wie geplant über Harar verlaufen zu lassen. Man entschloss sich vielmehr, die kostengünstigere Linienvariante über den damaligen Reparatur- und Inspektionsstandort Dirre Dawa zu wählen. Dirre Dawa bedeutet wörtlich soviel wie »Aushilfsort«. Es ist eine Ironie der Geschichte, dass sich an der Stelle, an der eigentlich niemals ein Mensch leben sollte, heute das zweitwichtigste Wirtschaftszentrum Äthiopiens befindet. Am 24. Juni 2002 verübte hier die Oromo-Befreiungsfront ihren letzten Bombenanschlag auf äthiopischen Boden. Im August 2006 fielen in Dirre Dawa 200 Menschen einer Hochwasserkatastrophe zum Opfer, Tausende Menschen wurden obdachlos.

9. Dschibuti ....
Dschibuti ist gleichzeitig der Name der 23 200 Quadratkilometer großen Republik und ihrer Hauptstadt. Die heutige Republik Dschibuti ist ein Ergebnis der Grenzziehungen der Kolonialmächte im 19. Jahrhundert. Dschibuti nannte sich zunächst Französisch-Somaliland und erlangte erst im Juni 1977 seine Unabhängigkeit. Eine Überschwemmung im Jahr 1989 führte zu schlimmen Verwüstungen und zerstörte ca. 70 Prozent der Stadt. Spannungen zwischen den beiden Hauptethnien, den Afar und den Issa, führten zwischen 1991 und 1994 zu einem Bürgerkrieg. In Dschibuti-Stadt kam es dabei am 18. Dezember 1991 in einem Elendsviertel zu einem blutigen Massaker an Afar-Rebellen durch lokale Polizei- und Militäreinheiten, dem mindestens

30–40 Menschen zum Opfer fielen. Von besonderer Bedeutung für die Existenz Dschibutis ist seine strategisch bedeutende Lage am Ausgang der Roten Meeres, der Meerenge Bab el-Mandeb, in den Golf von Aden. Mit der Operation »Enduring Freedom« wurde Dschibuti seit 2001 zum Zentrum eines regionalen See- und Luftüberwachungssystems sowie zum militärischen Stützpunkt von Einheiten der internationalen Antiterror-Koalition, darunter auch der Deutschen Marine.

10. Gondar (Äthiopien) ....

Von 1636–1855 war Gondar die äthiopische Hauptstadt. Von Kaiser Fasiledas (1603–1667) gegründet, war Gondar die erste Hauptstadt von Dauer seit den antiken Zeiten von Aksum und Lalibela. Während des Bürgerkriegs im 19. Jahrhundert nahm die Stadt unter Kaiser Tewodros II. (1810–1868) großen Schaden und wurde als Hauptstadt aufgegeben. 1888 drangen die Mahdisten aus dem Sudan in Gondar ein, plünderten und brandschatzen. In Gondar sind Schlösser und zahlreiche Kirchen zu finden, die seit 1989 zum Weltkulturerbe der UNESCO gehören. Es ist nicht geklärt, wer die Baumeister dieser Schlösser waren, doch werden portugiesische, indische und maurische Einflüsse vermutet. Trotz des Bombardements der Briten im Befreiungskampf von 1941 blieben die meisten Bauten erstaunlich gut erhalten. Seit der Normalisierung der staatlichen Beziehungen zwischen Äthiopien und dem Sudan in den 1990er Jahren gilt Gondar als Drehscheibe des wirtschaftlichen und politischen Austauschs zwischen den beiden Staaten.

11. Harar (Äthiopien) ....

Harar ist eine muslimisch geprägte Stadt. In ihr befinden sich entsprechend den 99 Namen (Attributen) Allahs 99 Moscheen. Für die äthiopisch-muslimische Bevölkerung, die fast ausschließlich zur sunnitischen Glaubensrichtung gehört, ist Harar die viertheiligste Stadt nach Mekka, Medina und Jerusalem. Harar wurde zwischen dem 7. und 11. Jahrhundert gegründet und entwickelte sich schnell zum Zentrum der islamischen Kultur am Horn von Afrika. Die Stadt blieb mehrere Jahrhunderte von Äthiopien unabhängig. 1521 wurde Harar Hauptstadt des Sultanats von Adal. Bis in das 19. Jahrhundert blieb Nichtmuslimen der Zutritt in die Stadt verwehrt. Im Januar 1855 besuchte der englische Forschungsreisende Sir Richard Francis Burton (1821–1890) in muslimischer Verkleidung die Stadt. Die Informationen die er auf dieser Reise sammelte, verarbeitete er in seinem Werk »First Footstep in East Africa«. Durch den Bau der Eisenbahnverbindung von Dschibuti nach Addis Adeba – die nicht wie geplant über Harar sondern über Dirre Dawa verlief – verlor die Stadt ihre Bedeutung als wichtiger Handels- und Umschlagsplatz. Während des Ogadenkrieges (1975–1984) verschanzten sich dort über 50 000 Äthiopier, Kubaner und Südjemeniten, an deren heftigem Widerstand alle Versuche der somalischer Streitkräfte, die Stadt unter ihre Kontrolle zu bringen, scheiterten. Am 12. Juli 2006 wurde Harar zum UNESCO-Weltkulturerbe ernannt.

12. Hargeisa (Somalia)...
Hargeisa ist die Hauptstadt der international nicht anerkannten Republik Somaliland. 1988 wurde Hargeisa während des Bürgerkrieges von der somalischen Luftwaffe durch ein schweres Bombardement zerstört, bei dem ungefähr 5000 Zivilisten ums Leben kamen. Zum Gedenken an den Angriff wurde ein Denkmal in Form eines sowjetischen MiG-Flugzeugs errichtet. 1991 begann der Wiederaufbau der Stadt. Heute ist sie moderner und bevölkerungsreicher als Mogadischu und nach Berbera der zweitwichtigste Wirtschaftsstandort Somalilands.

13. Inda Silase (Shire) (Äthiopien) ....
In der Region um Inda Silase liegen die zentralen Schlachtfelder des italienisch-äthiopischen Krieges von 1935/36 und des äthiopischen Bürgerkrieges (1974–1991). Im Februar 1989 eröffnete hier die »Volksbefreiungsfront von Tigray« (TPLF) eine zweite Front im Kampf gegen die Herrschaft des äthiopischen Diktators Mengistu. Der Sieg über einen 20 000 Mann starken Verband der äthiopischen Streitkräfte motivierte den Putschversuch gegen Mengistu im Mai 1989. In Inda Silase ist seit 1992 das »Integrierte Ernährungssicherungsprojekt Shire-Tigray« der »Deutschen Gesellschaft für Technische Zusammenarbeit« (GTZ) angesiedelt.

14. Massawa (Eritrea) ....

Massawa war bereits unter den Ptolemäern unter dem Namen Saba bekannt. Im 10. Jahrhundert erwähnen es arabische Schriftsteller unter dem Namen Bade (oder Base). Die Stadt erlebte vermutlich ihren ersten Aufschwung, als der benachbarte Hafen der Handelsstadt Adulis (Hafen des Königreichs Aksum) im 8. Jahrhundert versandete. 1557 wurde Massawa vom Osmanischen Reich erobert, das es 1866 an Ägypten abtrat. Italien besetzte es im Jahr 1885, die Stadt wurde 1890 Hauptstadt des neuen italienischen Protektorats. Ende des 19. Jahrhundert hatte Massawa 5000 Einwohner, darunter Araber, Nubier, Äthiopier, Oromo und Griechen. Hinzu kam die italienische Garnison des örtlichen Forts. Nach der Annexion Eritreas durch Äthiopien im Jahr 1962 wurde Massawa zum Hauptquartier der äthiopischen Marine ausgebaut. Dementsprechend schwer umkämpft blieb die Stadt während des eritreischen Unabhängigkeitskampfes. Die »Eritreische Befreiungsfront« eroberte sie in einem Überraschungsangriff am 16. Februar 1990. Der äthiopische Machthaber Mengistu ließ daraufhin Massawa mit Streu- und Napalmbomben bombardieren, wodurch Hunderte von Zivilisten starben und nahezu die gesamte Infrastruktur der Stadt zerstört wurde.

15. Mek'ele (Äthiopien) ....

Die Geschichte von Mek'ele reicht bis in das 13. Jahrhundert zurück. In den frühen 1870er Jahren erlebte die Stadt den Höhepunkt ihrer Entwicklung, als Kaiser Johannes IV. (1831–1889) hier seinen Regierungssitz wählte. Während der schweren Hungersnot in den Jahren 1984/85 entstanden in Mek'ele so genannte Hungerlager. Die Aktion »Menschen für Menschen« des österreichischen Schauspielers Karl-Heinz Böhm (*1928) versuchte damals, Hilfe für die Hungerleidenden zu organisieren. Nach der Machtübernahme durch die »Ethiopian People's Revolutionary Democratic Front« 1991 nahm die Stadt wieder eine sehr positive Entwicklung. Während des äthiopisch-eritreischen Krieges (1998–2000) bombardierte die eritreische Luftwaffe Mek'ele – heute Verwaltungssitz der nordäthiopischen Provinz Tigray – am 5. Juni 1998 und richtete dabei schwere Schäden an.

16. Merka (Somalia) ....
Als der europäische »Wettlauf um Afrika« im 19. Jahrhundert
seinen Anfang nahm, konnte Merka bereits auf eine wechselhaf-
te eintausendjährige Geschichte zurückblicken. Die Stadt wurde
im 7. Jahrhundert vom Biyomaal-Clan gegründet, einem Subclan der Dir. Den italienischen Besetzern widersetzten sich die
Einwohner von Merka bis zur Unabhängigkeit Somalias 1960
mit allen Kräften. In den Jahren der Herrschaft von Mohammed
Siad Barre (1919–1995) befand sich in dem Stadtteil el Jaalle ein
Trainings- und politisches Ausbildungslager für die Anhänger
des Regimes. Der Import der internationalen Nahrungsmittelhil-
fe für Somalia erfolgte bis zur Machtübernahme der »Union der
islamischen Gerichtshöfe« (UIC) 2006 in Mogadischu hauptsächlich über den Hafen von Merka.

17. Mogadischu (Somalia)...
Seit dem 10. Jahrhundert war Mogadischu eines der ersten Zentren der islamischen Welt am Horn von Afrika. Diese Bedeutung
festigte sich mit dem zunehmenden wirtschaftlichen Wohlstand
der Stadt im 13. Jahrhundert unter dem Sultanat von Fakhrud-
din. Zu Beginn des 16. Jahrhunderts fiel Mogadischu zunächst
unter portugiesische Herrschaft, 1698, und später in der Mitte
des 18. Jahrhunderts, wurden die Portugiesen von Arabern aus
Oman bzw. Sansibar verdrängt. Nach vorübergehenden Auf-
ständen und innerdynastischen Kämpfen nahm 1871 der Sultan
von Sansibar die Stadt ein und verpachtete sie 1892 an Italien.
1905 kaufte Italien das Gebiet auf und bestimmte Mogadischu
zur Hauptstadt der Kolonie Italienisch-Somaliland. Während
des Zweiten Weltkrieges eroberten 1941 schließlich aus Richtung
Kenia anrückende britische Truppen nach schweren Kämpfen
die Stadt. Während der Verhandlungen der Vereinten Nationen
im Jahre 1948 über die Zukunft Somalias kam es am 11. Januar
in Mogadischu zu schweren Ausschreitungen, denen 52 Italiener
und 14 Somalis zum Opfer fielen. 1960 wurde Mogadischu zur
Hauptstadt des nunmehr unabhängigen und vereinigten Somalias. In der Nacht vom 17. auf den 18. Oktober 1977 befreite eine
Eliteeinheit des Bundesgrenzschutzes – die GSG 9 unter Leitung
von Major Ulrich Wegener – auf dem Flughafen der Stadt die
von Palästinensern entführte Lufthansa-Maschine »Landshut«

(»Operation Feuerzauber«). Mit dem Sturz des sozialistischen Regimes von Siad Barre am 26. Januar 1991 brach der sich seit 1988 abzeichnende somalische Bürgerkrieg aus, welcher die Hauptstadt und das gesamte Land ins Chaos stürzte. Allein in Mogadischu sind seitdem über 20 000 Menschen zu Tode gekommen. Am 5. Juni 1993 überfielen Anhänger des Clanführers Mohammed Farah Aidid im Zusammenhang mit der Kontrolle eines Waffenlagers pakistanische UN-Soldaten und töteten 23 von ihnen. Die nachfolgenden politischen Spannungen und die Jagd der UN-Verbände auf Aidid führten zu einer gewaltsamen Konfrontation zwischen dessen Kämpfern und den USA, bei der es in Mogadischu zum Abschuss von U.S.-Hubschraubern kam und vermutlich 18 amerikanische Soldaten und über 500 Männer Aidids getötet wurden (3./4.Oktober – »Schlacht um das Olympic Hotel«).

18. Nakfa (Eritrea)

Nach seiner Eroberung durch die Eritreische Befreiungsfront am 23. März 1977 galt Nakfa in den Jahren bis 1991 als die symbolische »Hauptstadt« des zu befreienden Eritreas. Das Schicksal Nakfas, so wurde propagiert, stehe in enger Verbindung mit dem Fort- und Ausgang des eritreischen Unabhängigkeitskampfes. In erbitterten Grabenkämpfen fielen die Stadt sowie Tausende äthiopische und eritreische Soldaten dem Krieg zum Opfer. Einzig die Moschee, in den 1960er Jahren von Kaiser Haile Selassie I. gestiftet, blieb erhalten. Die Kämpfe um Nakfa werden in der eritreischen Öffentlichkeit häufig mit dem Grabenkrieg von Verdun im Ersten Weltkrieg verglichen. Zum Gedenken an die gefallenen Befreiungskämpfer wurde 1997 die eritreische Währung in »Nakfa« umbenannt.

19. Xuddur (Somalia)

Xuddur gilt als der Stammort der somalischen Sprache und Kultur. Die Einwohner der Stadt kennen ein Sprichwort: »Du kannst weder das Grab noch Xuddur meiden«, womit die kulturelle Bedeutung der Stadt unterstrichen wird. Xuddur gilt als symbolischer Geburtsort berühmter somalischer Dichter und Volkserzähler. Mohammed Siad Barre baute Xuddur zu einer Garnison aus, um das Land vor einer »äthiopischen Aggression« zu schützen. Anfang der 1990er Jahre brach in der Stadt und in der umliegenden Region eine schwere Hungersnot aus. Seit einigen Jahren ist Xuddur immer wieder Schauplatz heftiger Auseinandersetzungen zwischen somalischen Regierungstruppen und islamistischen Milizverbänden.

Literatur und neue Medien

Soweit vorhanden, sind bei Buchtiteln die deutschen Übersetzungen aufgeführt. Die genannten Werke sind zum Teil im Buchhandel vergriffen. Bitte wenden Sie sich in diesem Fall an Bibliotheken oder suchen Sie nach antiquarischen Ausgaben (www.zvab.com).

Wissenschaftliche Literatur ....

1. Literatur zur Gesamtregion

Ali, Taisier M., und Robert O. Matthews (Hrsg.), Civil Wars in Africa. Roots and Resolution, Montreal u.a. 1999 [Überblicksdarstellung]

Ansprenger, Franz, Geschichte Afrikas, München 2002 [Gesamtdarstellung auf 130 S. zur ersten Orientierung]

Bekoe, Dorina A., East Africa and the Horn. Confronting Challenges to Good Governance, Boulder, CO 2006 [164 S. zu Hindernissen einer verantwortungsvollen Regierungsführung und der Aussicht auf Demokratisierung]

Böge, Volker, Muschelgeld und Blutdiamanten. Traditionale Konfliktbearbeitung in zeitgenössischen Gewaltkonflikten, Hamburg 2004 (= Schriften des Deutschen Übersee-Instituts, 63) [lokale, traditionelle Modelle der Konfliktlösung]

Böhler, Katja, und Jürgen Hoeren (Hrsg.), Afrika. Mythos und Zukunft, Freiburg i Br. 2003

Bohn, Robert, Die Piraten, München 2005 [Überblick zum Seeräuberwesen des 16. bis 18. Jahrhunderts]

Bruchhaus, Eva Maria (Hrsg.), Hot Spot Horn of Africa. Between Integration and Disintegration, Münster 2004 (= Afrikanische Studien, 19)

Brüne, Stefan, und Volker Matthies (Hrsg.), Krisenregion Horn von Afrika, Hamburg 1990 [Standardwerk]

Chaudhuri, K.N., Trade and Civilization in the Indian Ocean. An Economic History from the Rise of Islam to 1750, Cambridge 2002

Clapham, Christopher (Hrsg.), African Guerillas, Oxford u.a. 1998 [Guerillaorganisationen und Eigenheiten afrikanischer Kriege]

De Waal, Alex (Hrsg.), Islamism and its Enemies in the Horn of Africa, Bloomington 2004 [Standardwerk]

Doornbos, Martin, Beyond Conflict in the Horn. The Prospects for Peace, Recovery and Development in Ethiopia, Somalia, Eritrea and Sudan, Trenton 1992 [Konfliktanalyse]

Ende, Werner, und Udo Steinbach (Hrsg.), Der Islam in der Gegenwart, Bonn 2005

Ghebresillasie, Girma, Kalter Krieg am Horn von Afrika. Regional-Konflikte. Äthiopien und Somalia im Spannungsfeld der Supermächte 1945–1991, Baden-Baden 1999 [Autor der Analyse ist der Enkel des ungekrönten äthiopischen Kaisers lij Iyasu]

Haarmann, Ulrich (Hrsg.), Geschichte der arabischen Welt, München 1991

Harding, Leonhard, Geschichte Afrikas im 19. und 20. Jahrhundert, München 1999

Heine, Peter, Terror in Allahs Namen. Extremistische Kräfte im Islam, Freiburg i.Br. 2004

Hofmeier, Rolf, und Andreas Mehler (Hrsg.), Kleines Afrika-Lexikon. Politik – Wirtschaft – Kultur, Bonn 2005

Issa-Salwe, Abdisalam M., Cold War Fallout. Boundary Politics and Conflict in the Horn of Africa, London 2000 [überlieferte Grenzen der kolonialen Herrschaft und Einfluss internationaler Politik in der Region]

Mabe, Jacob E. (Hrsg.), Das Afrika-Lexikon. Ein Kontinent in 1000 Stichwörtern, Wuppertal, Weimar 2004 [hervorragendes, einbändiges Nachschlagewerk zu allen Bereichen afrikanischer Gegenwart und Vergangenheit]

Matthies, Volker, Äthiopien, Eritrea, Somalia, Djibouti. Das Horn von Afrika, München 1997 [Kompaktwissen]

Matthies, Volker, Kriege am Horn von Afrika. Historischer Befund und friedenswissenschaftliche Analyse, Berlin 2005 (= Bewaffnete Konflikte nach dem Ende des Ost-West-Konfliktes, 19) [Konfliktanalyse]

Münkler, Herfried, Die neuen Kriege, 5. Aufl., Reinbek bei Hamburg 2002

Omar, Musa Mohammad, Ethnien und Nationalstaaten am Horn von Afrika. Somalia und Eritrea, Münster 2002

Schirrmacher, Christine, Islam und christlicher Glaube. Ein Vergleich, Holzgerlingen 2006

Tetzlaff, Rainer, und Cord Jacobeit (Hrsg.), Das nachkoloniale Afrika. Politik, Wirtschaft, Gesellschaft, Wiesbaden 2005 (= Grundwissen Politik, 35) [Lehrbuch]

Wenig, Steffen, und Walter Raunig (Hrsg.), Afrikas Horn. Akten der Ersten Internationalen Littmann-Konferenz, München, 2.–5. Mai 2002, Wiesbaden 2005 (= Meroitica. Schriften zur altsudanesischen Geschichte und Archäologie, 22)

2. Literatur zu Äthiopien

Abebe Hailemelekot, The Victory of Adowa, Addis Ababa. The First Victory of Africa over Colonialists, Addis Ababa 2000

Andargachew Tiruneh, The Ethiopian Revolution, 1974–1987. A Transformation from an Aristocratic to a Totalitarian Autocracy, Cambridge 1993 [umfangreiche Gesamtdarstellung]

Auf, Christiane, Staat und Militär in Äthiopien. Zur Wechselwirkung im historischen Prozeß der Staatsbildung, Hamburg 1996 (= Arbeiten aus dem Institut für Afrikakunde, 92) [fundierte, weiterführende Literatur]

Bahru Zewde, A History of Modern Ethiopia, 1855–1991, Oxford 2001 [Gesamtdarstellung]

Bahru Zewde, und Siegfried Pausewang (Hrsg.), Ethiopia – The Challenge of Democracy from Below, Trenton 2002 [ausgezeichneter Sammelband zu sämtlichen Aspekten des äthiopischen Staates]

Baum, Wilhelm, Äthiopien und der Westen im Mittelalter. Die Selbstbehauptung der christlichen Kulturen am oberen Nil zwischen dem islamischen Orient und dem europäischen Kolonialismus, Klagenfurt 2001 [zusammenfassende Darstellung bis 1543]

Böll, Verena, u.a. (Hrsg.), Ethiopia and the Missions: Historical and Anthropological Insights into the Missionary Activities in Ethiopia, Münster 2005

Brüne, Stefan, und Heinrich Scholler (Hrsg.), Auf dem Weg zum modernen Äthiopien, Münster 2005

Burtea, Bogdan, Zwei äthiopische Zauberrollen, Aachen 2001

Cremer, Patric, Der Stellvertreterkrieg. Der äthiopisch-eritreische Grenzkrieg, Frankfurt a.M. 2004

Deutsche Botschaft Addis Abeba (Hrsg.), Ethio-German Relations, Addis Ababa 2004 [zum Stand der äthiopisch-deutschen Zusammenarbeit]

Gerster, Georg (Hrsg.), Äthiopien – das Dach Afrikas, Zürich, Freiburg i.Br. 1974 [Text- und Bildband über das kaiserliche Äthiopien kurz vor seinem Ende]

Kahsay Berhe, Ethiopia. Democratization and Unity. The Role of the Tigray's People Liberation Front, Münster 2005

Krug, Stefanie, Anthropologie der Kriegs- und Nachkriegszeit in Äthiopien. »Heldenhafter Kämpfer nannten sie dich – wie heißt du jetzt?«, Berlin 2000 (= Spektrum, 77) [(Ex)- Guerillakämpfer in Äthiopien]

Künzi, Giulia Brogini, Italien und der Abessinienkrieg 1935/36. Kolonialkrieg oder Totaler Krieg?, Paderborn 2006 [schonungslose Schilderung der brutalen Kriegswirklichkeit in Äthiopien]

Lemke, Frank, u.a., Äthiopien. Kultur – Religion – Geschichte, Stuttgart 1998 [Standardwerk]

Levine, Donald, Wax & Gold. Tradition and Innovation in Ethiopian Culture, Chicago, London 1965

Matthies, Volker, Historische Reisen nach Aksum. Europäische Entdecker und Forscher beschreiben das antike Zentrum der äthiopischen Kultur, Berlin 2003 [Dokumentation zu den letzten Jahrhunderten äthiopischer Geschichte]

Mattioli, Aram, Experimentierfeld der Gewalt. Der Abessinienkrieg und seine internationale Bedeutung 1935–1941, Zürich 2005 (= Kultur – Philosophie – Geschichte. Reihe des Kulturwissenschaftlichen Instituts Luzern, 3)

Molvaer, Reidulf K., Black Lions. The Creative Lives of Modern Ethiopias Literary Giants and Pioneers, Asmara 1997

Munro-Hay, Stuart C., Aksum. An African Civilization of Late Antiquity, Edinburgh 1991

Raunig, Walter (Hrsg.), Äthiopien. Geschichte, Kunst, Kultur, Regensburg 2004

Shinn, David H., und Thomas P. Ofcansky, Historical Dictionary of Ethiopia, Lanham, MD u.a. 2004 (= Historical Dictionaries of Africa, 91)

Smidt, Wolbert, Ethiopia and Germany, 100 Years Diplomatic Relations. Äthiopien und Deutschland. 100 Jahre diplomatische Beziehungen, Addis Abeba 2005 [Katalog zur Ausstellung des Außenministeriums der Bundesrepublik Deutschland]

Trimingham, John Spencer, Islam in Ethiopia, London, Oxford, New York 1952

Ullendorff, Edward, The Two Zions. Reminiscences of Jerusalem and Ethiopia, Oxford 1988

Volker-Saad, Kerstin, und Anna Greve (Hrsg.), Äthiopien und Deutschland, Sehnsucht nach der Ferne, Berlin 2006

3. Literatur zur Dschibuti

Alwan, Daoud Aboubaker, und Yohanis Mibrathu, Historical Dictionary of Djibouti, Lanham, MD, London 2000 (= Historical Dictionaries of Africa, 82)

Koburger, Charles W., Naval Strategy East of Suez. The Role of Djibouti, Westport 1992

Lewis, David Levering, The Race to Fashoda, New York 1988 [das französische Kolonialreich von Dakar bis Dschibuti]

Thomson, Virginia, Dschibuti and the Horn of Africa, Stanford 1968

Wais, Ismail, Dschibuti. Entwicklungsprobleme und Perspektiven kleiner Staaten. Ein Fallbeispiel, Osnabrück 1991

4. Literatur zu Eritrea

Aklilu Ghirmai, Eritrea zwischen Einparteienstaat und Demokratie. Die Bedeutung der Opposition im Demokratisierungsprozess, Marburg 2005 [zur Entstehung von Zivilgesellschaft]

Amare Tekle (Hrsg.), Eritrea and Ethiopia. From Conflict to Cooperation, Lawrenceville 1994

Entner, Michaela, Der eritreisch-äthiopische Krieg 1998–2000, Freiburg i.Br. 2001 (= Freiburger Beiträge zu Entwicklung und Politik)

Fengler, Wolfgang, Politische Reformhemmnisse und ökonomische Blockierung in Afrika. Die Zentralafrikanische Republik und Eritrea im Vergleich, Baden-Baden 2001 (= Aktuelle Materialien zur Internationalen Politik, 63) [Reformen und Staatszerfall]

Hirt, Nicole, Eritrea zwischen Krieg und Frieden. Die Entwicklung seit der Unabhängigkeit, Hamburg 2001 (= Hamburger Beiträge zur Afrika-Kunde, 62)

Jacquin-Berdal, Dominique, und Martin Plaut (Hrsg.), Ethiopia and Eritrea at War, Lawrencehill 2005

Killion, Tom, Historical Dictionary of Eritrea, Lanham, MD, London 1998 (= Historical Dictionaries of Africa, 75)

Quehl, Hartmut, Kämpferinnen und Kämpfer im eritreischen Unabhängigkeitskrieg 1961 bis 1991 – Faktoren der Diversität und der Koheränz. Eine historische Untersuchung zur Alltags- und Sozialgeschichte des Krieges, 2 Bde, Felsberg 2005 [Pionierstudie, basierend auf der Basis von Zeitzeugenbefragungen]

Tekeste Negash, Italian Colonialism in Eritrea, 1882–1941, Stockholm 1987

Tekeste Negash, und Kjetil Tronvoll, Brothers at War. Making Sense of the Eritrean-Ethiopian War, Oxford 2000

Treiber, Magnus, Der Traum vom guten Leben. Die eritreische »warsay«-Generation im Asmara der zweiten Nachkriegszeit, Münster u.a. 2005 [Einblick in die aktuellen Verhältnisse Eritreas und in die Lebenskonzepte junger Erwachsener]

Volker-Saad, Kerstin, Zivilistinnen und Kämpferinnen in Eritrea, Berlin 2004 (= Berliner Beiträge zur Ethnologie, 7)

Wenig, Steffen u.a. (Hrsg.), In kaiserlichem Auftrag: Die Deutsche Aksum-Expedition 1906 unter Enno Littmann, Bd 1: Die Akteure und die wissenschaftlichen Untersuchungen der DAE in Eritrea, Aichwald 2006 (= Forschungen zur Archäologie Außereuropäischer Kulturen, 3.1)

5. Literatur zu Somalia

Abdullahi, Mohamed Diriye, Culture and Customs of Somalia, London 2001

Academy for Peace and Development (APD) and War-torn Societies Project (WSP), Rebuilding Somaliland. Issues and Possibilities, Lawrenceville 2005

Bakonyi, Jutta, Instabile Staatlichkeit. Zur Transformation politischer Herrschaft in Somalia, Hamburg 2001 [viel beachtetes Arbeitspapier der Universität Hamburg]

Bartl, Jürgen, Die humanitäre Intervention durch den Sicherheitsrat der Vereinten Nationen im ›failed state‹. Das Beispiel Somalia, Frankfurt a.M. 1999 (= Schriften zum Staats- und Völkerrecht, 82) [Standardwerk]

Birnbaum, Michael, Krisenherd Somalia. Das Land des Terrors und der Anarchie, München 2002 [Einstieg in Geschichte, Kultur und aktuelle Politik]

Cassanelli, Lee V., The Shaping of Somali Society. Reconstructing the History of a Pastoral People, 1600–1900, Philadelphia 1982

Cusimano, Maryann K., Operation Restore Hope. The Bush Administration's Decision to Intervene in Somalia, Washington 1995

Höhne, Markus Virgil, Somalia zwischen Krieg und Frieden. Strategien der friedlichen Konfliktaustragung auf internationaler und lokaler Eben, Hamburg 2002 (= Arbeiten aus dem Institut für Afrika-Kunde, 113) [Entwicklung 1991–2002]

Little, Peter D., Somalia. Economy without State, Oxford 2003

März, Wolfgang, Bundeswehr in Somalia. Verfassungsrechtliche und verfassungspolitische Überlegungen zur Verwendung deutscher Streitkräfte in VN-Operationen, Berlin 1993

Menkhaus, Kenneth, Somalia. State Collapse and the Threat of Terrorism, London 2004 (= Adelphi Paper, 364) [thematisiert das Staatsversagen und den Einfluss des internationalen Terrorismus in Somalia]

Metz, Dirk, Die Schlacht um das Olympic Hotel am 3./4. Oktober 1993 in Mogadischu/Somalia. Die Niederlage von US- und UN-Streitkräften in einem asymmetrischen Konflikt, Berlin 2004 [Überblicksbroschüre, 40 S.]

Mukhtar, Mohamed Haji, Historical Dictionary of Somalia, Lanham, MD, Oxford 2003 (= Historical Dictionaries of Africa, 87)

Nord, Antonie K., Somalia und der internationale Terrorismus. Wie stark sind islamistische Fundamentalisten am Horn von Afrika?, Hamburg 2002 (= Afrika im Blickpunkt)

Touati, Jasmin, Politik und Gesellschaft in Somalia (1890–1991), Hamburg 1991 (= Hamburger Beiträge zur Afrika-Kunde, 54)

Weber, Matthias, Der UNO-Einsatz in Somalia, Frankfurt a.M. 1997 [zum Scheitern der UN-Mission und zur völkerrechtlichen Lehre der »humanitären Intervention«]

Zeitschriften ....

Aethiopica. International Journal of Ethiopian and Eritrean Studies, Hamburg [wissenschaftliche Veröffentlichungen zur Geschichte, Linguistik und Ethnologie Äthiopiens]

Afrika-Jahrbuch. Politik, Wirtschaft und Gesellschaft südlich der Sahara. Hrsg. vom Institut für Afrika-Kunde Hamburg

Afrika Spectrum. Zeitschrift für gegenwartsbezogene Afrikaforschung. Hrsg. vom Institut für Afrika-Kunde Hamburg

African Affairs. The Journal of the Royal African Society, Oxford [Beiträge zur aktuellen politischen und wirtschaftlichen Entwicklung sowie zur Geschichte afrikanischer Länder]

Eritrean Studies Review, Lawrenceville, NJ

GIGA Focus Afrika. Hrsg. vom German Institute for Global and Area Studies. Institut für Afrika-Kunde, Hamburg [Kurzanalysen für ein breites Leserpublikum, seit 2006, ehemals »Afrika im Blickpunkt«]

Journal of African History, Cambridge

Journal of Modern African Studies. A Quarterly Survey of Politics & Related Topics in Contemporary Africa. Hrsg. von David and Helen Kimble, Cambridge

Belletristik, Erinnerungsliteratur, Reiseberichte, Bildbände ....

Abdi, Nura, und Leo G. Linder, Tränen im Sand, Bergisch Gladbach 2006 [Schicksal einer wegen des Bürgerkriegs aus Mogadischu geflüchteten jungen Frau]

Asfa-Wossen Asserate, Manieren, Frankfurt a.M. 2003 [Bestseller eines äthiopischen Prinzen in Deutschland, spannender Blick von außen auf die Deutschen]

Asfa-Wossen Asserate, Ein Prinz aus dem Hause David und warum er in Deutschland blieb, Frankfurt a.M. 2007 [Lebenserinnerungen des äthiopischen Prinzen]

Beckwith, Carol, und Angela Fisher, Unbekanntes Afrika. Völker und Kulturen zwischen Hochland, Wüste und Ozean am Horn von Afrika, Köln 2000 [wunderschöner Fotoband]

Beil, Brigitte, Maskal oder das Ende der Regenzeit, Bergisch Gladbach 2003 [Leben einer deutschen Familie am Hof des äthiopischen Kaisers in Addis Abeba]

Bierbaum, Bernd, Äthiopien. Zwischen Himmel und Erde, Norderstedt 2006 [Symbiose zwischen gegenwärtiger Zivilisation und mittelalterlicher Mystik Äthiopiens]

Böhm, Karlheinz, und Enjott Schneider, Ali und der Zauberkrug. Ein musikalisches Märchen aus Äthiopien, Mainz 2005 [illustriertes Märchen mit CD]

Browden, Mark, Black Hawk Down – kein Mann bleibt zurück, München 2002 [Roman über die gleichnamige Mission in Mogadischu im Oktober 1993]

Capus, Alex, Munzinger Pascha, Zürich 1997 [Roman zu Werner Munzinger, dem schweizerischen Gouverneur der eritreischen Küste vor der italienischen Kolonialisierung]

Caputo, Philip, und Stefanie Schaffer, Entscheidung am Horn von Afrika, München 2005 [packender Spannungsroman über die Verstrickung der Amerikaner in den islamischen Terrorismus]

Christmann, Stefanie, Die Freiheit haben wir nicht von den Männern. Frauen in Eritrea, Bad Honnef 2000

Eichholzer, Herbert, und Heimo Halbrainer, Abessinische Reise 1925/26, Graz 2006

Falk, Cornelia, Das Leben erfinden. Die ungewöhnliche Freundschaft der Kriegsgefangenen Assegid und Orlanda, Zürich 2002 [Geschichte über eine Freundschaft in elfjähriger Gefangenschaft in Somalia]

Farah, Nuruddin, Vater Mensch, München 2004 [über einen Helden des somalischen Widerstands während der italienischen Kolonialherrschaft]

Floericke, Kurt, Tiervater Brehm. Seine Forschungsreisen, Stuttgart 1929

Giansanti, Gianni, Völker des Morgens. Vom Verschwinden der traditionellen Kulturen Afrikas, München 2004 [aufwändiger Fotoband zum Leben alter Kleinvölker]

Kahlert, Armin, Afrikanische Begegnungen – Äthiopien und Eritrea. Reisetagebücher aus einer fremden Welt, Münster 2002

Kapuscinski, Ryszard, König der Könige. Eine Parabel der Macht, Frankfurt a.M. 1995 [romanhaftes Werk, schildert die Machtstruktur am äthiopischen Kaiserhof]

Knigge, Adolph Freiherr, Benjamin Noldman's Geschichte der Aufklärung in Abyssinien oder Nachricht von seinem und seines Herrn Vetters Aufenthalte an dem Hofe des großen Negus, oder Priester Johannes, Hannover 1995 [Reisebericht aus dem 19. Jahrhundert]

Krapf, Johannes Ludwig, Reisen in Ostafrika, ausgeführt in den Jahren 1837–1855. Hrsg. von Werner Raupp, Münster, Hamburg 1858/1994

Margraf, Hannah M., Heimweh nach der Fremde. Mein Äthiopienhandbuch, Berlin 1991

Mehari, Senait G., Feuerherz, München 2004 [Schicksal von Kindern im Krieg, Eritrea]

Mehari, Senait G., Wüstenlied, München 2006 [Rückkehr einer Frau nach Eritrea, wo sie auf eine vom Krieg verstörte Gesellschaft stößt]

Müller, Caspar Detlef G., Märchen aus Äthiopien, München 1992

Murphy, Dervla, Im Land des Löwenkönigs. Mit dem Maultier durch Äthiopien, München 2002 [europäische Touristin bereist 1966 die abgelegenen Landstriche Äthiopiens]

Nehberg, Rüdiger, Durch die Wüste Danakil, München 1994 [Abenteuerreise des Überlebenskünstlers Nehberg in den 1960er Jahren, u.a. zur Beschneidung bei den Afar-Nomaden in Äthiopien und Eritrea]

Nomachi, Kazuyochi, Äthiopien. Geheimnisvolles Land zwischen Blauem Nil und Rotem Meer, München 2001 [Porträt des heutigen Äthiopiens]

Reesom Haile, We Have Our Voice. Selected Poems, Lawrenceville 2000

Röhr, Gustav (Hrsg.), Eisenbahnerlebnis Äthiopien, Krefeld 1975

Rosen, Felix, Eine deutsche Gesandtschaft in Abessinien, Leipzig 1907 [Reisebeschreibung des ersten deutschen Gesandten in Äthiopien]

Ruete, Emily, Memoiren einer arabischen Prinzessin, 2 Bde, Berlin 1986

Ruete, Emily, Leben im Sultanspalast, Hamburg 2000

Rufin, Jean-Christophe, Der Abessinier, München 1998 [Roman über einen französischen Gesandten in Äthiopien zur Zeit von Louis XIV.]

Rufin, Jean-Christophe, Tage in Asmara, München 2001 [beleuchtet kritisch die Entwicklungshilfe zur Zeit der Hungersnot in Äthiopien]

Schmid, Ulrich, Aschemenschen, Frankfurt 2006 [Roman, der in China und
  Äthiopien spielt und die Geschichte von DDR-deutschen Folterern in Äthiopien thematisiert]
Waldschmidt, Julius, Kaiser, Kanzler und Prinzessin. Ein Frauenschicksal
  zwischen Orient und Okzident, Berlin 2006

Musik ....
Bender, Wolfgang, Musik aus Äthiopien. Ein kommentierter Katalog zu einer
  Auswahl traditioneller und moderner Musik aus Äthiopien, Bayreuth 1982
Kubik, Gerhard (Hrsg.), Musikgeschichte in Bildern, Bd 1: Ostafrika, Leipzig 1982
Kubik, Gerhard, Zum Verstehen afrikanischer Musik, Leipzig 1988
Stockmann, Erich, Musikkulturen in Afrika, Berlin 1987

Filme ....
71 Fragmente einer Chronologie des Zufalls, Regie: Michael Haneke, Öster-
  reich/Deutschland 1993/94 [Von Tschetschenien über Somalia bis hin nach
  Haiti führt der Bilderreigen aktueller Fernsehberichterstattung von den
  Krisenherden dieser Erde, mit dem die Chronik mit Datum vom 12. Ok-
  tober 1993 einsetzt.]
Adwa. An African Victory, Regie: Haile Gerima, Äthiopien/Italien/USA 1999
  [Film über die italienische Niederlage von 1896 gegen die Äthiopier]
Black Hawk Down, Regie: Ridley Scott, USA 2001 [Umstrittener Kriegsfilm
  über die Ereignisse des 3. Oktober 1993 in Mogadischu, als amerikanische
  GI's versuchten, somalische Funktionäre gefangen zu nehmen.]
Die drei Wünsche der Sharifa – Bei den Kunama in Eritrea, Regie: Uschi Ma-
  deiski, Deutschland 2000 [Die Kunama leben in Eritrea im Grenzgebiet zu
  Äthiopien. Ihr Alltagsleben wird noch stark von Stammestraditionen reg-
  lementiert. Der Film gewährt einen Einblick in diese archaische Welt, in der
  die Toten stärker sind als die Lebenden.]
The Dream Becomes a Reality, Regie: Eva Egensteiner, USA 1995 [Porträt von
  sechs Frauen aus Eritrea und deren Rolle im eritreischen Unabhängigkeits-
  kampf, Kritik an der revolutionären Ideologie im Nachkriegs-Eritrea]
Mogzitwa, Regie: Nikodimos Fikru, Äthiopien 2003 [Schicksal einer Immig-
  rantin aus Äthiopien in Washington, DC]
Von Pol zu Pol 3. Durch Äthiopien, Kenia über den Äquator nach Sambia,
  Regie: Michael Palin, Deutschland 1994

Internet ....
http://allafrica.com/eastafrica [Medienseite mit zahlreichen Informationen
  zum gesamten Kontinent]
http://archives.cbc.ca/IDD-1-71-723/conflict_war/somalia [CBS Archiv zu So-
  malia]
http://edition.cnn.com/WORLD/africa/archive/index.html [Informationen des
  CNN zum Horn von Afrika über Menuauswahl]
http://www.addis-abeba.diplo.de/Vertretung/addisabeba/de/down-
  loads/100_jahre_dipl_bez,property= Daten.pdf [Informationen zu 100 Jahren äthiopisch-deutscher Beziehungen]

http://www.africa-union.org [Interpräsenz der Afrikanischen Union]

http://www.asmarino.com/asmarino/Eritrea/Government.htm [Regierung von Eritrea]

http://www.auswaertiges-amt.de/diplo/de/Laenderinformationen/Laender-Reiseinformationen [Informationen des Auswärtigen Amtes per Länderauswahl]

http://www.ethiopar.net [offizielle Website des Parlaments von Äthiopien]

http://www.ethioworld.com/Politics/Government/government.htm [Staatsaufbau Äthiopien]

http://www.fordham.edu/halsall/africa/africasbook.html [Geschichtsbuch Afrikas]

http://www.giga-hamburg.de/index.php?file=iak.html&folder=iak [Institut für Afrika-Kunde des German Institute of Global and Area Studies]

http://www.hartford-hwp.com/archives/33/index.html [Geschichte des Horns von Afrika]

http://www.hoa.centcom.mil [Combined Joint Task Force des US-Central Command am Horn von Afrika]

http://www.hrw.org/doc/?t=africa [Berichte, Nachrichten und Studien über Menschenrechtsverletzungen in Afrika, per Länderauswahl]

http://www.iiss.org [International Institute for Strategic Studies, Publikationen und Fachinformationen, große Datenbank]

http://www.irinnews.org/frontpage.asp?SelectRegion=Horn_of_Africa [Länderinformationen zum Horn von Afrika vom UN Office for the Coordination of Humanitarian Affairs]

http://www.kas.de/publikationen/laenderberichte.html [Konrad-Adenauer-Stiftung, Analysen und Argumente zum Horn von Afrika online]

http://www.lanation.dj [französische Tageszeitung aus Dschibuti]

http://www.lib.msu.edu/limb/a-z/az.html [Afrika-Lexikon von A-Z]

http://www.marine.de [ausführliche Informationen zur Operation Enduring Freedom und zu Dschibuti]

http://www.militaryhistoryonline.com/general/articles/mogadishu.aspx [Geschichte zur Schlacht von Mogadischu 1993]

http://www.republique-djibouti.com

http://www.somaliawatch.org [NGO aus Somalia mit dem Fokus auf Menschenrechte und Staatlichkeit in Somalia]

http://www.somali-gov.info [Website der Regierung von Somalia]

http://www.somalilandtimes.org [Tageszeitschrift aus Hargeysa, Somaliland]

http://www.state.gov/g/drl/rls/hrrpt/2005 [Menschenrechtsbericht des US-Außenministeriums per Länder- und Jahresauswahl]

http://www.swp-berlin.org [Diskussionspapiere und Studien zu aktuellen Fragen, per Forschungsgruppenauswahl]

http://www.theglobalsite.ac.uk/press/010clapham.htm [Krieg und Staatsbildung in Äthiopien und Eritrea]

http://www.unicef.org/childalert/hornofafrica [Unicef-Bericht zur humanitären Notlage der Kinder am Horn von Afrika]

http://www.unmeeonline.org [englische Website der UN Mission in Äthiopien und Eritrea]

http://www.usip.org [U.S. Institut of Peace, Berichte und Publikationen per Länder-/Regionsauswahl]

Nicht enthalten sind Äthiopien, Dschibuti, Eritrea, Somalia und Horn von Afrika. Fette Seitenzahlen verweisen auf Infokästen im Text.